青海藏(地)毯产业发展研究报告

冯琳琳 李毅 李燕 孙爱存◎著

Research Report on the Development of Tibit-carpet Industry in Qinghai Province

经济管理出版社
ECONOMY & MANAGEMENT PUBLISHING HOUSE

图书在版编目（CIP）数据

青海藏（地）毯产业发展研究报告/冯琳琳等著.—北京：经济管理出版社，2019.5
ISBN 978 - 7 - 5096 - 6363 - 9

Ⅰ.①青…　Ⅱ.①冯…　Ⅲ.①藏族—地毯—产业发展—研究报告—青海　Ⅳ.①F426.899

中国版本图书馆 CIP 数据核字（2019）第 017359 号

组稿编辑：申桂萍
责任编辑：申桂萍　赵　杰
责任印制：黄章平
责任校对：王淑卿

出版发行：经济管理出版社
　　　　　（北京市海淀区北蜂窝 8 号中雅大厦 A 座 11 层　100038）
网　　址：www. E - mp. com. cn
电　　话：（010）51915602
印　　刷：北京玺诚印务有限公司
经　　销：新华书店
开　　本：720mm × 1000mm/16
印　　张：14.5
字　　数：257 千字
版　　次：2019 年 5 月第 1 版　　2019 年 5 月第 1 次印刷
书　　号：ISBN 978 - 7 - 5096 - 6363 - 9
定　　价：68.00 元

目　录

第二篇　子研究报告

引　言

藏（地）毯是青藏高原传统的民族手工艺品，有着 4000 多年的历史和丰富的文化内涵。早在中华人民共和国成立前，青海省湟中县加牙村村民编织的马褥、地毯等产品已经销往甘肃、四川、西藏等地，部分产品甚至销往印度、尼泊尔等国。新中国成立后，在党和政府的高度关注下，青海藏（地）毯①的产业化雏形初现，并作为青海省传统优势出口产品，成为青海省三大拳头出口产品之一。由于外贸出口政策的调整以及青海藏（地）毯产品创新不足等诸多原因，青海藏（地）毯的发展陷入冰点时期。20 世纪 90 年代，国企改革为藏（地）毯产业发展又注入了活力，以藏羊公司为龙头的民营企业成为产业发展的主力。2000 年经整合后，青海藏（地）毯产业走上了一条"政府支持、龙头企业带动、社会力量广泛参与、生产企业平等竞争"，以生产地方民族特色产品为主的发展之路。2003 年青海省委省政府将藏（地）毯产业作为民族特色产业给予重点扶持，并制定了藏（地）毯产业发展纲要，着力培养龙头企业，青海省逐渐成为中国藏（地）毯生产和出口大省。

随着内外部市场环境的变化，尤其是原材料和人工成本的急剧上涨，手工地毯生产成本剧增，而利润锐减，面对市场突如其来的变化，南川工业园区（原城南开发区）因势利导，从 2005 年开始逐步引导企业向机织藏（地）毯转产，以藏羊集团为首的机织藏（地）毯取得多项发明专利，极大地提升了藏（地）毯在国际市场的声誉。但受 2008 年金融危机及其他因素的影响，青海藏（地）毯产业又步入了产业发展"瓶颈"期，产品出口锐减，加之国内市场培育不足，藏（地）毯产业发展长期依赖出口的单一发展模式的缺陷日益显现。

尽管藏（地）毯产业在发展过程中遇到了诸多困难，但藏（地）毯产业是

---

① 本书中"青海藏毯"和"青海藏（地）毯"两个概念只是不同阶段的称呼，没有内涵上的实质性区别，在本书中可以互换互用。

青海具有独特地域特色、文化内涵、发展潜力的特色优势产业。从 20 世纪 80 年代以来，在历届省委、省政府的正确领导下，有关部门不断加强资金、技术和政策的支持，我省藏（地）毯产业依托原材料优势、藏文化地域优势和藏（地）毯发源地品牌优势，经过家庭手工生产、乡镇企业简易加工、现代企业规模化生产三个历史发展阶段，逐步由小到大、由弱到强、由青海走向世界，基本形成了产业配套、链条完整、品种齐全的产业发展格局，已经成为"大美青海"系列产业中最具青海特色的一张通往世界的"金名片"。

2013 年，习近平主席提出"一带一路"倡议，实施"走出去"战略，加强与中西亚国家的联系，而藏（地）毯是青海为数不多的走出去的产品之一。向西走，无疑又为藏（地）毯产业的发展注入了新的活力，尤其是中欧班列的开通，为藏（地）毯产业打开国外市场提供了便利条件。

党的十九大报告倡导绿色发展并庄严承诺："人民对美好生活的向往，就是我们的奋斗目标。"藏（地）毯产业是低碳环保的绿色产业，随着人们生活水平的提高，地毯使用量将会剧增，这无疑为青海藏（地）毯产业的发展带来了新的机遇。

青海是我国五大牧区之一，是重要的畜牧业生产基地，有围栏草场面积 11306 万公顷，居全国第四位。现有存栏牛羊 1900 万头，其中分布最广的藏系绵羊和牦牛存栏数居全国第一，每年富产羊毛 1.87 万吨。其土著藏系绵羊毛因其毛色纯白、纤维长、光泽好、弹性强等特点，被誉为世界上最好的地毯编织原料，在国际市场上颇具盛名。

目前，西宁经济技术开发区南川工业园区作为西部地区重要的毛纺产业集群试点地区，被商务部、农业部、质检总局先后认定为国家级外贸转型升级示范基地、国家级农牧业产业化示范基地、全国知名品牌示范区、全国出口质量示范区和中国 WTO/TBT－SPS 国家通报咨询中心藏（地）毯技术性贸易措施研究评议基地。园区依托资源优势和浓郁的地域文化特色，围绕"中国藏毯之都"建设，打造世界羊毛地毯制造中心，建成以藏（地）毯生产为龙头的特色毛纺织产业集群的战略部署，克服了园区成立以来金融危机影响和经济下行压力不断加大的重重困难，通过厂房代建、设备租赁、投资入股等多种形式，累计投入资金 11.17 亿元，吸引了藏羊集团、圣源集团、大自然地毯纱等 18 家藏（地）毯绒纺企业入驻园区，使得省内的藏（地）毯毛纺产业实现了飞跃式发展。西宁南川工业园区是全国最大的藏（地）毯生产和出口基地，拥有地毯织机达 150 台

（套），产业链条配套完整；产品涉及手工、威尔顿、阿克明斯特、簇绒、枪刺、印花等多种类型；地毯产能达到 3500 万平方米、洗毛 4 万吨，较 2007 年成立之初地毯 20 万平方米、洗毛 3000 吨，分别增长了 149 倍和 12 倍；地毯纱年产 3.9 万吨，较 2007 年增长了 26 倍，化纤纱线填补了省内空白，年配套染色 1.3 万吨；2010 年出口创汇突破 1 亿美元大关。2017 年园区藏（地）毯绒纺产业预计实现工业产值 90 亿元，同比增长 14.5%；前 9 个月完成进出口总额 6721 万美元，同比下降 31.6%，其中出口完成 6558 万美元，同比下降 31.32%；建设的"青海地毯原辅材料交易中心"全年实现交易额约 3.5 亿元；产业实现直接就业 6500 人，间接带动牧区农户 50 万人增收。但是，随着国家对纺织产业的调控，金融行业支持力度的下降及近年来省内对该产业支持力度的不足，其发展形势面临着巨大的挑战。新时代、新起点、新要求，藏（地）毯产业发展如何开创新局面？

面对严峻的挑战，在促进藏（地）毯产业发展过程中如何深入贯彻习近平总书记在青海调研时围绕青海工作提出的"四个扎扎实实"重要精神，以及如何落实省委省政府提出的"四个转变"战略思想？经研究发现：藏（地）毯产业本身就是促进民族团结的产业、是助力精准扶贫的产业、是推动生态保护的产业、是维护民族地区社会稳定的产业，加快藏（地）毯产业发展就是在贯彻和落实"四个扎扎实实"和"四个转变"的重要思想。且藏（地）毯产品并不是没有市场，恰恰相反，市场空间广阔。无论从规模还是发展模式，都应该向山东、新疆等地毯生产大省学习。

为此，应该做到以下几点：一是要在党的十九大精神指引下，用习近平新时代中国特色社会主义思想武装头脑、指导实践、推动工作，顺应社会主要矛盾的变化，把握社会发展规律和技术变革趋势，把发展经济的着力点放在实体经济上，做强做优做大藏（地）毯这一特色产业，不断提升青海省经济发展的质量和效益。二是要深刻领会、全面贯彻党的十九大提出的新思想、新论断、新目标、新要求，牢固树立新发展理念，科学认识发展新的历史方位，以供给侧结构性改革为主线，全力做好抓重点、补短板、强弱项各项工作，持续推动藏（地）毯产业的平稳健康发展，坚定不移地完成全年目标任务。要以提高供给体系质量作为主攻方向，一手抓藏（地）毯传统产业转型升级，一手抓藏（地）毯新兴产业培育壮大，推动互联网等现代科技与藏（地）毯实体经济的深度融合，加快新旧动能接续转换，实现藏（地）毯产业发展由数量和规模扩张向质量和效益提升转变。三是要根据社会主要矛盾的变化情况，深层次研究把握藏（地）毯企业发展的方向，紧跟地毯产业发展的潮流，增品种、提品质、创品牌，切实增强我省藏（地）毯产业的核心竞争力。四是要坚决贯彻落实王国生书记2017年12月5日调研藏（地）毯产业发展情况时强调的内容，各级党委政府要关心支持实体经济发展，激发和保护企业家精神，推动政策、资金、技术、人才等要素向企业汇聚。

藏（地）毯是特色优势产业，也是青海对外开放的重要载体。要深入实施创新驱动战略，瞄准国际标准和市场需求，积极引进先进技术、先进管理、先进模式，加快企业转型步伐。要抢抓"一带一路"建设的重大机遇，打好"文化牌""特色牌""绿色牌"，在与丝绸之路沿线国家和地区交流交融中，闯出一片新天地。

第一篇　总研究报告

一、全球及国内地毯市场现状分析

（一）全球地毯市场现状

1. 全球地毯市场规模变动及主要消费区域

近年来，全球地毯市场规模依然维持增长态势。全球地毯行业月平均市场消费规模由 2013 年的 36.81 亿美元发展到 2016 年的 41.2 亿美元，年平均增长 3.8%。同时，作为全球主要地毯消费区域的亚太、欧盟和北美市场 2013～2016 年地毯消费量也在逐年增加（见图 1）。

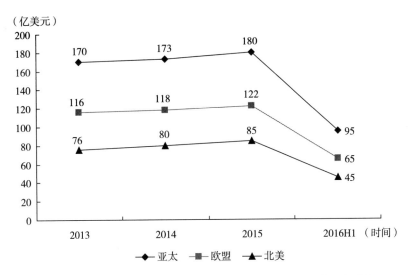

图 1　2013～2016 年上半年全球地毯主要消费区域地毯消费量变动情况

资料来源：2017～2022 年中国机织地毯产业现状深度调研及"十三五"盈利空间评估报告。

以中国、日本为代表的亚太地区已经成长为全球最大的地毯消费市场，2015年度该区域地毯消费规模达到180亿美元，占全球消费市场总量的38.5%，2016年达190亿美元。欧盟市场虽然受区域经济疲软的影响，但作为传统的地毯主要消费地，地毯消费量仍然持续增长，2015年为122亿美元，占到全球地毯市场份额的26.2%；到2016年已经发展为130亿美元。2006年以来美国地毯行业规模年均增速在4%左右，2012年行业收入达到72.5亿美元，2013年为76.4亿美元，年增速为5.3%（见图2、图3）；北美地区2016年地毯消费规模达90亿美元。

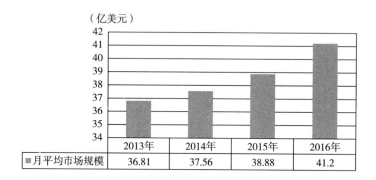

（亿美元）

	2013年	2014年	2015年	2016年
月平均市场规模	36.81	37.56	38.88	41.2

图2 2013~2016年上半年全球地毯市场规模变动情况

资料来源：2017~2022年中国机织地毯产业现状深度调研及"十三五"盈利空间评估报告。

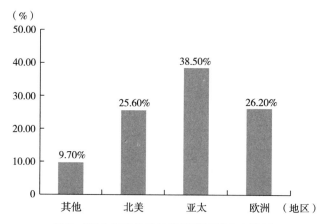

图3 2016年度全球地毯消费区域分布格局

资料来源：2017~2022年中国机织地毯产业现状深度调研及"十三五"盈利空间评估报告。

随着中国等新兴市场的需求增长以及欧美地区的经济复苏，未来全球地毯行业市场规模将会稳步提升，预计到2022年全球机织地毯行业的市场规模将达580亿美元。①

2. 中国地毯出口现状

在全球地毯需求逐年增加、地毯市场规模不断扩大的背景下，中国地毯无论是出口数量还是出口金额都呈现持续增长的态势，地毯出口量从2007年的25339万平方米提高到2016年的68500万平方米，增长了170.33%，年均增长11.68%，地毯出口额由2007年的111101万美元上升到2016年的252300万美元，增长了127.09%，年均增长9.54%。就出口地毯的价格而言，2011年，中国出口地毯单价为16.9美元/公斤，2016年同期出口地毯的价格增长为19.4美元/公斤，5年间平均增长率为2.8%。受全球经济危机及市场波动的严重影响，虽然2011年以后部分年份（如2012年、2013年、2015年）中国地毯出口金额增长幅度略小于出口数量增长幅度，这说明存在一定范围内的产品价格下降情形，但总体而言，中国地毯出口数量与金额近年来都呈现稳中有升的局面，进一步证明我国地毯产品在国际市场上拥有较强的竞争力，在国际市场上的受欢迎程度有增无减（见表1）。

表1　2007~2016年中国地毯出口数量、金额变动表

项目	单位	2007年	2008年	2009年	2010年	2011年	2012年	2013年	2014年	2015年	2016年
出口数量	万米²、吨	25339	35362	36710	49436	59061	531299	562291	59858	60841	68500
出口金额	万USD	111101	137962	129459	175413	232365	223351	235122	251261	246774	252300
出口金额占比	%	12.89	—	14.67	—	—	18.59	19.08	18.61	19.29	
数量同比	%	41.86	42.99	1.54	38.11	5.39	-2.05	5.83	6.52	4.00	6.43
金额同比	%	22.83	29.18	-6.72	37.4	18.77	-4.56	5.27	6.86	-1.79	-4.04

资料来源：根据《中国纺织工业发展报告》（2006~2007年、2007~2008年、2008~2009年、2009~2010年、2010~2011年、2011~2012年、2012~2013年、2013~2014年、2014~2015年）计算、整理所得。

同时，据中国工艺美术协会地毯专业委员会相关研究显示，2007~2015年，

---

① 2017~2022年中国机织地毯产业现状深度调研及"十三五"盈利空间评估报告。

青海省在全国地毯出口海关统计数据的排名基本维持在第 10 名左右，2016 年上升到第 9 位。2016 年地毯出口诸多省区都存在数量或金额比上一年有所下降的背景下，青海省无论数量还是金额都同比上一年有所增加，显示出了青海藏（地）毯产业发展的巨大竞争力与潜力（见表 2）。

表 2　2016 年全国地毯出口海关统计数据

排序	地区	出口量（万平方米）	金额（万美元）	单价（美元/㎡）	增速		
					数量同比（%）	金额同比（%）	单价同比（%）
1	江苏	20093	63533	3.16	17.24	6.97	-8.39
2	浙江	12804	44557	3.48	-3.61	-8.83	-5.43
3	山东	11696	39067	3.34	12.98	1.57	-10.22
4	广东	4690	23351	4.98	-6.08	-16.4	-10.91
5	上海	4570	20086	4.39	10.24	2.17	-7.38
6	天津	3812	16186	4.25	-8.43	-9.54	-1.16
7	北京	2254	9860	4.37	7.47	-3.36	-10.08
8	河北	2173	7240	3.33	13.92	4.18	-8.52
9	青海	1172	5516	4.71	6.38	20.75	13.49
10	江西	1255	4333	3.45	-7.58	-26.29	-20.32
11	安徽	1156	4052	3.51	17.68	-0.34	-15.22
12	新疆	317	3033	9.58	81	142.13	33.8
13	福建	536	2426	4.53	-6.72	-18.82	-12.88
14	河南	346	1829	5.29	23.39	-24.93	-39.2
15	云南	534	1175	2.16	52.97	-6.01	-38.64
16	广西	310	1107	3.58	-14.6	-44.11	-34.43
17	甘肃	72	985	13.74	21.63	38.5	13.84
18	辽宁	156	726	4.66	-26.83	-26.99	-0.21
19	重庆	72	691	9.64	-64.76	-74.12	-26.58
20	湖南	54	531	9.87	-11.08	27	42.84
21	湖北	84	477	6.65	20.08	-23.27	-36.16

续表

排序	地区	出口量 （万平方米）	金额 （万美元）	单价 （美元/㎡）	增速		
					数量同比 （%）	金额同比 （%）	单价同比 （%）
22	内蒙古	136	466	3.44	11.63	−25.6	−33.33
23	四川	34	329	9.78	−57.64	−70.97	−31.46
24	贵州	26	256	9.68	−71.35	−75.17	−13.34
25	吉林	34	168	4.91	0.36	13.52	13.13
26	黑龙江	18	154	8.45	−53.41	−64.79	−24.42
27	陕西	37	117	3.14	−48.23	−44.14	7.53
28	宁夏	6	51	8.8	−38.89	−65.37	−43.34
29	西藏	4	18	4.69	2880.11	3436.83	18.73
30	山西	1	6	6.69	1.7	−18.37	−19.69
31	海南	0	2	4.97	−58.13	−46.53	27.76

资料来源：2016 年中国海关统计数据。

2016 年中国地毯出口市场趋势如图 4 所示。

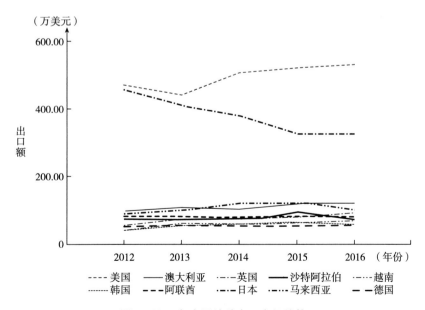

图 4　2016 年中国地毯出口市场趋势

（二）国内市场地毯行业发展与供需现状

1. 国内地毯行业产能

改革开放以来，中国经济高速发展，高等级的宾馆、写字楼、商铺、公共设施、住房的修建为地毯企业提供了前所未有的商机，中国地毯产业已经处于一个高速增长期，截至 2015 年末，中国共拥有各类机织地毯设备超过 1000 台（套），其中威尔顿及阿克明斯特的地毯织机数量已经分别达到 300 台和 50 台（套），生产能力不断增强，成为仅次于美国和土耳其的世界第三大机织地毯生产国。[1] 2016 年末中国拥有电脑横机 240 台，地毯织机 100 台（套）。[2] 2016 年中国机织毯面积达到了 28175.36 万平方米，比 2007 年的 18463.46 万平方米增长了 53.37%，年均增长 4.81%（见图 5）。据预测，到 2020 年，中国机织地毯的年生产与成交量可达 35000 万平方米。

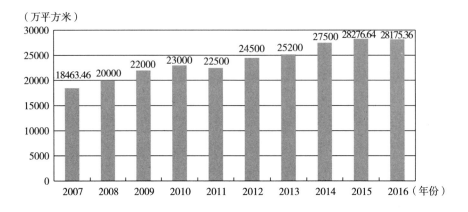

图 5 2007~2016 年中国机织地毯年总产量趋势

资料来源：中国工艺美术协会地毯专业委员会。

---

① 顾军，马志辉，杨珂．"十二五"中国地毯进出口市场分析［J］．纺织导报，2016（11）：146.
② 本数据由中国藏毯协会提供。

2. 国内地毯行业产业布局现状

作为目前全球最大的地毯出口国，中国地毯产业基本形成了地域和产品划分的"四大集群"。其中，山东和江浙地毯产业集群同处于我国东部沿海省份，资金实力雄厚、管理理念先进、信息获取渠道畅通，企业技术创新、市场开拓能力都较强。以华德为代表的中原地毯产业集群专注于中低档簇绒丙纶地毯的生产，2016年簇绒地毯产量达到15616.12万平方米，对市场的影响力不容小觑。西部地毯产业集群以手工地毯起步，部分实力强、规模大的企业，如藏羊、圣源、卡比特等正在向手工和机制结合、机制为主导转型（见表3）。

表3　国内地毯产业集群布局及基本情况

名称	地理分布	代表企业	企业特色与专长
山东地毯产业集群	山东省	山花、海马、东方	全品类产品的生产
		东升、捷成	某一单一品类的生产
		瑞鑫	机器、手工结合的生产
江浙地毯产业集群	江苏省、浙江省	开利、浙美	机制、簇绒、拼块等品类生产
		巨东、星月、华腾	国内市场拼块地毯生产
		惠多、大达、新彩虹	国际市场拼块地毯生产
		富兴	地毯清洗售后服务
中原地毯产业集群	河南省	华德	中低档丙纶地毯
西部地毯产业集群	青海、甘肃、新疆、宁夏	藏羊、圣源、卡比特	少数民族特色手工、机织地毯

资料来源：依据中国工艺美术协会地毯专业委员会相关资料整理所得。

四大地毯产业集群中，相对而言，山东和江浙集群实力最强，生产量和销售额大，产品品类最为齐全，而西部地毯产业集群虽然企业实力较弱，但是特色鲜明，具有较强的市场竞争力（见表4）。

3. 国内地毯市场需求潜力

（1）以房地产相关数据为依据。我国房地产业的快速发展，创造了极大的地毯消费空间，我国房屋竣工面积由1995年的107433.1万平方米增长到2016

·13·

年的 179737.8 万平方米，增长了 67.30%，年平均增长 2.61%[1]。装修面积（含二次装修）为 15.99 亿平方米[2]。在美、欧等发达国家，家庭装饰中地毯使用率已达到 70%[3]、中国目前还不足 10% 的背景下，随着我国家庭装修层次的不断提高，尤其是"80后""90后"消费群体的形成，家庭软装中必然会越来越倾向于使用地毯作为地铺材料，如果仅以 5% 的使用率标准来计算，中国每年有将近 8000 万平方米的地毯需求量。同时，数据显示中国目前已经是世界第三大块毯消费国[4]。由此可推断，中国家装地毯使用率不到 10% 的局面会很快被打破，且每突破一个百分点就意味着每年会多增加 1599 万平方米[5]的地毯需求量，因此，国内市场的消费潜力是巨大的。

表4　2015 年国内各地毯产业集群生产和销售状况

名称	生产量（万平方米）	销售总额（万元）	企业实力
山东机制产业集群	6402.40	662922.00	4 家企业当年的销售额为 10 亿元以上，销量达到 1000 平方米以上。5 家企业当年的销售额为 5 亿元以上
江浙机织地毯产业集群	11041.60	387169.10	3 家企业当年的销售额为 5 亿元以上
中原地毯产业集群	2235.00	204379.00	1 家企业当年的销售额为 10 亿元以上，销量达到 1000 万平方米以上
西部地毯产业集群	155.50	——	1 家企业当年的销售额为 5 亿元以上

资料来源：据中国工艺美术协会地毯专业委员会提供数据整理所得。

（2）以人均地毯使用量为依据。联合国生活质量报告数据显示，在人民生活质量提高的过程当中，当生活质量提高到一定水平时，人均地毯消费每年应该

① 国家统计局. 中国统计年鉴 [M]. 北京：中国统计出版社，2017.
② 张曦，吴光于. 中国家庭对地毯接受度日益提升 [EB/OL]. http：//finance. eastmoney. com/news/1355，20130709304617447. html，2013－06－27.
③ 李国福. 家用地毯逐步领衔中国地毯行业 [EB/OL]. http：//www. hometexnet. com/news/article/56691. html，2009－02－27.
④ 丁晓春. 中国已成为全球第三大方块地毯消费国 [N]. 南通日报，2014－12－15.
⑤ 中国年均增加 15.99 亿平方米的装修面积（含二次装修），以 1% 计算，即为 1599 万平方米。

达到 2.6 平方米以上。目前满足这个指标的都是日本、美国、西欧等发达国家，而我国人民群众中，30% 已经达到了买得起地毯、用得起地毯的生活水平①。据此，我国人口以 2016 年达到 13.8271 亿人为准进行测算，目前应该有 4.13 亿人达到年均消费地毯面积 2.6 平方米的水平，并且随着国家的富强和人民生活水平的不断提高，这一群体的数量也会动态扩大。因此，仅以现有的生活水平测算，我国每年应该有逾 10 亿平方米②的地毯消费量。目前，进口机织地毯占到我国市场份额的 40% 左右，③ 因此，国内地毯消费量应该达到 6 亿平方米左右。但是由于青海藏（地）毯生产成本高居不下、产品设计滞后、国内地毯消费市场启动严重不足，导致目前我国国内仅有威尔顿织机 300 台和具备同样产能的阿克明斯特织机 50 台，虽然在理论上远远不能满足国内的市场需求，但实际上企业都存在不同程度的开工不足问题。因此，目前的国内地毯市场并不存在饱和或过剩的问题；相反，在正确的消费引导之下，市场需求空间广阔。

（3）中国地毯进口量巨大。中国地毯进口额近几年都在 1 亿美元以上，2014 ~ 2016 年进口额分别为 16399.36 万美元、14593.93 万美元、13665.72 万美元，各地区进口情况如表 5 所示。看见国内地毯需求量巨大，潜力无限。

表5　中国地毯分地区进口情况

地区	进口额（万美元）			进口占比
	2014 年	2015 年	2016 年	（%）
全国	16399.36	14593.93	13665.72	—
上海	6331.49	6174.96	6109.81	44.7
山东	2781.02	2477.06	2523.80	18.5
广东	1182.56	1053.01	1251.96	9.2
北京	1745.83	1698.86	1123.69	8.2
江苏	1174.81	915.57	885.12	6.5
天津	738.66	662.04	693.82	5.1
新疆	1093.64	706.68	278.37	2.0

---

① 马燕燕. 访青海藏羊地毯（集团）有限公司董事长张恒伟［EB/OL］. http：//www.qh.gov.cn/zm-hd/system/2013/06/19/010054703.shtml，2013 - 06 - 19.

② 目前，我国约有 4 亿人有了年消费地毯 2.6 平方米的能力，其年地毯消费总量约为 10 亿平方米。

③ 调研过程中从经营商处获取的数据。

续表

地区	进口额（万美元）			进口占比
	2014 年	2015 年	2016 年	（%）
福建	234.84	241.72	209.73	1.5
浙江	275.03	208.14	189.47	1.4
辽宁	265.51	215.70	102.12	0.7
西藏	139.28	8.51	58.42	0.4
青海	49.08	41.74	56.00	0.4
四川	83.17	79.11	36.94	0.3
海南	43.07	13.14	36.67	0.3
云南	1.11	18.18	31.16	0.2
河南	32.66	12.93	18.96	0.1
湖北	8.93	7.05	16.46	0.1
河北	0.13	0.11	11.26	0.1
广西	4.83	2.23	7.14	0.1
安徽	7.83	4.60	6.71	0.05
内蒙古	15.11	8.57	4.09	0.03
吉林	74.39	2.99	3.49	0.03
重庆	15.12	9.77	3.48	0.03
湖南	1.22	2.39	2.70	0.02
黑龙江	51.42	25.13	2.49	0.02
江西	44.47	2.62	1.31	0.01
陕西	0.05	0.04	0.28	—
山西	1.75	—	0.23	—
甘肃	—	0.95	0.05	—
贵州	0.92	0.14	0.00	—
宁夏	1.43	—	—	—

资料来源：中国食品土畜进出口商会提供。

二、青海藏（地）毯产业发展历史阶段及现状

1959 年，青海省海西蒙古藏族自治州都兰县诺木洪塔里他里哈遗址"出土了公元前 10 世纪大量的毛织物和纺轮，其中有毛绳毛布，还有一块彩色毛席残片，虽历经 3000 年，但是用黄、褐、红、蓝等色毛编织而成的条形图案仍清晰可见，这是至今出土最早的毛席残片"。[①] 这足以说明，散居于青藏高原的古人已经掌握了毛纺织和染色技术，可以织出几何图案的彩色毛席织物，也更进一步证明起源于青藏高原的藏（地）毯工艺历经千年的锤炼，历史悠久而积淀深厚。

（一）青海藏（地）毯产业发展的历史阶段

1. 1949 年以前：漫长的产业形成期

青藏高原是藏（地）毯的起源地，作为藏民族传统的手工业，藏（地）毯从早期的"溜""氆氇""尺不戒"、汪丹和仲丝，后逐渐演变形成现代完整的栽绒地毯形式，历经了羌人的探索，吐蕃的开放、借鉴与吸收，明清时期的继承与发扬，在青海省，藏（地）毯最终集大成于湟中县藏族乡加牙村，成就了极负盛名的"加牙藏（地）毯"。早在中华人民共和国成立前，加牙村村民采用藏（地）毯工艺编织的马褥、地毯等产品就因花样新奇、做工精致，被销往甘肃、四川、西藏等地，部分产品甚至销往印度、尼泊尔等国，最高时年可销 6000 条

---

① 陆红旗.中国古毯［M］.北京：知识出版社，2003：5.

以上。同时，青海省先后成立了贵德平民工厂、政府设立地毯厂①、民生工厂②、福兴地毯厂、大通地毯厂、义源工厂③等多家地毯生产企业，政府也于1929年成立了青海省工业学校，专门设立了栽绒工厂用于栽绒制品生产。1948年，由义源工厂栽毛科扩充而成的地毯厂已有栽绒毯架（机梁）20余副、工人180余人，具备了一定的生产与销售能力。

2. 1949~1984年：出口合作期

新中国成立后，在原有的国民政府所辖洗毛厂以及地毯厂的基础之上，经过改造、更名，先后成立了"青海人民洗毛厂"④"西宁地毯厂"⑤"青海人民毛纺厂"地毯车间⑥等，专门从事地毯生产。在党和政府的领导下，先后成立了"青海地毯一厂"⑦ "湟中县民族地毯厂"⑧ "青海地毯二厂"⑨ "同仁县民族地毯厂"⑩ "贵德县地毯工业公司"⑪ "同德县民族地毯厂""湟中县鲁沙尔地毯厂"⑫等十多家地毯生产企业，并于1959年开始经天津地毯进出口公司后整理后统一以"风船"品牌出口青海藏（地）毯产品。这一时期西宁及周边和海北州各类地毯生产企业"累计向青海外贸供货纯毛地毯8.1万平方米"⑬，在一定程度上奠定了青海藏（地）毯产业发展的专业技术人才、产业链条等基础，并确立了青海藏（地）毯在国内外市场中的地位。

---

① 民国十八年（1929年）由省政府设立的地毯厂，从上海购置毛纺机器，聘请技师，编织马褥子、椅垫等产品，但是尚没有专业地毯生产。

② 成立于民国十九年（1930年），配备20余架脚踏纺车用于纺纱线、织毯和平织氆氇及制作栽绒产品，由于诸多客观原因，不到一年就倒闭了。

③ 1930年8月成立的义源工厂是马步芳军队军需物资制造厂，主要生产各种服装及袜、鞍鞯、皮件、毡衣、毛口袋等物品。

④ 原国民政府所辖洗毛厂，于1950年更名为青海人民洗毛厂。

⑤ 原国民政府所辖洗毛厂栽毛科1950年划归青海人民洗毛厂所有，更名为地毯车间，后定名为西宁地毯厂。

⑥ 1956年。

⑦ 前身为国民政府所辖洗毛厂，1950年更名为青海人民洗毛厂，1958年更名为青海地毯一厂。

⑧ 1972年成立于青海省湟中县的集体性质的地毯生产企业，主营手工地毯。

⑨ 1956年西宁地毯艺人组织成立毛纺织工业生产合作社，1958年转为国营西宁绒毛制品厂，以生产毛毡为主，于1979年改制为青海地毯二厂。

⑩ 1972年成立于青海省黄南州同仁县的集体性质的地毯生产企业，主营手工地毯。

⑪ 1972年成立于青海省贵德县的集体性质的地毯生产企业，主营手工藏毯。

⑫ 1980年成立于青海省湟中县的集体性质的地毯生产企业，主营手工藏毯。

⑬ 青海省地方志编纂委员会. 青海藏毯志［M］. 西宁：青海民族出版社，2017：109.

改革开放以后，在国家和青海省政府的关怀下，青海省藏（地）毯产业得到了快速发展，先后成立了"海南州地毯厂"①"乐都县地毯厂"② 等多家国有、集体性质的地毯企业，出口规模逐渐扩大，更进一步奠定了青海藏（地）毯产品作为外向型产品的特殊地位。

3. 1984～2003 年：市场调整期

青海省是我国四大牧区之一，畜牧相关产业的发展基础得天独厚，20 世纪 80 年代中后期，青海省政府将经济建设重心倾斜至畜牧业，提出"畜牧业大合唱"的口号，主要发展原辅材料深加工。与此同时，1984 年以后，青海省取得了外贸进出口经营权，藏毯产业发展机会空前。1985 年"湟中县上新庄藏毯厂"成立③，这是"青海省第一家出口创汇的藏毯工贸公司，1993 年工业总产值达 1500 万元，实现利税达 75 万元，出口创汇 100 万美元"④。上新庄藏毯厂历经青海藏（地）毯产业多个发展调整期，在青海藏（地）毯出口创汇、人才培育、技艺传承等方面做出了杰出贡献。同期，在青海省政府的大力扶持下，省内各州县采用新建、启动停产工厂、扩建相关工厂的方式，推动了全省羊毛手工打结藏（地）毯产业的兴起和大发展，"1992 年出口达 650 多万美元，为青海历史最高水平，藏毯成为青海省出口产品的三大拳头产品⑤之一"，青海藏（地）毯产业逐渐成为具有地方特色的产业。出口能力的大力增强，使得青海藏（地）毯业的发展迎来了第一个高峰期，"到 1992 年，全省共有地毯生产企业 30 多家，毛纺织、棉纺织企业 56 家，加工厂（半成品加工）200 多个，农牧区家庭作坊 2000 多个，从业人员 2 万多人"，藏（地）毯产业的发展一片繁荣。

1994 年，受国家整顿出口产品、对地毯出口实行招标制体制的影响，青海藏（地）毯产业面临"体制不利、机制不顺"的窘境，企业出口成本增加。同时由于产品的设计生产没有得到大胆改进，出口经营企业背离市场，产品不能跟

---

① 1986 年成立于青海省海南州的集体性质的地毯生产企业，主营牛绒衫、拉洗地毯。

② 1988 年成立于青海省乐都县的集体性质的地毯生产企业，主营手工藏毯。

③ 湟中县上新庄藏毯厂于 2001 年改制注册为私营"青海海湖藏毯有限责任公司"，具备纺纱、染纱、织毯、图案设计、后道整理加工、新产品研发、销售等一体化的生产经营能力，主要生产"藏羊牌"，"艺源祥牌"商标手工藏毯。2011 年被国家文化部审定为"第一批国家级非物质文化遗产生产性保护示范基地"。2013 年 1 月，被青海省文化和新闻出版厅审定为"第一批青海省非物质文化遗产传承基地"。

④ 冯友义．走向世界的青海藏毯［J］．青海金融，1994（7）：42.

⑤ 20 世纪末青海省出口三大拳头产品为：硅铁、冬虫夏草、藏毯。

着市场走，产、供、销不能有机结合，对政策的过度依赖形成"体制锁定"，错过了技术创新的大好时机，造成产品大量积压，藏（地）毯企业纷纷倒闭，青海藏（地）毯产业步入低谷期。

1996 年，青海省第一家私营藏（地）毯企业——青海藏羊地毯（集团）有限公司成立，并迅速成长，后逐渐成为行业中的龙头企业。藏羊集团的成功及国家国有企业改革政策的引导，引发了青海藏（地）毯企业的改制潮，民营藏（地）毯企业开始在藏（地）毯行业中发挥主体作用。2001 年，青海所有国有（集体）藏（地）毯企业改制完成，国有企业全面退出藏（地）毯生产，形成私营经济主导产业发展的局面，这为青海藏（地）毯产业的发展注入了活力，藏（地）毯产业开始复苏。

4. 2003 年至今：产业集群化发展期

2003 年，青海省委省政府把藏（地）毯产业列为重点扶持产业，连续出台系列政策支持藏（地）毯产业的发展，并开始在西宁市城南新区筹建青海藏（地）毯生产基地，引导藏（地）毯及绒纺企业入驻园区，实现产业集群化发展，青海藏（地）毯产业迎来了快速发展期。

2003 年以来，依托于藏（地）毯产业，西宁市城南新区先后引进青海藏羊地毯（集团）有限公司、圣源地毯（集团）有限公司、青海大自然地毯纱有限公司、青海雪舟三绒集团等多家生产性企业，构成了青海省毛纺加工体系的骨架，也为西宁市南川工业园区特色毛纺织产业的集聚发展奠定了坚实基础。2004 年开始举办的"青海藏毯国际展览会"，在展示青海藏（地）毯企业形象的同时为企业开展高层次市场营销活动、开拓国际市场提供了机会。2006 年成立的"中国藏毯协会"为促进产业发展，推动企业间及产业间交流合作搭建了平台。2008 年 7 月正式对外营业的"青海雪舟国际藏毯原辅材料交易中心"部分满足了企业对优质原材料的需要。基于上述努力与成果，青海藏（地）毯产业集聚雏形已经具备，2010 年 11 月，中国纺织工业联合会授予青海·西宁"世界藏毯之都"称号，进一步奠定了青海藏（地）毯在国际国内的产业核心地位，由此青海藏（地）毯驰名中外。

总之，南川工业园区从成立至今，用了 8 年的时间，吸引了藏羊集团、圣源集团、大自然地毯纱、喜马拉雅地毯、雪舟三绒、柴达木羊绒等地毯、绒纺和产业配套企业 18 家，地毯织机规模达 150 台（套）；产品涉及手工、威尔顿、阿克明斯特、簇绒、枪刺、印花等多种类型；地毯产能达到 3000 万平方米和洗毛 4 万吨，较 2007 年成立之初，地毯 20 万平方米和洗毛 3000 吨，分别增长了 149 倍和 12 倍；地毯纱年产 3.9 万吨（粗纺地毯纱 1.57 万吨、半精纺纱 3530 吨、化纤纱线 2 万吨），较 2007 年增长了 26 倍，化纤纱线填补了省内空白，年配套染色 1.3 万吨；2016 年实现工业产值 79.52 亿元，同比增长了 11.4%；前 10 个月完成进出口总额 1.07 亿美元，同比下降 12.43%，其中出口完成 1.04 亿美元，同比增长 7.97%；建设的"青海地毯原辅材料交易中心"全年实现交易额约 3.5 亿元；产业实现直接就业 6500 人，间接带动牧区农户 50 万人增收。

（二）青海藏（地）毯产业发展现状

21 世纪以来，随着对外开放力度的加大和国际市场对手工地毯需求的不断增长，青海省委省政府高度关注青海藏（地）毯产业，从 2003 年 6 月 20 日开始，先后七次召开"青海省藏毯产业发展协调领导小组专题会议"，并于 2008 年 2 月组建了西宁市南川工业园区①推动产业发展，促使青海藏（地）毯生产加工企业脱颖而出，并呈现破竹之势，藏（地）毯成为青海的特色优势产品，青海省成为中国藏（地）毯主产区，"世界藏毯之都"品牌效应日益显现。同时，受全球金融危机的影响，市场结构发生了转变，这给青海藏（地）毯带来了新的机遇和挑战。

1. 青海藏（地）毯产业生产现状

青海藏（地）毯以其独特的手工工艺闻名于世，因此 2008 年以前，其出口和内销均以手工藏（地）毯为主，只有个别企业购置了大型织机，进行部分机织毯的生产，因此，《青海省统计年鉴》中也以"地毯"对手工藏（地）毯和机织藏（地）毯含而盖之，不作进一步的分类统计。

---

① 青海省 2000 年成立国家级经济技术开发区，2008 年 2 月，为了更好地招商引资，在原"城南工业园区"的基础之上成立"西宁经济技术开发区南川工业园区"，与甘河工业园区、生物科技园和东川工业园区共同纳入西宁经济技术开发区的"一区四园"之中。园区是开发区"四大特色产业基地"之一，是全省打造"世界藏（地）毯之都"的主阵地，是省委省政府确定的五个十大特色优势产业千亿元工业销售收入的基地之一。

2008 年以后，受劳动力等生产成本要素价格上涨与全球金融危机引发的国外购买力下降等因素影响，传统的手工地毯市场订单逐日下降，产量日渐萎缩（见图 1），机织地毯需求量逐渐上升。为了迎合市场变化的需要，西宁市南川工业园区开始引进世界先进的地毯织机，大力发展机织藏（地）毯，各类织机数量从起步阶段的 6 台增长到 150 台，藏（地）毯机织毯数量也呈现出逐年增长的局面，青海省全省藏（地）毯机织毯的产量由 2009 年的 45 万平方米增长到 2016 年的 3162 万平方米，增长了 70 多倍，年平均增长 83.58%（见图 2）。机织地毯和手工地毯生产分化已经较为明显，机织地毯作为今后青海藏（地）毯产业发展的一个非常重要的增长点，需要政府加大扶持；同时，作为青海藏（地）毯渊源的手工地毯产量的进一步稳固和提升也是今后需要企业、行业协会、政府特别关注与投入的领域。

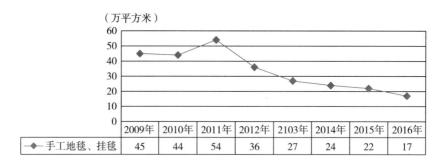

（万平方米）	2009年	2010年	2011年	2012年	2103年	2014年	2015年	2016年
手工地毯、挂毯	45	44	54	36	27	24	22	17

图 1　2009～2016 年青海藏（地）毯手工地毯、挂毯产量变动情况

资料来源：青海省统计年鉴（2010～2017）.

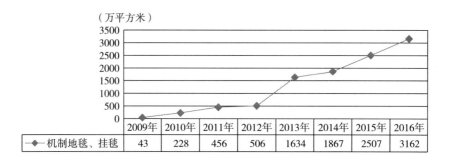

（万平方米）	2009年	2010年	2011年	2012年	2013年	2014年	2015年	2016年
机制地毯、挂毯	43	228	456	506	1634	1867	2507	3162

图 2　2009～2016 年青海藏（地）毯机织地毯、挂毯产量变动情况

资料来源：青海省统计年鉴（2010～2017）.

2. 青海藏（地）毯产品销售现状

由于青海省委省政府对青海藏（地）毯产业的发展给予了高度关注，藏（地）毯的出口额由 2003 年的 1101 万美元增长到 2016 年的 5515.8 万美元，增长了 4 倍，年平均增长 13.20%（见图 3），其中最高年份的 2011 年达到了 7705 万美元。出口的迅猛增长促使青海藏（地）毯产业实现了飞速发展，也印证了该产业的外向型特征。同时，从 2003 年起，青海藏（地）毯内销也呈逐年上升趋势，年均国内销售额达 36917.38 万元，是 2003 年的 85.6 倍。其中最高年份的 2015 年达到了 85458 万元（见图 4），青海藏（地）毯的出口与内销都保持了持续的增长。

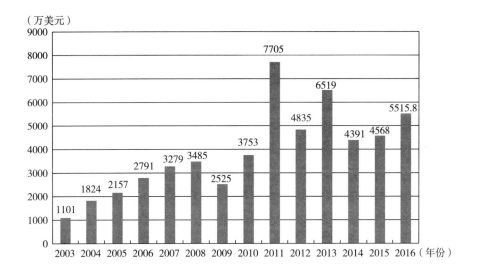

图 3　2003~2016 年青海藏（地）毯出口量变动情况

资料来源：西宁海关、中国藏毯协会提供数据。

值得关注的是，2008 年之后，受国内外诸多因素的影响，青海藏（地）毯出口在总体增长的同时波动较为明显，而内销延续了持续增长态势、势头强劲，取得了金融危机后连续 5 年保持增长的好业绩，2015 年国内销售额高达 85458 万元，较之 2003 年增长了近 195 倍，年平均增长 55.25%；2016 年国外地毯大量涌入国内，对藏（地）毯的内销产生了一定冲击，销量出现小幅下滑，内销额为 79500 万元，比上年下降了 6.97%。虽然青海藏（地）毯产业起源的动力来自出口，但是 2008 年国内市场的活跃一方面化解了青海藏（地）毯产业对外贸易依存度过高的隐患，另一方面为产业的更进一步发展找到了新的增长点（见图4）。

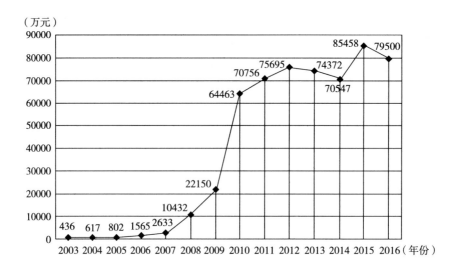

图4 2003～2016年青海藏（地）毯内销量变动情况

资料来源：青海省地方志编纂委员会．青海藏毯志［M］．西宁：青海民族出版社，2017：224；2016年数据由中国藏毯协会提供。

3. 青海藏（地）毯产业营利能力现状

2003 年，青海省委省政府提出"以藏（地）毯产品为核心，藏（地）毯产业为主导，培育国际性集团化藏（地）毯企业，整合资源要素，扩展产业链，带动相关产业协同发展"的藏（地）毯产业整合思路①，把藏（地）毯产业列入青海重点发展产业。借着政府关注、政策倾斜的东风，青海省藏（地）毯产业生产企业总体利润水平逐年升高。2003 年青海藏（地）毯企业实现利润456 万元，到2015 年利润已经高达11853 万元，上缴利税达1735.44 万元，受国际市场变动的影响，至 2016 年急剧下滑到4075 万元（见图5）。金融危机以后，在地毯行业整体亏损的情况下，青海藏（地）毯企业能够保持盈利，表现出了很好的成长性。

---

① 花木嵯．藏毯产业十年成长路［N］.青海日报，2014 – 08 – 07（4）.

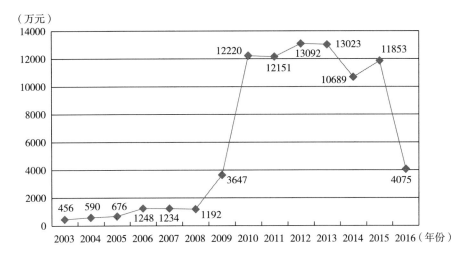

图5 2006～2016年青海企业藏（地）毯利润变动情况

资料来源：青海省地方志编纂委员会．青海藏毯志［M］．西宁：青海民族出版社，2017：153；2016年数据由中国藏毯协会统计。

2008年之前，青海藏（地）毯产业的营利能力稳中有升，但是增长速度较慢。2003～2008年藏（地）毯企业年均利润增长率为21.19%。2008～2010年随着机织藏（地）毯规模的不断扩大，青海藏（地）毯产业总体的营利能力飞速增长，年平均增长220.18%，2010～2015年企业利润有增有减，年均利润增长率减少了0.1%。而2016年的企业利润比2015年又下降了65.62%。

4. 青海藏（地）毯产业链发展现状

西宁大白毛是世界公认的编织地毯的优质原材料，因其纤维粗长、弹性好、富有光泽，早在19世纪40年代，就有英、德、美、法等国商人在青海西宁和丹噶尔古城收购西宁毛运往国外。青海省是西宁大白毛的主产区，用西宁大白毛编织的藏（地）毯具有手感丰满光滑、柔软等特点，深受市场好评。凭借主要原材料产地的优势，以及积淀千年的藏（地）毯工艺与文化，2003年，青海省省委省政府出台了系列扶持政策支持藏（地）毯产业发展，并将城南新区作为藏（地）毯产业基地，全力打造青海藏（地）毯产业链。先后有国内最大的手工藏（地）毯生产企业——青海藏羊地毯（集团）有限公司，始建于1989年的国内最大的毛纺企业之一，国内最大的牛绒分梳、牛绒服装设计、研发、生产企业——青海雪舟三绒集团，圣源地毯集团有限公司，青海省绒业（集团）有限公司，柴达木羊绒有限公司等藏（地）毯产业链节点企业入驻，形成了一定的产业链业态，相关功能有待进一步健全（见表1）。

表1　2008 年 2 月西宁南川工业园区成立前入驻主要企业、机构名录

企业名称	成立时间	主要业务	主要品牌
青海藏羊地毯（集团）有限公司	1996 年	藏（地）毯手工毯、机织毯、挂毯生产	藏羊
青海雪舟三绒集团	1989 年	牛绒、羊绒、驼绒、洗净羊毛生产	雪舟
柴达木羊绒有限公司	2003 年	山羊绒、山羊无毛绒生产	柴达木
中国藏毯协会	2006 年	贯彻执行国家对外贸易方针、政策；发挥协调、指导、咨询、服务等职能；为全体会员单位服务，维护国家利益和会员单位的合法权益，开拓国际市场，促进行业的繁荣与发展	
圣源地毯集团有限公司	2007 年	藏（地）毯和挂毯、商用工程地毯、阿克明斯特机制满铺地毯，手工枪刺工艺地毯和手工艺术藏（地）毯、染纱生产	圣源
青海省绒业（集团）有限公司	2007 年	山羊绒纱、山羊无毛绒、山羊绒衫、羊绒制品生产	三江源

2008 年 2 月，省政府批准成立西宁经济技术开发区南川工业园区，重点引导藏（地）毯毛绒纺织企业入驻园区，以打造地毯生产为龙头的产业集群、建设"世界藏毯之都"为目标，构建洗毛（绒）—分梳—纺纱—染纱—地毯（针织服装）生产为核心的产业链条。先后有比利时澳伦托公司投资组建的年产 8000 吨粗纺地毯纱的青海大自然家居有限公司、江苏汇丰羊绒有限公司投资兴建的年产130 万件绒衫的青藏绒毛股份有限公司、青海卡比特家纺有限公司、青海天玺多吉地毯有限责任公司等企业入驻。同时，为了加快青海省以藏（地）毯生产为龙头的特色绒纺企业的发展步伐、保障绒纺加工体系对原材料的需求，由南川工业园区投资建设的以"青海雪舟国际藏毯原辅材料交易中心"为主体的原材料采购平台于 2008 年 7 月正式对外开放营业。2015 年，青海藏源藏毯检验检测有

限公司和青海瑞源藏毯生产力促进中心先后成立，作为专业的第三方机构，为青海藏（地）毯产业链的更进一步完善起到了重要作用。目前，西宁市南川工业园区已成为全国首届一指的专门的地毯研发设计生产园区，多方的努力与企业的进取，使得目前青海藏（地）毯产业链已经初步形成，但相关功能有待进一步发挥。

表2　2008年2月西宁南川工业园区成立后入驻主要企业、机构名录

企业名称	成立时间	主要业务	主要品牌
青海雪舟国际藏毯原辅材料交易中心	2008年	藏（地）毯加工原辅材料交易	
青海卡比特家纺有限公司	2010年	簇绒地毯、威尔顿地毯、数码喷墨印花地毯、装饰装潢材料、纺织原材料	卡比特
青藏绒毛股份有限公司	2012年	羊绒纱线、羊毛纱线、牛绒纱线、高档羊绒衫、牦牛绒衫时装、	
青海喜马拉雅家居有限公司	2013年	地毯纱线、各类功能地毯、羊毛地毯、化纤地毯、售后清洗	喜马拉雅
青海天玺多吉地毯有限责任公司	2013年	手工、机织地毯及地毯纱线，数码鲜花地毯、簇绒地毯	天玺多吉、圣迪
青海藏源藏（地）毯检验检测有限公司	2015年	藏（地）毯科学研究和技术服务业	
青海瑞源藏（地）毯生产力促进中心	2015年	推动产学研联盟、促进科技成果和适用专利的引进、推广与转化，组织新产品的技术创新	

5. 青海地毯销售展示中心工作开展现状

开发区南川工业园区管委会为进一步落实省委省政府关于推进藏（地）毯展业发展的工作部署，加快推进"全国高原藏毯产业知名品牌创建示范区"和"国家级出口工业产品质量安全示范区"产业集群的转型升级，培育打造"永不闭幕的藏毯展会"，决定在园区实施"中国藏毯之都—国际地毯展示销售中心"项目。

（1）项目基本情况。国际地毯销售展示中心利用园区国际地毯织造基地 1 号楼 1～6 层 8900 平方米，2 号楼 1～2 层 2900 平方米，共计约 1.18 万平方米，初步概算投资约 3000 万元。其中 1 号楼 1～3 层为国内地毯销售展示中心，4 层为大学生创业孵化基地和研发中心，5 层为藏（地）毯产业检测检验中心和实验室，6 层为中国藏毯协会和项目公司办公区；2 号楼 1～2 层为国际地毯和绒纺产品销售展示中心。

①地毯销售展示中心。总面积约 7000 平方米，通过相对专业和超前的设计理念，吸引国内外知名地毯生产营销企业入驻。其中国内地毯展区（1 号楼 1～3 层）主要展示国内、省内特别是园区地毯企业手工、手工枪刺、威尔顿、阿克明斯特、簇绒、印花等各类高端地毯及配套纱线及国内藏（地）毯、地毯文化的起源、发展等内容的展陈展示，配套建设洽谈和交易区。国际地毯及绒纺产品展区（2 号楼 1～2 层）主要吸引园区绒纺企业和伊朗、巴基斯坦、印度、尼泊尔、阿富汗、土耳其、土库曼斯坦、吉尔吉斯斯坦、乌兹别克斯坦等国家和地区企业的精品绒纺产品，手工、机织地毯展示，同时对世界地毯发展历程、"一带一路"、丝绸之路和波斯地毯文化进行介绍。中心利用"互联网＋产业"的新发展理念，实现传统营销模式与电子商务、现代物流的深度融合。通过中心建设，实现藏毯展会在园区的永不闭幕。

②大学生创业孵化基地和研发中心。面积约 1600 平方米，通过设立创业孵化基地，吸引省内外高校、职业技术院校的美术、设计、工艺等专业毕业生在园区自主创业。其成果采用市场化方式向园区企业提供服务。通过设立大学生创业基地，为毕业生提供见习场所，组织开展专业营销、电子商务等技能培训，为园区企业进行人才储备。同时，聘请行业领域专家和专业设计、专业技术人才，建立地毯产品公共研发中心，提供企业新产品研发服务。

③检测检验中心和实验室。整合园区直属的青海国信实业有限公司及中国藏毯协会现有的检验检测设备、人员，成立面向为全省毛纺企业服务的专业检测平台。中心实验室通过申请国家"CMA"认证，为省内及国内地毯生产及销售企业、国内外采购商、消费者提供具有专业资质的检测分析。

④产业联盟（协会）。园区管委会、中国藏毯协会和园区企业联合发起成立"地毯产业联盟"（或协会）。通过联盟的设立，在地毯和藏毯领域形成较大的联盟合力和影响力，为成员企业提供客户、市场等信息，最大范围内实现资源共享和调配，实现企业间优势互补，为产业的快速发展进行空间扩展。

（2）项目公司。园区管委会直属国有青海兴川开发建设有限公司，以现有房屋进行项目建设，待项目完工后，将全部资产投入成立"青海藏毯产业发展有限公司"（拟定名），由其负责地毯销售展示中心、大学生创业孵化基地和研发中心、检测检验中心和实验室的日常工作和运维。

（3）工作进度和计划。为加快推进中心建设，园区管委会、省商务厅、中国藏毯协会、青海兴川开发建设有限公司和江苏雅智传媒投资有限公司目前已经成立工作组，全力推进项目建设。目前，已经完成中心外立面初步设计，正在进行内部设计和外立面设计优化，整个设计工作预计在2017年12月底前完成初稿，2018年1月底完成全部方案设计；2月15日前完成方案确定、项目招标等各项前期工作，同时中国藏毯协会对接国内外企业展陈物品；3月初施工单位进场施工，5月初完成中心建设和装修工程；5月20日进场布展，5月底完成各项布展工作。

西宁经济技术开发区南川工业园区管委会根据省委省政府的工作部署以及王国生书记提出的"将藏毯会打造成为'一带一路'上的响亮品牌"及王建军省长提出的"打造永不闭幕的藏毯会"的工作要求，园区管委会通过发挥中国藏毯协会的作用和在地毯织造中心建设国际地毯销售展示中心、研发中心和检测中心，服务功能得到进一步的完善。

我们坚信，通过努力，一定可以将"中国藏毯之都"打造成为丝绸之路上的响亮品牌，将南川工业园区建设成为我国重要的特色毛纺产业集群。

三、青海藏（地）毯产业发展 SWOT^① 分析

（一）青海藏（地）毯产业发展优势（S）分析

1. 独特的产品优势

优质的原材料、独特的工艺和深厚的藏文化资源成就了藏（地）毯软硬度适中、弹性强，图样别致、色彩艳、特色鲜明、韵味浓等显著特点，使其稳居世界三大名地毯^②之中，并深受国内外消费者喜爱。

（1）原材料优势。青海是全国五大藏区之一，也是全国四大牧区之一，是"西宁大白毛"的主要产地，具有发展藏（地）毯加工业的原材料优势。"西宁大白毛"又称"藏系绵羊毛"，是世界公认的最适宜织地毯的优质原料，具有纤维粗长、回弹力强、光泽较强、耐酸性好、净毛率高（约70%）等特点^③，编织的藏（地）毯利用传统工艺处理后，色泽鲜艳、毯面洁净、不易被虫蛀。毯面手感丰满光滑、洗后似锦缎，能根据图案纹样的要求织成形象逼真的各色花样，辅以剪花工艺可以使图案全部纹样轮廓清晰、层次分明，可产生胜似浮雕的艺术效果，被誉为"像锦缎样的软浮雕"。青海年产"西宁大白毛"17000吨左右，还有较为丰富的羊绒、牛绒资源，这为青海大力发展藏（地）毯产业提供了独

---

① SWOT 分析法又称为态势分析法，四个英文字母分别代表：优势（Strength）、劣势（Weakness）、机会（Opportunity）、威胁（Threat）。运用 SWOT 分析法，可以对研究对象所处的情景进行全面、系统、准确的研究，从而根据研究结果制订相应的发展战略、计划以及对策等。SWOT 分析法常常被用于制定集团发展战略和分析竞争对手情况。在这一框架中，S、W 代表内部因素，O、T 则代表外部因素。

② 目前，业内公认的世界三大名毯为藏毯、东方毯和波斯毯。

③ 青海省地方志编纂委员会. 青海藏毯志［M］. 西宁：青海民族出版社，2017：32.

到的条件（见表 1）。青海藏（地）毯的购毛、分选、洗毛、纺纱、染纱工艺，为当地提供了大量的就业岗位，为精准扶贫提供了产业支撑。

表 1　2011～2016 年青海省毛、绒产量表　　　　　　单位：吨

年份＼品类	合计	羊毛			牛毛绒
		小计	绵羊毛	山羊绒	
2011	21043	17951	17537	414	3092
2012	20785	18474	18076	398	2311
2013	20519	18353	17928	425	2166
2014	19390	17507	17110	397	1883
2015	19729	17787	17365	422	1942
2016	19817	17941	17506	435	1876

资料来源：《青海统计年鉴》（2017）。

（2）独特的工艺优势。藏（地）毯因其纺织工艺的独特性而享誉国内外手工地毯界，青藏高原传统手工栽绒地毯做工艺主要有两种：以西藏为代表的重叠连环法，又叫藏（地）毯拉杆结扣法工艺，以青海加牙村为代表的"8"字扣工艺、马蹄扣工艺。藏（地）毯特有的"拉杆结扣法"确定了藏（地）毯绒头长、绒头粗的特点，毯面较厚能达 3～5 厘米。21 世纪初，青海藏羊地毯（集团）有限公司研发出"双经锁子扣"工艺，有效地弥补了藏（地）毯传统的"拉杆结扣法"在每次更换色毛纱时第一个栽绒扣不如"8"字扣或马蹄扣牢固的缺陷，并获得了专利。独特的制作工艺，使得藏（地）毯粗犷、自然、古朴、大气的地域民族风格得到了更进一步的发扬，成为世界地毯家族中的一朵奇葩。

（3）深厚的藏（地）毯文化资源优势。作为青藏地区的藏民族传统产业，藏（地）毯在历经千年的发展历程中不断地从藏民族文化及当地特色文化中汲取营养。青海藏（地）毯在图案设计上将藏、汉、回、土、蒙古等多民族文化融为一体，构思巧妙，色调和谐，风格独特，既保持了粗犷、自然、古朴的藏民族风格，也兼容并包了汉民族、其他民族甚至西方诸多文化艺术流派的审美观念，因此，以藏民族文化为主体的多民族文化共同成为了青海藏（地）毯取之不尽、用之不竭的设计源泉，随处可闻可见的各民族人文景观和风俗传统，使得神秘、多元文化冲撞熏陶下的青海藏（地）毯文化博大精深，难以被比拟、模

仿和复制，这是青海藏（地）毯产业发展的重要驱动力和优势之一，也因此而成就了青海藏（地）毯在世界三大地毯品类中被列为"时尚毯"的盛名。

2. 产业集聚效应的优势

西宁经济技术开发区南川工业园区是目前全国唯一的以高原特色绒纺为业务核心的开发区，目前已经形成了羊毛交易、分梳、纺纱、染纱、地毯生产、销售等较为完善的产业链条，产业集聚效应初步显现。同时，入驻企业非同质化且各具特长，虽然企业间在协同方面出现了诸多问题，但是相互补充与完善的格局已基本形成，阿克明斯特、威尔顿、数码印花、簇绒、枪刺等产品门类也已齐全。园区多年来致力于打造建成以藏（地）毯生产为龙头的特色毛纺织产业集群，先后获批商务部第一批"国家外贸转型升级专业型示范基地"，国家质量监督检验检疫局第二批"出口质量安全示范区"、国家质量监督检验检疫局"知名品牌示范区"。南川工业园区也是"国家 WTO 仲裁争议评价基地"，这使青海在 WTO 贸易规则的磋商中拥有了一定话语权，从而为青海藏（地）毯产业的进一步健康发展提供了极佳的便利条件。

产业集群中重点企业的综合实力也在不断增强，藏羊集团被国家认定为"农牧业产业化国家重点龙头企业"，已经通过了 ISO9001：2000 质量体系认证，年产 450 万平方米机织毯的卡比特家纺有限公司已经通过美国 CRI 室内空气质量认证，圣源地毯集团有限公司已获得产品进入欧盟市场的"欧盟 EC 市场准许标准"，进一步增强了青海藏（地）毯产业集聚效应的发挥。

3. 龙头企业的带动优势

前期，青海藏（地）毯龙头企业——青海藏羊地毯（集团）有限公司（以下简称"藏羊集团"）的带动作用十分明显，在产业的"固本清源"中产生了巨大的影响，为产业的集聚过程发挥了不可替代的作用①。

随着产业集聚的不断形成，成长出了一批资质优良的企业，在国内外高档商

---

① 多年来，藏羊集团持续参加德国汉诺威国际地面铺装材料展览会和上海地面材料及铺装技术展览会，通过展示、交流与合作，改变了国际客商认为藏（地）毯的产地与发源为尼泊尔这一误区，奠定了青海藏（地）毯在国际地毯市场中的地位，发挥了"固本清源"的重大作用。藏羊集团积极带头参与技术创新和人才培养，已累计取得 6 项实用新型发明专利和 386 项图案外观设计专利，每年培训 3000 名织毯熟练工和技工。同时，藏羊集团积极制定行业标准，2006 年参与《青海手工藏（地）毯》标准的制定，2008 年参与《手工打结藏（地）毯》国家标准制定，为行业的标准化奠定了基础。

用地毯市场上占有相当比重的圣源地毯集团有限公司、在欧洲拥有较强营销渠道的青海喜马拉雅家居有限公司、在国际知名家居销售企业宜家有相当大的地毯采购份额的卡比特、引进了全球最先进的地毯织机的藏羊国际等企业异军突起，引领着产业的不断开拓进取。

（二）青海藏（地）毯产业发展劣势（W）分析

1. 区域品牌效应难以持续发挥

近几年，青海藏（地）毯的产销量已经居全国首位，在国际市场的影响力也与日俱增，但是品牌在国内外市场的宣传推介显得十分滞后。青海藏（地）毯产业拥有"藏羊""圣源""喜马拉雅""三江源"等诸多品牌，其中"藏羊"近年来一直列居全国十大地毯名牌排名榜，先后被评为"中国驰名商标""国家免检""中国名牌""国家地理标志保护产品"，在国际市场也有一定的知名度，但其品牌影响力仅限于业内，对普通消费者来讲相对陌生，因此造成其价值在国内、外市场被严重低估，销售价格偏低，伴随着原材料和人工成本的不断上涨，藏羊产品销售价格难以提升，形成青海藏（地）毯品牌高美誉度、低知名度共生的局面，"世界藏毯之都"这一区域品牌效应难以正常发挥。

2. 专业人才严重缺乏

人才是产业健康有序发展的基本保障，而青海藏（地）毯的产业人才队伍建设令人堪忧。

第一，缺乏熟谙藏民族文化精髓并具有国际视野的设计师。设计是产品的灵魂。藏（地）毯与波斯地毯、东方艺术毯并称为世界三大名毯，以其独特的工艺、设计享誉世界。尤其是传统的青海藏（地）毯，在图案设计上将藏、汉、回、土、蒙古等多民族文化融为一体，构思巧妙、色调和谐、风格独特，广受好评与追捧。近年来，青海藏（地）毯由于产品设计文化内涵不足、民族特征不鲜明，不能很好地展示藏（地）毯作为中华文化一分子的独一无二性，在过分追求商业价值的过程中一味地模仿、抄袭当今流行的地毯花色与图案，渐渐地偏离了本民族文化的精髓，从而使藏（地）毯失去了原有的活力与生命力，导致古藏（地）毯与古波斯毯价格差距巨大，古藏（地）毯的价值被严重低估，即使是现代藏（地）毯和现代波斯毯在价格上也有较大差距。目前，同等波斯地毯的价格基本上是青海藏（地）毯的2.5倍左右，如此悬殊的差距源自于是否有一个熟谙本民族文化精髓并具备国际视野的设计师队伍。

第二，缺乏专业的藏（地）毯销售人员及稳健的销售队伍。藏（地）毯特性鲜明的文化、独到的工艺、优质的原材料等特色，都需要借助专业的销售人员这一宣传平台向各类消费者广泛传播。藏（地）毯销售人员在具备较强的销售知识、了解地毯行业基本知识的同时，应该具备一定的西部民族地区民风民俗、藏文化等基本知识，做到熟练运用各类现代营销手段演绎传统藏（地）毯文化，借文化宣传推介藏（地）毯产品。但是目前青海藏（地）毯企业业务水平过硬、训练有素的销售人员普遍缺乏，也没有构建起一套行之有效的办法以更进一步培养和稳定现有的人才队伍。同时，部分企业的不当激励导致成熟销售人才流失严重，严重影响着青海藏（地）毯产业的进一步发展。

第三，产业工人缺失。统计数据显示，2006～2016年青海藏（地）毯生产企业从业人员从2006年峰值的33500人快速回落，到2016年，从业人员仅为3620人，其中最低谷的2015年仅有2534人，年平均减少2988人（见图1）。在调研中发现，越来越多的年轻人选择了其他更加轻松和快捷的就业渠道而放弃了藏（地）毯编织业，产业工人队伍后继乏力现象严重，企业普遍存在"有订单无工人"现象，在严重影响企业利润的同时，也影响到通过健全的"传、帮、带"机制培育产业的熟练工、高水平产业技师、高层次产业设计师。以伊朗为例，因有大量的家庭妇女将地毯的编织作为了终身事业而投入毕生情感，而使传统的波斯毯常年存在一支稳定的热爱地毯编织的队伍散落于全国各地坚守传统地毯产业，其一家一户的生产、就地取材的创新、随心所欲的设计，保证了每一件产品的唯一性，在享誉世界的"波斯地毯"的大品牌背景下，每一幅地毯又因其来源地不同而形态各异，因而受到世界各地消费者的追捧，高售价的获得使产业进入了一个良性的循环轨道。

第四，藏（地）毯手工毯工匠的缺乏。工匠是产业技艺在保持和继承的基础上得以创新发展的基础，是产业存续与发扬的根基。工匠的培育是一个漫长、复杂的过程，成熟的工匠不仅要掌握藏（地）毯基本的编织技艺，更要懂得藏（地）毯文化的精髓要义。同时工匠的培育也是一个高投入的过程，大量精力、资金的投入才能最终培育一名高水平的工匠。随着一批年老工匠的退出，青海藏

（地）毯工匠，尤其是高道数工匠出现断层，企业面临"一匠难求"的风险，这严重制约着产业的后续发展。

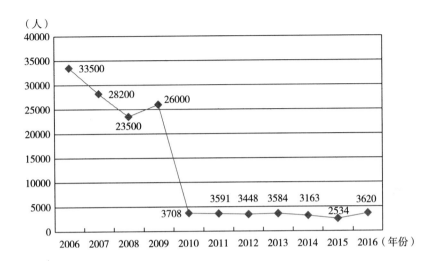

图1　2000～2016年青海藏（地）毯企业从业人员变动情况

资料来源：青海省地方志编纂委员会．青海藏毯志［M］.西宁：青海民族出版社，2017。

3. 产业集群效应不明显

虽然园区的打造为青海藏（地）毯产业链的形成及产业集群的构建创造了便利条件，但是从调研结果来看，青海藏（地）毯产业各企业之间缺乏分工与协作，同在一个园区内的各个企业之间也很少互通有无，甚至产业链上简单的原辅材料购销活动，也需要借力省外其他企业作为中介或平台，使原辅材料再回流到园区下游企业。企业之间不能直接互通有无，这在增加企业的交易成本的同时也不利于藏（地）毯产业链的形成与全行业竞争力的提升。"大而全，小而全"的企业模式使每个企业都有自己独立完整的产供销体系，自成一体，难以更好地发挥各个企业的专长与优势，阻碍了产业链价值的实现，严重地影响了产业集群效应的发挥。

4. 产业融合度较低

随着社会分工的进一步精细化，融合是各个产业发展的必由之路。较低的融合度使得青海藏（地）毯产业在发展的过程中不能很好地利用青海省现有的优势资源助推藏（地）毯产业的发展。

第一，与旅游业融合度不高。青海省是近年来新兴的旅游热点省份，2016年全年接待国内外游客 2876.92 万人次，实现旅游总收入 310.30 亿元。[①] "但与之不相适应的却是青海并未成为旅游纪念品消费市场的主战场"。[②] 主要原因是青海省现有的旅游纪念品加工粗简、品种雷同，缺乏特色和创意，难以满足游客的消费诉求。面对如此巨大的客流和市场资源，青海省藏（地）毯企业产业融合意识不足，没有很好地将产业发展与旅游产业相融合，未能开发出具有产业和地域特色的纪念品，也未能很好地运用旅游资源和游客资源促进藏（地）毯产品的销售。相比之下，伊朗德黑兰的地毯大巴扎与旅游业相互融合，已经使其成为游客的必经之地，由此带来了可观的地毯销售收入，与旅游业的成功融合，是伊朗地毯产业长盛不衰的主要原因。

第二，与文化融合的不足。地毯本身是文化的载体，是文化价值与实用价值合二为一的产品，不同的地毯产品都在诠释着不同的文化背景，不同的文化背景赋予地毯差异化的生命。青海省打造的藏（地）毯产业园虽然多项指标在全国首屈一指，但是尚未形成一个藏文化支撑体系，产业发展文化积淀和动力不足，在一定程度上影响了新产品的设计与研发。相比之下，山东省诸多地毯企业都高度重视与相关文化产业的融合，借力文化之翼助推企业和产业发展。以山东神龙地毯有限公司为例，公司斥巨资打造了建筑面积达 4800 平方米的"神龙地毯博物馆"，在讲述中国地毯业 3000 多年发展历程的同时展示了神龙地毯艺术发展的新成就和企业的未来发展战略，地毯文化和企业文化的有机融合奠定了企业地位、推动了产品宣传。

第三，与服务业的融合有待加强。地毯具有吸音减燥、保温导热、安全防滑、减震舒适、洁净防尘等诸多好处，同时兼具收藏价值。国内消费者长久以来一直不能很好地接受地毯产品的一个重要原因是地毯配套服务业的发展相对滞后，产业链条上必备的藏（地）毯清洗、修补等服务项目近年来才在青海省逐渐展开。而伊朗地毯业与清洗、修补行业融合的典型是使得古旧地毯在穿修、清洗后创造出一个新的地毯产品门类：时尚古毯，焕发生机的残破古毯迎合了特殊

① 青海省 2016 年国民经济和社会发展统计公报。
② 潘彬彬. 青海省旅游纪念品市场亟待深度挖掘 [J]. 青海科技，2015（4）：72.

消费群体的特殊消费嗜好，在带动就业的同时促进了经济增长。

第四，与房地产业、汽车工业等相关产业的融合度不足。汽车销量也连续四年突破 2000 万辆，2016 年，我国汽车销量达 2802.8 万辆，占世界汽车销量的29.86%，连续八年位列世界第一。[1] 结合前述数据，房产和汽车都是地毯的重要"用户"，软装都离不开地毯产品。但是目前青海藏（地）毯生产企业都没有与房地产企业与汽车生产企业构建合作关系，不能很好地利用房产销售与汽车销售渠道销售地毯产品。

5. 市场营销理念落后

现代市场竞争中先进的营销理念是企业不可或缺的法宝。而现有的青海藏（地）毯企业很多都脱胎于传统的较小规模的出口型地毯加工企业，面对企业自身生产规模的扩大及国内外市场格局的变化，惯用以往的手段展开市场拓展，而少用现代市场营销理念进行产品的推荐与宣传，导致出现企业产品定价混乱、产品质量不稳定、经销商和销售人员激励方式不统一、系统的产品宣传计划欠缺、产品销售手段单一等一系列问题，最终导致营销团队建设不足，市场开拓能力差。

（三）青海藏（地）毯产业发展机会（O）分析

1. 优越的产业政策环境

自从藏（地）毯产业被列入青海省发展战略规划、省委省政府提出"打造藏毯之都、重振民族传统特色产业"口号以来[2]，各级政府高度重视藏（地）毯产业发展。省政府先后召开了 7 次青海省藏毯产业发展专题会议，为青海藏（地）毯产业的大发展提供了良好的政策环境，连续多年安排省财政厅、省扶贫办、省农牧厅、省社保厅等部门提供专项资金辅助藏（地）毯企业车间建设、人员培训、设备投入。2004 年起青海省政府每年斥资数百万元举办"青海藏毯

---

① 前瞻产业研究院. 2016 年全球汽车销售行业销量分析［EB/OL］. https：//www. qianzhan. com/analyst/detail/220/170407 - cf8d45f1. html？ _ t = t, 2017 - 04 - 07.

② 东治. 青海藏毯：创新之路［N］. 青海日报, 2006 - 03 - 28.

国际展览会"，极大地提高了青海藏（地）毯的知名度，为产业发展提供了很好的宣传平台。2006 年、2007 年，政府相关部门设立了促进藏（地）毯产业发展的专项基金，有效地解决了企业资金困难的问题，青海省政府更是将藏（地）毯列为"十一五""十二五""十三五"发展规划重点项目。2006 年成立的"中国藏毯协会"更是为企业间交流协作、行业规范等提供了服务平台。社会多方的努力为青海藏（地）毯产业发展营造了良好的政策环境和优越的产业发展空间。

2. 潜力巨大的国内市场

中国西部的广大少数民族有着较为悠久的地毯使用传统，是国内地毯需求最旺盛的区域，民族风味浓厚、品质口碑较佳的藏（地）毯极受新疆、西藏、宁夏、甘肃等省区少数民族同胞喜爱，随着生活水平的进一步提高，"家门口"的大市场将为藏（地）毯产业的发展创造极大的生存空间。而我国中东部省区人口基数大、收入水平高，在追求生活品质观念的影响下，地毯已经越来越多地进入普通家庭。尤其是"90 后"已逐渐成为买房、装修的主力消费群体，乐于接受新鲜事物、讲求生活质量是这个群体的普遍特征，对家庭装修中的软装理念高度认同，使得这一群体必将成为未来地毯消费的主力人群。这一代年轻人深受快消理念的影响，将会为机织地毯打开一片新的天地。而中东部地区的高收入人群也将会越来越多地对手工地毯的个性化、高端订制、艺术收藏产生兴趣，并带来极大的市场需求。立足于西部市场、开拓中东部市场，将为青海藏（地）毯产业带来极其广阔的发展空间。

3. 青海藏（地）毯展会对藏（地）毯产业的带动作用日益凸显

随着青海藏（地）毯产业的蓬勃发展，中国（青海）藏毯国际展览会在 2004 年应运而生并正式启动，目前已连续举办了 14 届，展会旨在促进产业融入"一带一路"建设，打造集展示、交流、合作、共享为一体的国际平台，每一年都有上千家国内外地毯生产企业、地毯经销商携带上千种国内外优质地毯产品应邀参展，展会也会邀请"一带一路"沿线各国相关领域政要和专家共商产业发展大计。中国（青海）藏毯国际展览会对于提高青海在国内外的知名度，扩大藏（地）毯在国内外市场的影响力，推动藏（地）毯产业的发展发挥着重要作用。展会历年来的成交额也在持续增长，从 2004 年的 0.08 亿美元持续增长到了 2017 年的 1.96 亿美元（见图 2）。同时，2015 年启用展会线上交易平台以来，线上交易额连续增长，2017 年已达 95.3 万元，比上年增长 34.41%，其中 B2B 达到 12.79 万元。目前，青海藏（地）毯展览会已经成为继德国汉诺威国际地面铺装材料展览会和上海地面材料及铺装技术展览会之后的全球第三大专业地铺材料展览会。2015 年 7 月，"藏（地）毯展会"获得了国际展览联盟（UFI）的认证，这标志着青海藏（地）毯产业的发展登上了一个更高的舞台。2015～2017 年，中国（青海）藏毯国际展览会连续获得中国十大专业展会之一的殊荣。

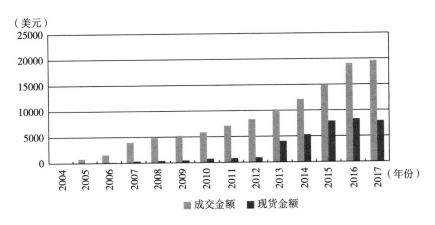

图 2　2004～2017 年中国（青海）藏毯国际展览会历届成交额

资料来源：据《青海藏毯志》及相关新闻报道整理所得。

这些成绩的取得，对扩大青海藏（地）毯品牌及企业在国内外市场的影响力、宣传青海藏（地）毯产业、培育和引进藏（地）毯专业人才、促进产业链的完善、推动藏（地）毯产业标准化建设、产品创新等方面做出了巨大的贡献。

（四）青海藏（地）毯产业发展挑战（T）分析

1. 周边国家手工毯对我国手工藏（地）毯市场的挤占

尼泊尔是世界上最大的手工藏（地）毯生产和出口国①，并早于中国 10 年

---

①　尼泊尔藏（地）毯实系我国藏（地）毯，是 1959 年初一部分藏胞至尼泊尔定居，迫于生计而从事藏（地）毯生产，从而使藏（地）毯工艺传入尼泊尔。

左右开始向欧美国家出口藏（地）毯，先于中国受到国际市场的认可，同时尼泊尔政府抓住历史机遇，制定了各种扶持地毯产业的政策措施，使得尼泊尔的地毯产业大发展，凭借其设计的优势、劳动力成本低廉的优势，获得了欧美市场的绝大部分份额。进入新世纪，青海省藏（地）毯产业的发展及龙头企业的崛起，为藏（地）毯发源地的固本清源、藏（地）毯市场获得话语权争取了主动。不仅让世界了解了藏（地）毯的真正起源在青藏高原，也使得青海藏（地）毯的国际市场份额不断扩大，产业知名度也得到了极大的提升。

近年来，随着国内产业结构的调整、人口红利的锐减、劳动力成本不断上涨，使得国内手工地毯逐渐被机织地毯所取代，2008 年的金融危机及全球经济下行，造成欧美市场的消费能力普遍下降，青海藏（地）毯企业在将市场重心逐渐由国外市场向国内市场转移的过程中，周边多国也都把起源于青藏高原的中国藏（地）毯作为其国内支柱产业发展起来。伊朗、印度、巴基斯坦、阿富汗等以手工地毯生产为主的国家，其地毯产品各具特色且成本低廉，对我国地毯行业也形成了巨大的冲击，挤占了原本属于中国的手工藏（地）毯市场。

2. 国际市场机织毯对藏（地）毯市场的争夺

地毯行业的生产企业目前几乎遍布全球，各类企业各显神通，凭借各自的优势践行着迈克尔·波特在著作《竞争战略》中提出的三种卓有成效的竞争战略：总成本领先战略、差别化战略和聚焦战略，对藏（地）毯产业带来重重冲击。土耳其地毯产业严格遵循波特的一般战略思想，借低廉的化纤原料[1]、优良的做工和品质、政府强有力的后盾，以及与意大利前沿设计师的合作使其地毯图案精致、花色繁多、引领着世界潮流。同时，受本国专项的劳动工人工资补贴政策、织机引进补贴政策、图案设计补贴政策扶持影响，其地毯价格优势十分明显，伊斯坦布尔地毯出口协会主席 Ibrahim Yilmiz 说："全球约 40% 的机织地毯出自土耳其，巴拉圭和荷兰的地毯售价每平方英尺 13.5～18 欧元（约合每平方米 150～200 欧元），而土耳其的地毯价格在每平方英尺 0.45～1.35 美元（合每平方米 5～15 美元），这也是土耳其地毯出口量不断得以增加的原因。"[2] 根据伊斯坦布尔地毯出口协会的统计数据，2014 年，土耳其的地毯出口额达到 24 亿美元，在

---

① 土耳其机织地毯原料全部为化纤，因此其成本较低。国内机织地毯原料以纯羊毛为主，在市场中主要处于中高端，因此其价格高于土耳其地毯。

② 高华芳. 土耳其纺织业的特色三宝 [N]. 中国纺织报，2014-04-28（2）.

亚洲地区仅次于中国，到 2023 年，土耳其的地毯出口将会达到 55 亿美元的目标。同时，土耳其在中国有实力强大的经销商合作伙伴，据经销商介绍，土耳其机织地毯已经占据中国约 40% 的市场份额，这必将对包括青海藏（地）毯在内的中国地毯行业造成极大的冲击。

3. 原材料相关研发科技投入不足

西宁大白毛是树立青海藏（地）毯产品市场口碑的重要保障，具有显著的不可替代性。但是受研发投入少的影响，藏细绵羊品种退化严重，目前市场上西宁大白毛质量的不可控性越来越引起广泛关注，也给生产企业带来诸多困扰。比如，青海藏羊集团开发了新产品——天然色羊毛藏（地）毯，保持了西宁大白毛的天然色，选择自然黑、灰、白加以配比，编织出全天然色藏（地）毯，因其绿色环保性能卓越，极受高端市场欢迎，尤其受到日本和欧美市场追捧。羊毛天然色配色难度大，需要以大量原料作为选毛基础，现有的羊毛质量持续下滑、同时供应量不足，严重影响了企业的创新和高端市场收益。同时，随着藏（地）毯产业规模的不断扩大，原料的稳定供应问题将日益突出。

4. 从业者综合素质有待提升

藏（地）毯产业的从业人员素质普遍较低，一方面，青海主要藏（地）毯企业从业人员中，大学专科及以上文化程度的人员仅占 9.7%，而初中及以下文化程度的人员所占比重则高达 70.5%。专业技术人员在全部从业人员中的比重只有 6.9%，[①] 直接影响着企业生产管理秩序的构建、技术培训等工作的开展。另一方面，青海省广大的普通劳动者中"糊口即安"的观念根深蒂固，对有品质的生活的追求愿望不强烈。国家扶贫攻坚政策、各项惠农政策的实施，以及现代社会收入渠道的多元化，使得收益小、投入大、工期长的藏（地）毯编织工作受到严重冲击，所以很难招收到勤劳吃苦、遵守生产秩序的本地员工，难以形成稳定的具有产业工人素质的编织工队伍。产业工人的不足，不仅影响企业的效益，也严重影响着产业的健康发展。

---

① 资料来源：以圣源、藏羊和海湖三家企业从业人员统计而得。

5. 贸易便利化环境有待改善

受地理环境、产业发展水平、企业自信等因素影响，青海省总体开放历史较为短暂、企业和个人参与对外交流的概率偏低、自信心不足、贸易便利化建设严重滞后，普遍存在重管理轻服务的现象，没有构建一套在与国家大政方针、法律法规保持一致的基础之上符合青海省对外开放的实际情况的顶层设计制度。尤其是针对青海特色产业（藏毯产业）的特殊的相关贸易便利化政策，这对青海藏（地）毯产业开拓国际市场极为不利。对外开放水平的提高要以不断增强的国际贸易及国际经济技术交流活动作为有力支撑。因此，构建以政府为主导的对外贸易便利化环境显得尤为重要。

四、青海藏（地）毯产业发展中存在的问题

目前，受经济持续下行，国家和青海省在纺织产业扶持政策力度上的减弱、银行信贷政策的调整，资金不足导致的原材料收储困难等诸多因素影响，作为青海省现存不多的特色产业，纺织业在发展过程中，遇到了前所未有的现实困难。具体表现在：一是受国家信贷政策影响，银行对毛纺企业抽贷资金严重，企业资金压力十分巨大。2016 年，园区毛纺企业银行贷款余额 12.67 亿元（含中长期固定资产贷款），当年还款 6.01 亿元，其中到期的 1.76 亿元流动资金贷款，各家银行均未放款；2017 年，园区毛纺企业资金需求为 13.7 亿元，因原有的企业信用贷款、存货抵押等方式各家银行不再认可，且地毯织机作为专有设备，抵押率也仅有 20%；尤其是支农、惠农，扶持我国农业发展的某家政策性银行对青海省毛纺企业信贷政策进行了重大调整，支持力度锐减后，资金不足已成为目前企业发展中面临的最大问题。二是羊毛原材料价格幅度波动较大，劳动力成本呈全面上涨态势。毛纺企业的平均销售利润率已降至不足 4%，如果外部环境压力进一步加大，企业求生存，谋发展将更加困难。三是青海特色轻工产业的发展，是以积极的产业政策为前提，依托资源优势发展起来的。尤其是特色轻工中的毛纺企业，每年原材料收购基本集中在 6～8 月，为储备材料，需要大量资金进行收储，收储资金不足，已经严重影响到企业的正常生产及扩大规模。例如，园区某家企业就受原材料和产成品价格波动及收储资金不足的影响，导致 2016 年原材料收储严重不足，储存的原材料只能维持到 2017 年 4 月左右。四是我省配套政策的减弱从一定程度上也影响了企业的发展。园区藏（地）毯绒纺产业，在青海省委省政府的高度重视和关心下，省经信委、财政厅等政府部门的支持和开发区的大力努力下，在较短的时间内取得了巨大的成绩。

目前，该产业正处于发展的周期性谷底期，行业投入成本高，市场竞争激烈、存货资金占压较大，大量的流动资金已成为支撑企业发展的根本。而青海省

在省级层面对产业的专项资金扶持政策目前可以说基本没有。加之 2016 年青海省集中了各类专项资金进行产业基金的设立，毛纺企业争取到的财政专项和贴息也基本没有。

青海藏（地）毯产业的发展除了面临上述当前的现实困难外，还存在以下影响产业可持续发展的重要问题，如果这些"根源性"问题得不到有效解决，仅仅解决上述现实问题，也只是治标不治本。

（一）政策引导方面存在的问题

1. 政策引导与产业发展规律不匹配

任何产业的发展都绕不开其内在规律的制约与束缚，青海藏（地）毯产业的发展同样如此。在产业集聚初期（2003～2008 年），青海省政府提供了大量的扶持政策，尤其是召开了 7 次产业发展专题会议，有力地促进了藏（地）毯产业集聚雏形的迅速形成，为产业的持续发展奠定了良好的基础。在产业转型发展时期（2008 年至今），国内外市场的急剧变化和地毯产业的转型升级，对青海藏（地）毯产业的发展造成极大冲击，青海省对藏（地）毯产业发展的政策没有结合市场和产业变化规律及时调整，缺乏必要的转型政策引导，错过了产业转型升级的最佳时机。

政府做大做强藏（地）毯产业的意愿（产业发展速度和规模的意愿）与企业在市场上追求利润最大化的行为发生冲突，遏制了市场引导下藏（地）毯产业转型升级的质量和速度。

2. 对民族特色产业发展政策支持的持续力度不足

产业的发展离不开政府政策的持续支持，任何产业都具有阶段性发展特征，不同的发展阶段一定要有与之相适应的政策支持作为支撑。"一带一路"倡议的提出，有力地为供给侧改革找到了一条新的发展路径，为此国家出台了一系列推动和促进产业发展的大政方针，比如提供强有力的资金支持以振兴民族工业发展。就全国地毯行业而言，山东地毯企业成为最大的受益者，一次性得到国家资金支持 1.27 亿元（三期、共计 12.7 亿元，分三年拨付，15 年低息使用期），这一政策使山东地毯行业借供给侧改革之机，极大地提升了行业的生产自动化、数字化水平，达到与欧美等世界发达国家地毯生产装备同等的技术水平，引领中国地毯行业向智能化、数字化发展。相反，青海藏（地）毯是最具有民族特征的产业，却未能获得国家层面扶持民族特色产业发展的政策支持，错失了获取国家层面大额资金扶持发展的机会。

相比之下，土耳其地毯行业因政府持续的政策支持，而在设计、创新、价格方面在同行业中都最具竞争优势，占有重要的市场份额，中国市场也成为该国产品的主要出口地。据相关统计资料显示，土耳其地毯在中国的市场的占有率已经达到近40%，大到普通面积的块毯、小到1平方米见方的脚垫，南到江浙、广东，北到新疆，土耳其地毯的身影随处可见，这对我国地毯产业已经形成了严重的冲击。在手工地毯领域，印度、尼泊尔、巴基斯坦等国的产品也严重影响着藏（地）毯产品的竞争力。为此，青海要保持藏（地）毯产业的健康、可持续发展，必须结合藏（地）毯产业转型发展的不同阶段，给予强有力的可持续政策支持。

3. 区域品牌建设支持乏力

民族的就是世界的。藏（地）毯是支撑博大精深的藏文化的最具区域特征的品牌产品，广受世人喜爱。"世界藏毯之都"的确立，奠定了青海藏（地）毯在国际国内的产业地位，为"青海藏毯"这一区域品牌的打造铺垫了基础。由于对区域品牌重要性认识的不足以及对区域品牌关注力度的不够，与之相配套的政策措施不到位，未能适时引导园区及企业有意识地宣传和推广"青海藏毯"区域品牌，导致品牌积淀与藏（地）毯相近的"波斯毯"在国内外的知名度和品牌价值远高于"青海藏毯"。

4. 产业链集约化调控政策欠缺

经过多年的努力，西宁市南川工业园区作为青海藏（地）毯产业的专业化园区已经打造形成了基本的产业链条，包括原材料交易、绒纺、地毯编织在内的主要节点企业已经全部建成并投入运营，园区强有力的调控手段的不足，使得园区内企业之间集成化程度不高，上下游企业之间的合作意愿不强烈、合作概率偏低（简单的园区内上下游企业原材料的供需交易需要借助省外企业提供中转才能完成），企业间款项的拖欠情况也尤为严重，调控手段的欠缺，使得企业"大而全、小而全"的现象普遍存在，在增加企业交易成本及投资负担的同时，不能很好地发挥园区的产业集聚效能。同时，受园区现有产能的制约，青海藏（地）毯产业链条辅助生产企业难以入驻园区，这也在一定程度上影响着园区产业集聚的效果。

5. 引导企业创新、研发与人才培养政策欠缺

产品的创新、研发和后备人才的培养是支撑企业及产业后续生存发展的动力源泉，决定着企业在产业中的地位以及产业在整个经济体中的地位，但是因其投入成本较大，一般会超出企业正常的投资心理承受能力，所以较多的企业会选择抄袭及挖人的策略而对此予以回避，进而影响到企业以及产业的进一步发展。青海藏（地）毯产业发展过程中，政府通过各类项目给予了企业和产业极大的资金扶持，推动了企业与产业短时间内的快速发展，但是在培植企业与产业长远发展的过程中，在引导企业创新、研发与人才培养方面的投入不足，导致了青海藏（地）毯企业与产业后续发展普遍乏力。

此外，对产业融合的引导政策也有所缺失。

（二）行业协会支持方面存在的问题

作为全国仅有的两家首都以外的"国字头"的协会之一，青海藏（地）毯协会是推动青海藏（地）毯产业健康、稳定发展最主要的主管部门和"定海神针"，应该发挥作为国家级协会在整个产业中的核心地位。但是由于处于地方，信息来源单一、运行资金严重不足、人员配备紧张、相关机构对藏（地）毯协会权威性的认可度等一系列问题的存在，使得中国藏毯协会地位尴尬，以国家级协会的身份却只享有地方性协会的权力，这是导致诸多问题存在的原因。

1. 协会的职能没有得到充分发挥

作为国内地毯领域专业的协会，中国藏毯协会应该具备包括行业标准制定、专业人员资质认定、行业内纠纷裁决、行业评奖评优确认等一系列基本职能。但是由于缺乏政府对相关职能的认定，中国藏毯协会目前尚不能履行上述基本职能，这更进一步影响到了其在业内的话语权与政策的执行力，在工作开展过程中欠缺应有的"抓手"，不能很好地在行业发展过程中发挥其应该发挥的作用。

2. 协会自身建设不足导致提供的公共服务欠缺

作为国家一级协会，中国藏毯协会应该配备充足的编制与人员，保证其正常职能的发挥与职责的履行，受成立周期较短、经费不足、政策扶持力度偏弱等诸多因素的影响，中国藏毯协会诸多功能尚在建设过程中或尚未建立，如带领业内企业应对国际诉讼、带领业内企业发起维权、组团参加国内外展会等，进而导致中国藏毯协会所能为业内企业提供的公共服务有限，难以得到业内企业的普遍认同与信任。

3. 行业专业技术人才晋升（考评）体系尚未建立

中国藏毯协会在藏（地）毯产业发展过程中专业技术人才的晋升（考评）体系尚未建立起来，而这是行业协会的一项基本职能。这一方面影响到行业人才的培养、行业标准的制定，另一方面也影响到了中国藏毯协会在行业内的地位，难以争取和维护协会在行业中应有的利益。

（三）企业经营方面存在的问题

1. 市场需求预测失误

在 20 世纪末及 21 世纪初明显利好信息的激励下，青海藏（地）毯企业多方筹措资金扩张企业规模，购置了国际最先进的机器设备，打造了国内最大的地毯生产基地，而忽略了行业发展过程中必然存在周期性与波动性等规律制约的现实，在现阶段由于市场波动而导致价格低迷的背景下，由于企业规模过大、财务负担和管理成本高居不下，总体成本一再升高，青海藏（地）毯产品整体竞争力下滑，致使部分企业陷入经营困局。

2. 企业自主创新能力不足

由于相关激励政策不到位，企业专业人才队伍流失严重，大量高端人才纷纷被省外同行业企业以高薪聘请而离开，青海藏（地）毯产业人才匮乏，企业自主创新能力严重不足，没有能力开发出适应市场需求的新产品。这一致命缺陷也促使土耳其、伊朗、阿富汗等国家和地区的进口地毯在国内以及省内市场长驱直入，而青海自有产品的市场占有率一再下滑。

3. 龙头企业后期带动作用不明显

受市场低迷、生产成本居高不下、进口产品冲击严重、业务转型利益诱惑等诸多因素的影响，青海藏（地）毯产业龙头企业存在较为严重的专业人才流失、新产品研发创新乏力、市场营销手段落后、产品质量下滑等现象，龙头企业的带动与示范效应没有很好地得到发挥，在龙头企业的地位有所动摇的同时给行业发展带来了诸多负面影响。

4. 企业市场开拓能力较弱

青海藏（地）毯企业多脱胎于传统的出口型手工地毯加工企业，适应于较小规模单一型产品的生产与销售，面临规模的急速扩张与产品门类的增加、市场形势的进一步复杂，企业适应期过长，没有寻找到有效的新市场和新产品销售模式等诸多问题，致使其产品国内外市场份额持续下降。

5. 产品质量不稳定

早期的青海藏（地）毯产品在业内享有极高的盛誉，原因就是其产品质量过硬、经得起市场与时间的考验。近年来，由于企业规模迅速扩张，加之生产要素成本的急剧上升，青海藏（地）毯企业普遍存在管理难度和管理成本同时增大的现象，导致企业生产监督与管理投入不到位，产品质量波动明显，严重影响了青海藏（地）毯的市场口碑。

（四）值得注意的问题[①]

1. 藏毯产业集群的规模问题

产业发展有其规律性，实践证明产业集群并非越大越好。青海作为我国最不

---

① 李毅等．青海藏毯产业集群化发展的理论与实践［M］. 北京：中国财政经济出版社，2010.

发达的地区之一，资金、技术、人才、生态环境、投资环境等都制约着藏毯产业的发展，因此，青海省委省政府在打造藏毯产业集群时必须使产业保持适度规模，要考虑到各方面的资源约束和生态环境约束。

2. 政府各职能部门的协调问题

藏毯作为一个新兴产业，产业化发展基础较弱，藏毯产业集群的形成，需要政府各职能部门协调一致共同扶持。

3. 要注意藏毯企业间发展的协调性问题

产业集群的形成不能单靠某一个或两个龙头企业，任何产业集群的发展都是"百花齐放"，单一企业的发展很难带动整个产业的发展。只有产业中的企业数量达到一定规模，企业间形成精密的专业化生产和专业化分工，才能真正把产业做强。

4. 构建新兴产业的经济增长极问题

藏毯产业能否成为带动其他产业发展的增长极，关键在于能否构建起多产业的复合式产业链，多产业之间能否建立起横向和纵向联系，产业之间能否建立起创新网络体系。只有建立起多元化的产业链，才有可能形成多个产业共同繁荣的局面。

5. 体制问题

制度是制约产业发展的最关键性因素，藏毯产业作为新兴产业能否健康快速发展，关键在于能否理顺体制，能否合理规划和正确引导，能否制定出合理的产业发展政策等。

五、青海藏（地）毯产业发展的战略定位

（一）指导思想

全面贯彻落实党的十八大和十八届三中、四中、五中、六中全会精神，坚持以邓小平理论、"三个代表"重要思想、科学发展观、习近平总书记系列重要讲话精神为指导，深入贯彻习近平总书记在青海调研时重要讲话精神，围绕"四个全面"战略布局，牢固树立并切实贯彻创新、协调、绿色、开放、共享的发展理念，紧紧围绕《中共中央国务院关于打赢脱贫攻坚战的决定》和《"十三五"促进民族地区和人口较少民族发展规划》等重要文件的基本目标和任务，按照全面协调可持续的要求，以建设"大美青海"和"凉爽夏都"为战略目标，以生态文明理念统领青海省经济社会发展全局为主题，以绿色和谐发展为主线，把生态保护作为治省理政的第一要务和立省之本，加快转变经济发展方式和全面建成小康社会的总体要求，以改革创新和科技进步为动力、以知识产权保护利用和创新型人力资源开发为核心，围绕转方式、调结构、促转型，坚持生态保护优先统筹协调发展，坚持因地制宜、突出特色、创新驱动、融合发展，坚持把社会效益放在首位，努力实现社会效益和经济效益相统一，以市场为导向、企业为主体，充分发挥市场的作用，促进资源合理配置，强化创新驱动，优化发展环境，实施龙头引领、项目带动、产业集聚发展战略，打造具有鲜明青海特色、比较优势明显的地方特色产业、特色产品、重点项目和重点企业，切实提高青海藏（地）毯产业的整体质量水平和核心竞争力。全面提升青海省的综合经济实力，大力推进与相关产业融合发展，更好地为经济结构调整、产业转型升级服务，为扩大省内需求、满足各族人民群众日益增长的物质文化需要服务。

（二）基本原则

推进青海藏（地）毯产业发展，必须牢固树立创新、协调、绿色、开放、共享的发展理念，用中国梦和社会主义核心价值观凝聚共识、汇聚力量，始终把社会效益放在首位，实现社会效益和经济效益的有机统一。

1. 注重生态保护

必须坚持生态保护优先，把生态文明理念贯穿到藏（地）毯产业发展中，着力打造绿色发展新优势，坚持走循环经济的发展路子，切实履行好维护国家生态安全的历史责任，服务中华民族长远利益，实现可持续发展。

2. 注重科技创新

必须把握当今科技和产业的变革方向，以科技创新为动力，加快推进产业技术革新，提高技术装备水平，促进产业转型升级和结构调整，全面提高青海藏（地）毯的生产效率、产品质量和企业效益。

3. 注重和谐稳定

必须坚持把维护地区稳定、加强民族团结作为发展青海藏（地）毯产业的着眼点和着力点，以产业发展促民生改善、人民福祉增加，促进产业发展成果共享，实现各民族共同团结奋斗和共同繁荣发展，防范、化解和掌控各类社会风险。

4. 注重社会效益和经济效益相统一

青海藏（地）毯产业的发展把社会效益放在首位，以产业发展促进社会稳定、民族团结、生态保护、民生保护，借产业发展解决群众的切身利益问题，以社会效益促进经济效益，实现社会效益与经济效益的统一。

5. 政府引导和市场机制相结合

明确政府与市场的不同作用与职能，遵从政府宏观调控、遵循市场经济规律，在政府引导的同时充分发挥市场配置资源的基础性主导作用，把政府引导与市场机制相结合，大力发展青海藏（地）毯产业。

（三）发展定位

深入贯彻习近平总书记在青海调研时围绕青海工作提出的"四个扎扎实实"重要精神，围绕《青海省国民经济和社会发展第十三个五年规划纲要》目标，建议对青海藏（地）毯产业发展作以下定位：

1. 青海藏（地）毯产业是促进民族团结的产业

青海藏（地）毯产业的健康发展有利于青海省从"人口小省向民族团结进步大省"转变，这既是青海融入国家战略的必然选择，也是实现青海长治久安的固本之策。青海藏（地）毯产业的发展，有利于藏（地）毯发源地与主产区的"固本清源"、有利于产业链的良性循环、有利于各民族产业人共同富裕，以产业的发展为桥梁促进民族团结进步，实现各民族共同富裕。

2. 青海藏（地）毯产业是助力精准扶贫的产业

青海藏（地）毯产业是扎根于农牧区的产业，藏（地）毯产业的发展有利于充分发挥青海畜牧业的资源优势（原材料优势），推动畜牧养殖业的大力发展，提供牛羊毛清洗、纺纱、染纱、手工藏（地）毯编织等产业链上的诸多就业岗位，有利于促进农牧民增收，有利于推动"造血"式扶贫工作的进一步展开，有利于为打好精准扶贫攻坚战奠定坚实的产业基础。

3. 青海藏（地）毯产业是推动生态保护的产业

青海藏（地）毯产业的健康发展有利于青海省从"经济小省向生态大省"转变。青海藏（地）毯本身是低污染、低能耗产业，同时产业的发展有利于当地特有的生态资源——西宁大白毛的利用，有利于促进生态产业链的构建，这为更好地贯彻落实习近平总书记"四个扎扎实实"要求和保护好青海生态环境提供了产业选择。

4. 青海藏（地）毯产业是维护民族地区社会稳定的产业

经济发展与社会稳定是相辅相成的，青海藏（地）毯产业有3000多年的发展历史，传承着藏民族文化，也是青海世袭各民族不可或缺的生活用品，藏（地）毯的编制工艺和图案设计融合了各民族的文化，是多民族文化融合的产物，已经得到世界消费者的认可，尤其是藏（地）毯"固本清源"的重要特点，对维护藏区稳定具有不可磨灭的作用。因此，促进藏（地）毯产业的健康发展有利于青海省经济的发展，有利于青海各族人民群众安居乐业，有利于维护藏区的社会稳定。

（四）发展目标

1. 推动"世界藏毯之都"建设

贯彻《青海省国民经济和社会发展第十三个五年规划纲要》精神，"加快藏（地）毯一体化发展，建成集藏（地）毯研发、加工、展销、原辅材料交易和售后清洗、修补为一体的世界藏毯之都"。更进一步推动西宁南川工业园区藏（地）毯产业链的建设，完善已经具备雏形的产业链环节，在加强研发和创新，打造国内外有影响力的完整的藏（地）毯产业链条。全面提升企业产品质量，在加强企业品牌建设的同时，打造"青海藏（地）毯"的区域品牌，效仿伊朗"波斯地毯"的区域品牌模式，提升青海藏（地）毯的国内外知名度和品牌价值，推动"世界藏毯之都"建设。

2. 推动青海藏（地）毯产业绿色发展

学习领会习近平主席在视察青海时强调的"青海最大的价值在生态、最大的责任在生态、最大的潜力也在生态，必须把生态文明建设放在突出位置来抓，尊重自然、顺应自然、保护自然，筑牢国家生态安全屏障，实现经济效益、社会效益、生态效益相统一"精神，充分发挥藏（地）毯原材料环保、生产低耗能、低污染、铺装使用中无有毒有害物质释放的优势，可有效整合经济效益、社会效益、生态效益，实现多重利益的统一，在借助特色产业发展实现经济效益的同时推动草场维护和生态环境保护，在打造可持续生态产业链的同时维护社会利益和社会稳定，推动青海藏（地）毯产业的绿色发展。

3. 稳步推进青海藏（地）毯国际市场开拓

欧美市场是传统的地毯消费主流市场，其年均地毯产品消费市场份额能达到全球水平的 50% 以上，而且伴随着近年来全球地毯市场规模的持续增长，其地毯消费市场的前景依然广阔。战后日本随着其经济实力的提升和居民生活品质的提高，成为了新的地毯消费主流国家，地毯已然成为其日常必需消费品。

同时，"一带一路"倡议的实施加强了我国与"一带一路"沿线 65 个国家的经济联系。这 65 个国家中，几乎每一个国家都有一定比例的穆斯林人口，其中伊朗、沙特、土耳其等国家的穆斯林人口更是超过了 99%。穆斯林向来是地毯产品的主要消费群体之一，地毯在其日常生活中占有极为重要的地位，"一带一路"沿线国家穆斯林人口总数超过 12 亿，年地毯消费潜力巨大。

前期的积淀已经使青海藏（地）毯在国际市场有了一定的知名度和美誉度，因此，认真研究国际市场、大力挖掘中华文化（藏文化与其他文化的融合）资源、更进一步提升产品设计生产品质、借助科技创新提高手工藏（地）毯的生产效率，打造青海藏（地）毯鲜明的国际市场形象，稳步推进青海藏（地）毯国际市场的开拓，是青海藏（地）毯产业发展的重要目标之一。

4. 大力推进青海藏（地）毯国内市场开拓

我国人口已经逼近 14 亿，随着生活水平的不断提高，已经有相当比重的人群有能力消费地毯。近年来，我国房地产业以及汽车工业的迅速发展也创造了极大的家用地毯消费空间，尤其是随着敢于接受新鲜事物的"80 后""90 后"消费群体的不断成熟，国内地毯产品消费能力会得到释放。据数据显示，青海藏（地）毯内销量呈明显的逐年递增加态势，早在 2010 年内销货值就已经达到了64463 万元，相较于上一年度增长了将近 2 倍，相较于 2003 年增长了近 148 倍。青海藏（地）毯消费拥有广阔的国内市场空间，因此，要花大力气研究国内消费者的消费特征、培植国内消费习惯，尤其是新生代年轻消费群体的培养，大力开拓国内地毯市场，是青海藏（地）毯产业发展的又一个重要目标。

5. 藏（地）毯产业促进青海经济发展

藏（地）毯因其独有的原材料资源、编织工艺和文化内涵在世界三大地毯品类中独树一帜，占据着举足轻重的地位。作为青海省的一个传统特色民族产业，藏（地）毯产业从诞生开始其外向型、出口型的特色就非常鲜明，藏（地）毯出口在青海省出口总额中所占比重一直比较高，是青海省的重要出口产业。2006～2015年的10年间，青海藏（地）毯年出口额在全省出口总额中所占的比重除2015年稍低之外，其余年份都在5%以上，最高年份的2011年出口额占到全省商品出口额的18%（见图1）。近10年来出口额所占比重年均达到8.5%，对青海这样一个工业底子薄、工业出口创汇能力相对较弱的省份而言，这样一个产业的重要地位不言而喻。其次，作为劳动密集型产业，藏（地）毯产业的发展在带动就业、促进农牧区剩余劳动力转移、增加农牧民收入、完成脱贫攻坚目标、全面建设小康社会中的作用也非常明显，因此，加快藏（地）毯产业发展可以有效促进青海经济的发展。

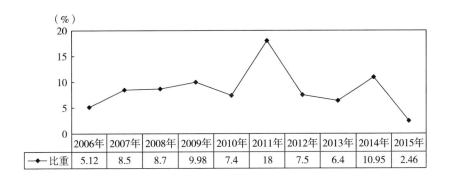

（%）	2006年	2007年	2008年	2009年	2010年	2011年	2012年	2013年	2014年	2015年
比重	5.12	8.5	8.7	9.98	7.4	18	7.5	6.4	10.95	2.46

图1　2006～2015年青海藏（地）毯出口额占全省出口总值比重变化

资料来源：依据《青海省统计年鉴》（2007～2016年）、《青海藏毯志》相关数据计算所得。

6. 重视手工藏（地）毯的保护与传承

手工藏（地）毯是青海藏（地）毯的传统编织技艺传承的载体，也是国家非物质文化遗产传承人技艺传承的载体，是最具区域特色的产业。深入学习贯彻《青海省国民经济和社会发展第十三个五年规划纲要》中关于"深入挖掘民族、地域文化资源，加快工艺美术产品、传统手工艺品与现代科技和时代元素融合，改造提升唐卡、昆仑玉、藏（地）毯及艺术挂毯、民间刺绣、民族服饰、黄河石艺画等传统产业，研发与现代生产生活和消费需求对接的文化创意产品，推出文化创意精品，提高青海本土文化创意设计整体水平"的要求，鉴于劳动力成本一再上涨、受普通手工藏（地）毯价格的限制，在促进青海手工藏（地）毯向艺术收藏品、高端定制方向迈进的同时，加大青海藏（地）毯手工编织技艺的保护和传承也是藏（地）毯产业发展的重要目标之一。

7. 协调好手工藏（地）毯与机织藏（地）毯的发展关系[①]

从 2001~2008 年藏（地）毯的出口数量和出口金额可以看出，青海具有生产手工藏（地）毯的优势，机织毯优势不明显，且易受国际市场冲击。因此，青海省政府应该协调好手工地毯与机织毯的发展关系，适度鼓励手工藏（地）毯的发展，积极制定政策给予扶持，面对金融危机的影响，可以先建立手工藏（地）毯储备制度，政府设立专项资金收购手工地毯，解决手工藏（地）毯暂时性销售不畅的问题，避免打击手工藏（地）毯生产者的生产积极性。

同时，政府规划明确，大企业主抓机织藏（地）毯生产、手工藏（地）毯订单获取，并将获取的手工藏（地）毯订单采用分包方式交由中小藏（地）毯企业加工完成。大企业重点发展精品藏（地）毯和高档藏（地）毯产品，以打造藏（地）毯艺术精品、提升藏（地）毯品牌形象和档次为己任；中小企业以手工藏（地）毯加工和生产为重点领域，注重专业化生产加工作坊打造，推动藏（地）毯产品多元化、功能差异化，避免"一窝蜂"式的生产方式。因此，借青海政府之力规划好大中小藏（地）毯企业的发展方向，将其定位在合理的市场范围内，相互之间建立分工合作关系，而不是相互排挤、打价格战和抢市场，使每一个企业的产品功能有一个合理的定位范围、每一位特定的客户能获取特需的产品，以此扩大产品种类，明确产品的功能和市场范围，避免产品的同一化，造成供大于求、产品积压等一系列问题。

8. 建立促进藏（地）毯产业集群化发展的助推机制[②]

从产业集群的形成规律来看，产业要实现从集聚到集群，必须要形成一定的环境和条件。青海藏（地）毯产业要加快从集聚到集群的发展，就必须加速集群环境和条件的形成。因此，需要建立一个推动机制，加快集群环境和条件的形

———

① 李毅等. 青海藏毯产业集群化发展的理论与实践 [M]. 北京：中国财政经济出版社，2010.
② 李毅，王英虎. 青海藏毯产业集聚现状与产业集群化研究 [J]. 青海社会科学，2009（5）：53－57.

成，推动青海藏（地）毯产业加快集群步伐（见图2）。在这个助推机制中，地方政府居主导地位，推动行业协会成立，协助群内企业建立互助平台，与科研机构连线，帮助企业与科研机构建立互动合作关系；行业协会全面协调集群企业间的合作与竞争，为集群企业提供信息平台。这个助推机制体系之间形成互动网络结构，政府推动起着关键性作用，直接决定着集群能否最终形成。

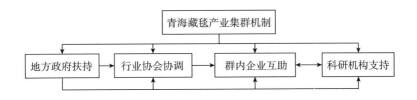

图2　青海藏（地）毯产业集群的助推机制

（1）建立政府与藏（地）毯产业集群的助推机制。即通过青海省委省政府的规划、引导和强有力的扶持，促使藏（地）毯企业在特定区域内集聚。目前青海藏（地）毯企业大多集中在西宁市城南工业园区，虽然青海藏（地）毯产业集群的政府扶持机制已经建立，但要发挥作用还必须满足以下条件：①政府的影响力要大。政府对区域内资源配置和环境建设要有足够的调控力和影响力，才能够对藏（地）毯的企业生产、经营产生直接的影响。②政府的支持力度要高。政府必须对藏（地）毯企业提供强有力的支持，如税收的减免、土地价格的优惠等，要对拟投资藏（地）毯的企业或个人能产生强烈吸引力。③政府的服务要到位。政府必须动员一切政府资源和社会中介服务力量，为藏（地）毯企业提供优质服务，能够急藏（地）毯企业之所急，及时协调解决企业在生产经营和发展中遇到的各种问题。④政府扶持和发展藏（地）毯的产业集群的规划要合理，政策要有可持续性并强化执行力。政府要高度重视藏（地）毯的产业集群发展，并将其发展问题提到重要的议事日程，在组织领导、企业引进、环境建设、配套服务等方面都要有突破常规的措施和办法，并且要狠抓落实，一抓到底。⑤制定可操作的藏（地）毯产业发展政策。政府要组织专门力量，结合区域实际，按照产业集群发展规律制定科学的产业发展政策，引导藏（地）毯产业集群的发展。

政府扶持时应该注意：①政府的承受能力。政府对外来企业的资金和政策支持，最终都要体现在财政的支出上，因此要考虑青海财政的承受能力，量入为出，避免影响政府的正常运行和其他社会事业的发展。②政策的连续性。政府应保持政策的连续性，不要因人员的变化和客观环境的变化随意调整政策，挫伤藏（地）毯企业的积极性，影响政府的诚信度。

（2）行业协会与藏（地）毯产业集群的助推机制。行业协会属于产业集群的辅助网络体系，具有服务、管理、监督、协调等多项职能。在产业集群的辅助网络体系中，还包括其他中介组织，如商会、企业联合会、生产力促进中心、各种形式的公共服务平台等。行业协会与商会、企业联合会等其他中介组织的作用与功能略有不同，但都是政府与企业之间的桥梁，在政府与企业之间起协调、沟通的作用。

行业协会的助推机制包括行业自律与监督机制、利益保护机制、利益协调机制、信息传导机制等。行业协会作为政府、企业、市场的中介，既是信息库，又是信息传递的渠道。行业协会是企业与政府沟通的纽带，也是行业内相关政策、法规、技术、市场等信息的收集中心，又是向成员企业传递信息的通讯员，使成员企业低成本获取各类信息。同时要积极配合相关部门发挥产品质量标准、社会培训、从业者技能鉴定、生产环境与环保状况等方面的监督和评价作用。

由于中国藏毯协会2006年才成立，其功能性还很弱，目前尚不能发挥其应有功能。因此，青海省委省政府应该积极推动中国藏毯协会建立和完善行业自律与监督机制、利益保护机制、利益协调机制、信息传导机制，促进藏（地）毯产业集群的发展。

（3）群内企业互助机制。产业集群的本质特征是产业的关联性。产业集群不是企业的简单"扎堆"，而是产业链的聚集，产业链之间是相互交织、复杂的网络结构，是产业集群的核心网络体系。由于产业集群中的企业之间是竞合关系，因而集群企业间的互助机制具有既竞争又合作的特性。

目前，由于青海藏（地）毯产业的企业数量有限，这种竞合关系体现还不明显。要加快藏（地）毯产业集群的发展，就必须大力发展藏（地）毯企业数量，建立起集群企业中的这种竞合关系。所以，青海省委省政府和行业中介组织应该制定合理的规划，大力发展藏（地）毯企业的数量，协助企业间尽快建立起完善的合作网络体系，包括建立起群内企业互信机制和群内企业良好的竞合关系。

（4）高校、科研院所与藏（地）毯产业集群的助推机制。高校、科研院所也属于集群辅助网络体系，主要为集群企业提供知识、技术支持。高校、科研院所与集群内企业之间的互动建立在知识、技术供求关系的基础之上，二者之间是以技术为纽带的合作关系。合作包括直接合作和间接合作。直接合作即集群中的企业与国内外的高校、研究机构之间的合作，如项目合作、技术咨询、人员兼职、合办研发机构、技术专利转让等。间接合作即集群所在地方政府、行业协会、公共服务平台与国内外高校、科研院所直接合作，为集群中的企业提供技术支持。

目前，青海藏（地）毯产业尚未与高校和科研机构建立起完善的合作体系，青海省委、省政府应该积极促进藏（地）毯企业与国内外科研机构、高校建立合作网络体系，进行联合研发，建立长期稳定的科研合作关系。通过与高校、科研机构的合作，可以促进藏（地）毯企业进行技术创新，提高集群企业的科技含量，增加藏（地）毯的附加值，以提高青海藏（地）毯产业集群的整体国际竞争力。

六、推进青海藏（地）毯产业发展的对策建议

促进藏（地）毯产业发展是一个系统工程，单方面采取措施很难见效。需要政府主导，协会助力，骨干龙头企业落实，整合南川工业园区"藏毯之都"的所有相关企业，以适合当今市场的共享经济发展和个性化定制理念，采用智能销售、生产、服务等完全融合的新型商业模式，把资本、客户、智能制造、全服务等完全融合在一个航母中，将藏（地）毯做成大产业，为传统产业转型升级做出示范和引导，解决不同企业、不同产品的市场定位和合作协同问题，各方股东共同参与产业发展设计方案，将园区所有高中低档产品生产及手工、机织、半手工半机织的各种藏（地）毯产品进行整合，组建全新的大型集团上市公司，进而扩张到全球，开辟藏（地）毯产业发展新蓝图。基本思路："机织藏（地）毯做强做大，手工藏（地）毯做精做专、打造艺术精品。"具体需要从以下几方面进行打造，方可从"根源上"拔除"病灶"。

（一）加强政策引导

面对目前经济下行处于拐点的情况，在政策上对藏（地）毯产业相关企业出台相应的扶持政策势在必行。

1. 制定特殊时期的应急扶持政策

为了缓解当前藏（地）毯产业面临的困境，仅靠目前园区管委会进行扶持，无法从根本上解决影响企业的各类问题。还需要省委省政府制定以下应急政策：

（1）强化藏（地）毯产业发展领导小组的职能，真正发挥领导小组办公室的作用。进一步协调成员单位，梳理和调整促进藏（地）毯产业发展的相关政

策，加大对藏（地）毯和绒纺产业在资金配套、金融服务、人才培养、技术创新等方面的支持力度。

（2）对部门资金进行有效整合，改变少而散，撒"胡椒面"的扶持方式，充分发挥资金的扶持作用；建议参照2005年和2006年两年设立藏（地）毯产业发展专项基金的政策。在"十三五"期间，每年统筹切块3亿元，对龙头、骨干企业在设备引进、原材料收储、产品销售上给予支持。建议重拾青海藏（地）毯产业发展基金，在政策上给予藏（地）毯产业相关企业贴息扶持，放宽贷款贴息的范围。藏（地）毯产业从原毛收购到成品销售的链条和周期都太长，需占用大量流动资金，而且目前固贷贴息仅对在银行的贷款贴息，对其他融资渠道均不能给予贴息扶持。

（3）组织相关政府部门针对藏（地）毯毛纺企业投资大、销售利润率低，外部环境压力增加的实际情况，制定藏（地）毯毛纺特色产业免征企业所得税地方留成部分的优惠政策。同时对扶持企业设置技改资金、职工培训基金、项目前期费、贷款贴息优惠和外贸发展专项等专项资金，积极向藏（地）毯产业发展倾斜。针对目前各企业的资金困境，建议政府成立转贷公司，对企业在银行倒贷阶段提供支持，解决企业因常年占用大量流动资金，向银行办理倒贷，而造成的企业流动资金紧张的问题。面对目前经济形势拐点的情况，对企业资金紧张的困境，像精准扶贫一样，出实招，确保企业能健康发展渡过难关。

（4）建立必要的储备制度，建议财政部门在每年的财政预算中安排一定的收储资金，在毛、绒收购季节，低息或无偿用于青海省主要毛纺企业的原材料收购。预防企业因流动资金困难，导致毛、绒原材料外流，造成省内生产资料短缺。同时，加强对省内毛纺企业毛绒收储的流动资金的信贷支持；并在每年的专项中给予相应的专项贴息和补助。

（5）抓住企业上市融资、国家政策向西部倾斜的机遇，在政府的支持下进行藏（地）毯产业整合，扶持企业上市，破解产业发展瓶颈。

（6）抓住比利时、土耳其、美国地毯企业看准中国巨大地毯市场潜力，产业向中国转移和投资的时机（美国地毯企业已开始在南通、张家口、承德等地投资建厂），大力优化招商引资条件，将国内外地毯企业引向青海，提升藏（地）毯的产业集群效应，真正打造"世界藏毯之都"。

2. 加强产业与产业政策研究

加快青海藏（地）毯产业的转型升级发展，应该借鉴大唐袜业发展的成功经验①，加强政府政策引导，需要做到：

产业政策是政府为了实现一定的经济和社会目标而对产业的形成和发展进行干预的各种政策的总和。作为最有力的保障措施，产业的健康发展离不开产业政策的扶持，尤其是在产业的发展壮大期，产业政策的作用不容小觑。青海藏（地）毯产业的发展同样如此。为了推动青海藏（地）毯产业的发展，在地方政府牵头、产业领军人物和科研院所研究人员参与的条件下，加强对产业与产业政策的研究，是必不可少的。

（1）加强国家战略研究，保证出台的政策与国家战略的一致性。各级政府应该响应"一带一路"倡议，《中国制造 2025》等国家战略的号召，制定企业积极融入"一带一路"、《中国制造 2025》等国家战略的相关产业扶持政策，促进国家战略在青海藏（地）毯产业方面的落地与实施，在积极制定相应的配套产业政策、鼓励青海藏（地）毯企业积极参与和申报国家部委相关产业项目的同时，借助国家战略的东风促进产业的发展。

（2）加强产业发展规律研究，保证出台政策与产业发展阶段相吻合。目前，青海藏（地）毯处于产业转型升级的关键时期，同时，青海藏（地）毯产业是一个既重视工人操作技术，又注重设备先进性的产业，基于此，藏（地）毯产业政策研究中，需要积极对接《中国制造 2025》的核心理念，制定适合本省实际情况并符合青海藏（地）毯产业发展阶段的产业政策，紧密围绕重点关键生产环节，开展新一代信息技术与制造装备融合的集成创新机器设备生产制造。支持"政府＋企业＋学校、科研机构"的联合攻关方式，开发智能产品和自主可控的智能装置并实现产业化，推动藏（地）毯生产制造的智能化水平，加快青海藏（地）毯产业的转型升级。

（3）加强产业政策延续性研究，保证出台政策的系统性与持续性。政策的延续性是保证产业健康、稳定发展的重要条件，加强产业政策延续性的研究，可以保证产业扶持中政策的前后一贯性，保证项目彼此之间的衔接性与系统性。如青海省在推动产业升级改造项目的推进过程中，2006 年、2007 年连续为西宁城

---

① "大唐袜业"相关背景材料详见子报告1。

南工业园区提供资金支持，但是在 2008 年西宁南川工业园区成立后，这项资金即停止发放，而完全依赖于园区自筹，这在给园区带来一定压力的同时，也使得产业的顺利改造面临困境。

3. 建立科学规划和正确引导的产业政策体系

产业集群的形成并非一日之功，需要长期规划和正确引导。产业集聚是产业集群形成过程中不可逾越的阶段，任何产业集群的形成都是从集聚开始的，只不过这个阶段时间长短不一。通过科学规划和正确引导可以加快产业集群的形成。针对藏（地）毯产业而言，青海省委省政府目标是要把西宁打造成"世界藏毯之都"，将南川工业园打造成国际性的藏（地）毯集散中心，以藏（地）毯产业集群化发展促进全省工业、农牧业与资源、环境的协调发展，推动城乡区域建设快速发展，最终把青海藏（地）毯产业培育成青海经济发展新的增长极。为了实现这一目标，应该从以下几个方面出台政策体系进行规划和引导：

（1）精心培育多个专业化龙头企业。逐步改变目前"大而全，小而全"的局面，严格按照藏（地）毯加工工序，在南川工业园区内打造专业化的公司，每家公司或加工车间只负责一个工序，不断精益求精，改进工艺，如设立专业的羊毛采购、纺纱、染纱、图案设计、编织加工、平毯、洗毯、剪花、整修、销售、售后服务、国际物流、电子商务等专业化公司。精细化的分工，有助于群内企业建立互信合作机制，有助于专业技能人才的培养和集中，而专业化人才的高度集中是产业做强和集群形成的关键。

（2）加快产业结构调整和升级，同时积极鼓励新建小企业（手工藏（地）毯加工厂或者家庭作坊）。青海手工地毯中低档产品占主导，受金融危机和产业结构调整升级的双重影响，手工地毯的出口受阻。加之龙头企业改变发展战略，大力发展机织地毯，造成手工加工车间大量闲置，开工严重不足。面对这种情况，青海省委省政府应该调整发展策略，将发展机织地毯的重任交由龙头企业，利用龙头企业空出的手工地毯市场，大力扶持小企业和家庭作坊发展，政府和行业协会帮助联系订单和销售，并由龙头企业提供技术指导，强化质量管理，实施为龙头企业"贴牌生产"的战略，形成以龙头企业为核心的大量专业化分工的小企业群。实践证明，中小企业解决的就业人数占 75% 以上，因此，要解决"三农"问题，就必须大力发展专业化的藏（地）毯小企业，只有小企业数量增加了，才能大量解决农牧民就业问题。

（3）统一质量标准，打造地域品牌。青海藏（地）毯产业应该实施"地域品牌＋产品品牌＋集群品牌"的发展策略，从一开始就强化品牌建设，将青海藏（地）毯打造成世界名牌。目前，青海藏（地）毯已经取得了阶段性胜利，一是青海藏（地）毯已经成为地理性标识；二是藏（地）毯编织标准已经统一，这为藏（地）毯统一质量标准提供了依据，也为藏（地）毯产业向集群化发展奠定了坚实基础。

（4）建立专业化市场和专业化人才培训交流中心。一个产业的发展离不开大量专业人才和专业化市场。充分利用国内外科研机构和大中专院校，重点引进和培养急需的专业人才，大量借用"外脑"。这方面藏羊集团已经走在了前列，但藏（地）毯产业目前最匮乏的就是专业技术人才，要充分利用好已建立的青海藏（地）毯学校，密切与企业相结合，培养理论与实践相结合的实用型复合人才。因此，专业人才市场的建设和储备直接关系到藏（地）毯产业集群能否形成。

（5）强化招商引资。加快产业集群的基础建设，理顺产业发展思路，增强产业发展吸引力，实施与国内外地毯强势企业联合的发展战略，大力引进外资进入藏（地）毯产业集群，利用外资加快藏（地）毯产业集群的发展。

（6）建立藏（地）毯企业创业基金。结合大学生创业培训和"阳光工程"再就业培训，有针对性地进行藏（地）毯的生产、销售、电子商务等方面的创业培训，设立专项藏（地）毯企业创业基金，鼓励大学生和失业人员及专业技术人员创办藏（地）毯企业，将藏（地）毯产业做强。

（7）设立公共研发中心。藏（地）毯公共研发中心，不一定设在青海，可以在北上广或者港澳台，甚至国外，充分利用世界一流设计师为青海藏（地）毯设计出世界一流产品，引领世界消费潮流。

4. 加强区域品牌建设的政策支持

品牌是产业发展最重要的无形资产，品牌宣传是这一无形资产价值增长和作用发挥的必经之路。对于青海藏（地）毯品牌宣传而言，既要做好企业品牌宣传，又不能忽视区域品牌推广。"青海藏（地）毯"区域品牌的宣传可以更好地巩固前期"固本清源"工作的成果，更好地使"藏（地）毯故乡在中国、中国产地在青藏、青藏龙头在青海"的事实深入人心，有效保护国家民族利益。而企业品牌的宣传是增强企业实力、增强区域品牌竞争力的必由之路。在区域品牌宣传中，政府的作用不容小觑①。

（1）拍摄专题片宣传青海藏（地）毯。政府出资邀请国内外专业的团队拍摄大型专题片：《指尖上的艺术》或《足尖上的藏（地）毯》，专门介绍青海藏（地）毯的形成、发展、工艺、文化、传承等相关知识，并争取在国内外权威媒体播放，以达到较好的产品宣传及市场推广效果。一部《舌尖上的中国》捧红了诸多中国美食与品牌，相信精心打造的藏（地）毯宣传片也会让藏（地）毯及藏（地）毯企业品牌以最快的速度深入消费者内心。

（2）设置专门的网络资源介绍青海藏（地）毯。政府在继续支持"青海国际藏（地）毯展会"的过程中，应该拿出专项资金用于展会功能升级，如开发专属的展会网络平台和扫描二维码即可安装的 App，网络平台与 App 不仅可以详细介绍历年展会情况，还可以通过专人的实时内容更新、信息发布，更加清晰地介绍使用地毯的益处、藏（地）毯的历史脉络、代表性企业、代表性产品，打造"永不落幕的藏（地）毯展会"。同时，各个企业应该办好自己的企业网站，通过网站宣传地毯益处与后期打理、藏（地）毯特色、企业理念、企业主打产品等信息，并且做到网站的及时更新。目前青海藏（地）毯企业中"青海藏羊""圣源"和"雪舟三绒"等少数企业有自己的网站，但信息更新不及时，大自然地毯纱公司旗下"喜马拉雅"有其独立的网站和 App，其他小企业均未开发 App。

（3）打造专用的政府礼品推广青海藏（地）毯。政府指定青海藏（地）毯为青海省对外活动中的专用赠送礼品之一，在青海省参与的各类需要赠送礼品的活动中，将精美的以特色风光、人文为毯面主题的青海藏（地）毯作为礼品赠予国内外宾客，从而起到宣传藏（地）毯同时宣传青海的双重作用。

（4）权威媒体播放广告扩大青海藏（地）毯知名度。由政府和企业共同出资，拍摄高端的青海藏（地）毯广告、海报，在本地和国内外主流媒体（如电视、网络、报纸、杂志等）投放，从而扩大品牌知名度。如青海互助酒厂斥巨资在中央电视台一套节目做广告而使其利润成倍增长。同时，由于近年来青游客规模日渐扩大，青海常住居民中相当一部分为省外祖籍，因此，广告在本地投放的成本较低。同时，省内消费者对青海藏（地）毯产品的普遍认同与购买，会起

---

① 早在 2002 年，大唐镇政府投入巨资连续五年在中央电视台等国际级媒体上亮出了"大唐袜业"品牌，创造了袜业的区域品牌。通过这些活动，提高了大唐袜业集群的知名度，开拓了更广阔的国内国际市场。

到一定的示范效应，达到事半功倍的效果。

（5）打造地毯销售4S店增强青海藏（地）毯消费体验。政府与有实力的大企业（如青海藏羊集团等）合作，通过在国内一、二线城市打造类似于汽车销售的"4S"店，与地毯知识的学习、地毯产品的体验、使用等全方位的售后服务相结合，大力推广企业品牌。尤其是东部沿海城市，经济发达、人民生活水平高，是中国家用地毯市场尚未来开垦的处女地，且南方"80后""90后"已经显现出对地毯产品深厚的兴趣，因此大力宣传后面临的商机无限。在国外市场，也可以选择主要市场区域的核心城市打造4S专卖店，以进一步扩大青海藏（地）毯的国际影响力。美国纽约曼哈顿第五大道20世纪经营的伊朗地毯专卖店，在"波斯地毯"这一区域品牌的打造中发挥了极其重要的作用。在调研中了解到，西藏喀瓦坚地毯厂在法国巴黎的专卖店对其产品的宣传和扩大销售也起到了至关重要的作用。

5. 制定政策推动青海藏（地）毯产业链、相关产业融合

（1）出台相关政策推动青海藏（地）毯产业链融合。藏（地）毯产业和相关产业必须齐头并进，不能脱节，否则会阻碍藏（地）毯产业集群的形成。建议打造"以藏（地）毯产业为核心，融展示、交易、科技、研发、培训、家饰装修、文化、旅游、物流和餐饮住宿等为一体的复合式产业集群"。建立各产业之间的内在联系，建立产业间的横向产业链和纵向产业链，使产业之间形成网状结构，只有产业之间交织成网，才能激发各类专业市场的形成和专业人才的集聚及创新体系的建立，从而推动产业集群快速发展。

（2）建立"民族团结十里长廊"，搭建多产业融合发展平台。建议依托南川藏（地）毯产业园建立"民族团结十里长廊"，从南川藏（地）毯产业园到塔尔寺，建设旅游步行街，打造青海各民族民俗文化饮食一条街，将加牙村打造成为手工藏（地）毯民俗体验村，建设特色小镇，实现产业与民俗文化旅游的融合发展，为精准扶贫提供产业支撑。

（3）植入"特色小镇"理念，加快藏（地）毯产业链建设与产业融合。目前，单一产业的推进与发展已越来越不能适应市场对产业提出的更加严苛的要求了，因此，以融合与创新为核心的"第六产业"理念越来越受到推崇，就行业发展现状而言，也只有在不断创新中推进藏（地）毯产业与其他产业的融合，才能更进一步推动藏（地）毯产业及其他行业的共同发展与进步。而"特色小

镇"是指依赖某一特色产业和特色环境因素（如地域特色、生态特色、文化特色等），打造的具有明确产业定位、文化内涵、旅游特征和一定社区功能的综合开发项目。以现有的产业园区为基础，借助于"特色小镇"理念的植入，打造青海藏（地）毯"特色小镇"，是推动藏（地）毯产业与相关产业融合的一个有力手段。

① "特色小镇"推动青海藏（地）毯产业与旅游产业融合。借助近年来青海省成为国内旅游的热点省份的东风，在旅游业保持高增长的大背景下，充分利用西宁市南川工业园区内藏（地）毯企业已有的产品展示厅、产品销售中心等相关设施，整合周边市场及商铺，全力打造以青海藏（地）毯为主、兼顾青海特色景区与特色产品的青海藏（地）毯特色小镇。将青海藏（地）毯小镇与"民族团结十里长廊"相结合，集观光、体验、购物、住宿、休闲于一体，主推青海藏（地）毯体验游和系列旅游纪念品，通过现场参观等方式延伸顾客的旅游线路，在兼顾推广青海省旅游景点的同时全力打造青海藏（地）毯这一旅游纪念品特色名片，改变青海旅游纪念品与国内其他旅游景点纪念品严重趋同的景象。

② "特色小镇"推动青海藏（地）毯产业与文化融合。文化是特色、是根基，也是产品生命力的源泉。青海藏（地）毯产业是地域文化的产物，特色小镇的打造也离不开特色文化。因此，特色小镇的打造也要打好文化牌，紧紧围绕地域文化特色进行街道规划、路景路标设置、店面装修、店铺经营范围限制。利用已有的"藏文化馆"等资源，大力宣传青海省特色地域文化。适时打造"青海藏（地）毯博物馆"，系统全面介绍藏（地）毯历史渊源、工艺特点、产品特色、文化内涵和艺术价值。

③ "特色小镇"推动青海藏（地）毯产业与电子商务融合。由政府、企业以及协会合力打造以"青海藏（地）毯小镇"为名的专门的"中国藏（地）毯电子商务平台"，专门负责地毯知识介绍、青海藏（地）毯产品以及售后服务产品的推介与展示，青海藏（地）毯设计、研发、生产优势资源的对接。同时积极鼓励"青海藏（地）毯小镇"与京东、淘宝、亚马逊等成熟电子商务平台的联合，借力成熟平台更进一步扩大青海藏（地）毯在电子商务平台的影响力。

④ "特色小镇"推动青海藏（地）毯产业与藏系绵羊改良议题融合。藏系绵羊是青海藏（地）毯原材料的主要供应源，而由品种退化问题导致的产量低、死毛、杂毛多是制约青海藏（地）毯进一步发展的重要因素。"青海藏（地）毯

特色小镇"打造中注入藏系绵羊保护元素，引导社会各界科研机构和个人注重藏系绵羊品种的改良，在获得政府大力支持的同时吸引社会各界基金支持改良科研项目。在增强环保宣传，呼吁广大公众主动参与防止环境恶化、保护好藏系绵羊生存环境等活动方面也会收到一定的社会效果。

6. 出台政策促进企业创新、研发与人才培养

（1）响应《中国制造 2025》，打造国家级青海藏（地）毯制造业创新、研发平台。在已有的日渐完善的青海藏（地）毯产业链基础之上，政府主推打造一个国家级青海藏（地）毯制造业创新与研发平台。该平台主要承担以下职责：

①大数据的收集与处理。信息是企业决策的基础和保障。鉴于省内外地毯生产企业生产经营的独立性，企业之间的信息数据难以实现及时共享，企业的决策基于本企业所掌握的信息，而很难对全行业有一个全面准确的认识与把握，本平台基于各个企业生产经营过程的智能化改造，信息收集和分析系统的构建，以及顾客对话平台的建立，通过顾客、生产企业、销售企业、设备制造企业、原材料供应企业等渠道获取包括机器设备常见故障、生产企业对制造设备诉求、藏（地）毯设计经典要素、地毯流行趋势、藏（地）毯元素最优搭配组合、藏（地）毯产品销售去向等相关数据信息，响应《中国制造 2025 青海行动方案》中"创新、协调、绿色、开放、共享"的基本原则号召，打造一个开放、共享、创新·协调的大数据收集与共享平台，为全行业的健康有序发展提供信息支撑。

②优势资源整合与配置。充分发挥平台的优势与作用，基于大数据的获取与处理，在充分了解消费者偏好与市场变化趋势信息的基础之上，本着开放、共享的基本原则，通过平台向全行业发布相关信息，并借助平台整合园区内甚至国内外各个企业和机构的优势资源，应对诸如顾客个性化订制、产业技术革新、产品设计研发等问题，为企业提供及时与个性化的设计、生产、销售方案，有效解决青海藏（地）毯诸如高端设计与研发队伍缺乏、产业园区集群度低等问题。

③关键技术的核心技术研发。瞄准青海藏（地）毯产业转型升级的重大战略需求和未来产业发展制高点，通过"企业＋企业""企业＋高校""政府＋企业＋高校"等模式，有针对性地攻克诸如手工藏（地）毯智能化排线、手工藏（地）毯智能化制造、藏（地）毯制造机器设备智能化软件开发等一批亟待解决的关键核心技术问题，大力推动藏（地）毯产业的转型升级，在驱动青海藏（地）毯产业发展的同时促进其抢占科技制高点。

（2）出台政策促进人才培养。稳定的从业人员队伍是行业存续和发展的一个重要前提条件，而目前人员流失严重是青海藏（地）毯产业发展过程中必须直面的一个难题。

①结合国家精准扶贫和产业扶贫及产业发展相关政策，手工藏（地）毯的发展可以将类似于青海省商务厅牵头在青海省互助县实施的"一村一品"工程继续推进，选择有编织藏（地）毯技艺基础的村镇实施相关政策、开展藏（地）毯编织技艺专业培训，在教会贫困村民一项技艺的同时，贯彻国家产业扶贫的相关政策，带领贫困村民脱贫。可以借鉴印度地毯产业发展的经验，印度政府每年出资培训200万青年农民从事织毯。印度政府已经清楚地认识到地毯产业的发展对农业和农村经济发展的特殊作用，而且也认识到了当今世界市场日益激烈的竞争给印度地毯产业带来的挑战。这种方式有效地解决农牧民的增收问题、加大青海藏（地）毯产业从业人员的培训投资，也可以为产业的发展提供源源不断的技术工人，减轻企业的培训成本，促进产业的发展。

②政府设立农牧民织毯生活补贴基金，解决目前因织毯工收入偏低，影响生活质量（甚至影响到生存）而导致大量织毯工流失的问题。藏（地）毯编织是一项耗时耗力的工作，目前由于青海藏（地）毯相对于伊朗、尼泊尔手工毯来看售价较低，技术工人的收入水平也较低，为了产业的延续，国家拨付专项资金给予补助，以青海索琳手工藏（地）毯公司为例，国家每年支持500万元左右，即可为其稳定200人左右的生产人员队伍，在有市场而苦于没有生产能力的背景下，这一资助措施在扩大就业、提升青海藏（地）毯产品影响力的同时，可以使得产业后续有人，为产业的后续发展提供人才保证。伊朗地毯之所以在国际市场有着较大的影响力，离不开其在国家政策倾斜下几代人的持续坚守，打造了"伊朗地毯"这样一个区域性的品牌形象。

③设立人才晋升制度和首席技师制度，培养产业工匠、打造工匠精神。青海藏（地）毯产业后续人才乏力的一个重要原因是没有一个明确的晋升体系，从业者看不到从事该行业可能存在的成长空间，也没有一个努力的方向，从业没有归属感，工作没有积极性与主动性，更没有为之奋斗终生的目标，人员流动性强、难以形成一支稳定的人才队伍，直接导致产业工匠无从产生，工匠精神无从打造。而确立明确的产业工人晋升制度和首席技师制度，为从业者指明努力的方向，并给予其到达目标的渠道——晋升制度，这是解决上述问题的有效手段。

7. 出台政策构建藏（地）毯产业集群创新体系

科研机构往往隶属于不同的行政部门，相互之间的独立性较强，不同部门的利益不同，这就要求地方政府在整合研究资源方面占据主导地位。具体方式可以是政府制定科研工作规划，选定若干对本地区产业发展具有重大意义的研究项目，将区域内隶属于不同部门的相关科研机构组织起来，整合科研力量，组织技术攻关小组，开展跨单位的研究，并由此促进不同单位之间开展科研联系和合作，建立起区域内的科研协作网络体系；还可以通过政府设立专项基金的方式，为合作研究提供资金、设备方面的帮助和支持，促进研究进行。法国罗纳—阿尔卑斯地区在推动该地区生物技术产业发展的过程中，就由政府财政出资，聘请专家制定一段时期内本地区关乎区域经济方向的重点项目，并由政府出面整合地区内的研发力量，组成项目组，共同攻关，逐渐形成地区性的研究机构网络体系。因此，有效整合企业资源、科技资源、政府资源，建立技术创新体系。重点是要抓好官、产、学、研、用的合作与交流，吸引科研成果在园区内转化。青海各级政府应该积极推进科研人员到南川工业园区内藏（地）毯企业兼职，为园区内藏（地）毯企业提供咨询、培训等政策，鼓励大学、科研机构与园区内藏（地）毯企业联办研究机构、联合培养技术人才、开展项目合作，缩短科研成果转化周期，形成创新网络。改变传统的线性科研驱动思维模式，产业层面对科研活动的参与应提前到实验室阶段，建立"科研—生产—销售"的一体化模式。在促进科研成果产业化的经验中，这种模式是最有效的。针对青海藏（地）毯产业产品创新不足的问题，采用这种联合研发的"科研—生产—销售"一体化模式，可以逐渐提升藏（地）毯产品的科技含量，提升产品附加值，增强藏（地）毯产业的整体竞争力和集群竞争力。

8. 出台相关政策保护民族产业

鉴于以青海藏（地）毯为代表的国内地毯产业面临的严重受到同类进口产品冲击的现实，政府相关部门应该出台保护性关税与贸易相关政策对国内地毯行业加以保护与扶持。

所谓保护性关税政策是以保护国内产业为目的而课征的关税，即根据本国产品的市场竞争力，对外国同类进口产品课以重税，使进口货物的成本高于本国同类产品的市场价格，从而达到保护本国产业的目的。虽然削减关税是我国加入

WTO 后所承担的一项基本义务，但是作为一个发展中国家，在根据 WTO 规则削减关税、履行 WTO 相关义务的过程中，也需要考虑合理地运用关税来保护和促进国内相关产业的发展。土耳其本国石油产品丰富，加之国内政府出台的系列产业扶持政策保证了其地毯产业长期以低廉的价格取得地毯生产的原材料，进而使其与同类产品相比拥有了较强的价格竞争优势，从而对我国产品形成了打压。鉴于以土耳其为代表的国外机制地毯产业，以伊朗、尼泊尔为代表的手工地毯产业，已经对国内地毯产业发展产生了严重的影响，已经在全方位掠夺和挤压了国内外市场，为了保护青海藏（地）毯产业乃至全国地毯产业的健康有序发展，相关部门应该建议国家出台相关的地毯保护性关税政策，以充分发挥我国地毯产业已有优势，有效保护本国地毯产业的长久发展。

9. 出台政策积极引入中介服务机构并构建中介服务体系

中介服务机构是产业集群的重要组成部分，它们将集群内外的各种资源整合起来，为群内企业提供资金、技术开发和服务、信息、管理、人员培训、市场营销等方面的服务，可以促进企业间的专业化分工合作，提高企业合作的效率，同时还有助于加强藏（地）毯集群企业与外部供应商以及国际市场的联系，提高聚集的正面效应。而且，在产业集群中，许多企业属于中小企业。中小企业的特点是规模小、实力弱，中介服务体系的建立有助于中小企业的发展和壮大，从而促进整个集群经济实力的增加。另外，中介机构为新企业的创立提供了信息、资金、技术等方面的资源，促进了新企业的出现，这对增强萌芽阶段产业集群的集聚效应有着重大意义。中介服务体系应包括以下几类机构，分别为集群内企业提供服务：①信息服务中介机构；②培训机构；③管理咨询机构；④技术咨询与推广中介机构；⑤创业服务中介机构；⑥融资服务机构；⑦专业性服务机构。

10. 出台政策支持知识产权保护

知识产权的保护有助于激励企业进行技术创新，促进先进技术成果的扩散。因此，青海各级政府及藏（地）毯企业首先应该充分认识知识产权作为无形资产和竞争武器的重要价值及其在开拓和占领国内外市场，保护竞争优势和发展后劲方面的积极作用，要从企事业单位科研、经营策略和发展战略的高度上重视和看待知识产权问题；其次，要进一步完善通过知识产权保护促进科技创新的利益激励机制，将专利制度作为激励科技创新，提高科技创新能力的重要机制。

（二）完善行业协会功能并大力发展中介组织

1. 强化中国藏毯协会的功能

从国内外产业发展的经验来看，行业协会发挥着重要作用，如表1所示。但从调研结果来看，企业对行业协会的认识普遍不足，认为行业协会无关紧要。青海省政府应该积极强化协会功能，扶持协会尽快建立健全功能，发挥出其应有的功能。目前，各藏（地）毯企业还没有意识到行业协会的重要作用，主要是因为青海藏（地）毯产业集群的规模还很小，各类专业市场也没有建立，集群企业间也没有建立起竞争与合作的关系，国际化程度还很低。完善行业协会的功能，有助于藏（地）毯产业的做强，使藏（地）毯企业节约了大量成本，从表1也可以看出，健全的行业协会起着重要的协调作用，既是政府与企业的联络员和谈判员，又是企业市场信息的提供者，还是整个行业的质量监管者和行业规则的制定者。行业协会可以规范产业的发展，避免恶性竞争，维护行业的良性竞争环境，积极推进行业技术进步，扩大行业的知名度，加速科研成果的转化，促进国内外同行业的交流与合作，完善行业市场建设，维护会员企业的合法权益，尤其是国际化经营中的反倾销问题，这一点行业协会在处理我国温州鞋出口德国的反倾销案中发挥了重要作用。因此，青海地方政府应该加快藏（地）毯行业协会的建设，尤其是中国藏毯协会的建设，尽快完善中国藏毯协会的功能，将中国藏毯协会建设成行业信息和市场信息的汇集中心和藏（地）毯企业的信息发布中心，同时也是各类专业技术人才的联络站，为藏（地）毯企业提供各类专业人才信息库。

表1　西方发达国家行业协会的功能

行业协会职能	美国行业协会	日本行业协会	欧洲行业协会
1. 参与制定规划及技改前期论证		√	
2. 行业调研和政策立法建议	√	√	√
3. 行业统计	√	√	自发
4. 办刊咨询	√	√	√

续表

行业协会职能	美国行业协会	日本行业协会	欧洲行业协会
5. 组织展销展览会	√	√	√
6. 参与质量管理监督	√	√	√
7. 帮助企业改善经营成果	√		
8. 受委托科技成果的鉴定与推广	√	√	
9. 国内外经济交流与合作	√	√	√
10. 制定行规、协调价格	√	√	√
11. 参与制定行业标准及实施和监督	√	√	√
12. 参与行业许可证的发放和资质审查	√	√	
13. 政府委托的工作			少数
14. 市场建设（反倾销）	√	√	√
15. 技术等培训	√	√	√
16. 反映会员要求，协调维权	√	√	√
17. 发展行业和社会公益事业	√	√	√

资料来源：贾西津，胡文安等. 转型时期的行业协会——角色、功能与管理体制［M］. 北京：社会科学出版社，2004：44.

2. 赋予协会相应的职权

行业的健康发展离不开行业协会的宏观把控与微观辅助，赋予行业协会相应权力、充分发挥行业协会的积极作用向来是促进行业发展的"定海神针"。青海藏（地）毯产业在发展过程中不能忽视中国藏毯协会的重要地位和功能，要以打造藏（地）毯产品及原辅材料检验检测中心为起点，赋予协会相应权力以制定产品生产相关准则和产品相关标准，确定行业发展、企业竞争、市场开拓、人员流动等相关规则，赋予协会相应的奖励和处罚权力，赋予协会相应权力，使用政府的拨付专项资金支持协会开展各类促进行业发展的专项活动，等等。通过赋权树立中国藏毯协会的行业权威性，也为行业发展确定标杆和准绳，杜绝行业发展过程中的破坏行业秩序、无组织无纪律行为的发生，营造公平、公正、积极、正面的行业发展氛围，辅助行业健康、平稳、有序地发展。

3. 加强协会建设、提升协会公共服务水平

中国藏毯协会公共服务水平的提升一方面取决于协会工作的主动性与积极

性、协会职权的赋予，另一方面取决于协会自身建设的完备程度。中国藏毯协会在争取获得自身相应职权的同时，应该加强自身机构建设与人员、设备配备，提升自身公共服务的范围与水平，并制定完整的工作规划，明确其提供公共服务的范围与程度，明确其为企业提供服务的目标与方向，进而提高服务水平，获取企业的广泛信任。

建议在中国藏毯协会的框架下成立"全国手工织毯分会"或者由商务厅直接许可成立"青海省手工织毯行业协会"，服务于手工藏（地）毯企业。

4. 构建完善的行业专业技术人才晋升（考评）体系

行业专业技术人才晋升（考评）体系的构建一方面有利于行业人才标准的制定、明确行业专业人才努力奋斗的方向，另一方面也为行业人才的培养与监管提供了依据。因此，中国藏毯协会应尽快制定出行业专业技术人才的晋升（考评）体系，在促进行业现有人才激励、后续人才培养的同时，也为协会正常工作的开展提供一个有力的抓手。

5. 大力发展中介机构和公共服务平台

从发达地区产业集群发展的经验看，中介组织的大力支持，可以使中小企业克服在提高技术水平、寻找新的销售市场、培训高级技术人员、筹集发展资金等方面的劣势，为产业集群企业提供专业化服务。例如，山东昌邑市成立了纺织、印花、染整等行业协会和信息、技术服务中心等中介服务机构，为印染企业提供全方位服务，从而进一步促进了整个纺织集群的发展。

青海省中介机构发展缓慢，限制了藏（地）毯产业集群的发展。所以，要积极培育各种行业协会和中介服务机构。青海各级政府应该在西宁南川工业园区内大力发展中介机构和公共服务平台，为区内藏（地）毯企业发展提供服务体系支撑。还要加强创业服务中心的建设，提高创业服务中心的孵化功能。据美国企业孵化器协会统计，在小企业建成 5 年内，不经过孵化器培育的企业有 80% 破产，而经过企业孵化器培育的小企业破产的只有 14%～20%。进驻企业孵化器的企业中有 75% 在初期年营业额小于 10 万美元，而经过 3 年左右的孵化后，有 24% 的企业营业额可接近 100 万美元。世界上大多数企业孵化器是非营利机构，有来自大公司、私人机构和个人的支持，孵化器是科技与经济的纽带，也是创业者个人进入经济生活、走向成功的桥梁。

（三）强化企业自身建设

1. 努力创造便利条件消化已有的产能

（1）打造专业化的物流服务平台。近年来，国家大力发展基础设施建设，成果斐然，青海省的交通运输条件有了飞速的发展，但是受制于客观地理位置的偏远，交通运输效率与中、东部地区相比仍然存在较大的差距，表现在青海藏（地）毯产业中，产品交货提前期相比较于沿海省区要延长 48～72 小时，这严重影响到青海藏（地）毯在国内外市场上的影响力。专业的物流企业可以有效地减少地理位置对青海藏（地）毯产业产生的不利影响，但是园区内现有的物流企业普遍存在专业化程度不高、不具备报关资格与能力的问题，导致青海藏（地）毯产品物流中货损问题严重，因此，打造或引进一个专业化、高服务水平的物流平台是推动青海藏（地）毯企业大发展的重要举措。平台一方面担负起藏（地）毯产品专业化物流的服务工作，另一方面为藏（地）毯产品出口便利化提供专业化服务，最大限度地降低地理位置与经济发展水平对青海藏（地）毯产业的负面影响，从而更进一步提高青海藏（地）毯的竞争力，减少周边省份与国家对青海藏（地）毯市场的挤占。

（2）推动青海藏（地）毯产业售后服务业发展。一方面，国内消费者目前不能广泛接受地毯作为主要地铺材料代替木地板与地砖的最主要原因，是对地毯的清洗存在后顾之忧。便捷、低价的地毯上门清洗业务就是解决这一问题的金钥匙，因此，延长青海藏（地）毯产业的价值链、大力开发地毯售后清洗业务，是进一步启动国内地毯市场的金钥匙。青海省应该全力推动以"喜马拉雅地毯有限公司"为代表的藏（地）毯企业打造国内专业的地毯售后清洗业务，尽快占领地毯清洗业务领域的制高点。另一方面，地毯清洗需要专门的定制化的运输工具，售后清洗业务的培植与扩大有利于推动青海藏（地）毯企业与即将入驻西宁南川工业园区的比亚迪等电动汽车生产企业业务的融合，通过青海藏（地）毯售后与送货上门专门车辆的设计与生产，为双方企业扩展业务领域提供了绝佳机遇。同时，藏（地）毯售后服务业务的拓展，对于增加社会就业领域、促进清洗化工行业与地毯生产的融合也发挥着极其重要的作用。

2. 提高藏（地）毯企业成员间的差异性

（1）提高市场差异。主要从产品市场的差异化入手，目前青海藏（地）毯产品主要集中在中低档产品上，产品市场定位不准确，应该细化市场，每一个企业将自己的产品定位于每一个或两个产品市场，将产品做专做精，避免群内藏（地）毯企业产品的市场趋同化，趋同化只会造成藏（地）毯企业间的价格战和市场争夺战，不利于藏（地）毯产业集群的发展。

（2）提高产品差异性。一是产品档次拉开，藏（地）毯龙头企业应该专注于高档产品的生产，中型企业应该集中于中档产品生产，小企业可以集中自身优势生产低档产品。二是产品功能的差异化，藏（地）毯龙头企业可以搞多元化经营，利用自身优势生产多个品种和花色，并加快产品创新和技术创新，引领产业发展方向。中型企业应该集中自身优势生产某几种产品，为几个特定市场的顾客群服务，如专门生产汽车坐垫、沙发坐垫、工艺美术毯等，将企业的优势与产品的功能相结合，打造出企业特殊的产品功能和服务市场。

（3）采用差异化的生产要素。藏（地）毯龙头企业由于其强势性，在产品开发和技术创新方面具有绝对优势，因此，可以聘请高级技术人才为企业服务，采用先进技术手段生产藏（地）毯，结合国际市场需求改善藏（地）毯生产的投入品和染料，将生产工艺不断优化，打造世界一流生产工艺，提高产品的竞争力。中小藏（地）毯企业应该根据自身条件，有选择性地采用技术、劳动力和投入品，将产品生产专一化，做到精益求精，提升产品竞争力。

3. 建立藏（地）毯成员企业间的网络体系

从调研结果看，青海藏（地）毯产业集群企业间并没有建立起网络联系，基本上所有企业都是"各自为政"，各顾各，彼此之间没有建立相应的分工合作，企业间没有建立起信任机制，几乎没有任何合作。这种生产模式的生产效率极其低下，而且竞争力也最弱，且容易被竞争对手打垮。因此，青海藏（地）毯产业集群应该积极建立企业间的互助互信的机制，进行密切的分工协作。

（1）建立横向网络体系。可以从三个方面进行：一是建立合作营销，共同打造藏（地）毯"区域品牌"，提升藏（地）毯区域优势；二是进行生产合作，按照产业链进行专业化生产，相互合作，如建立专门的羊毛收购公司、洗（选）毛公司、纺纱公司、染纱公司、洗毯公司、后整理公司、包装公司、销售公司、技术研发中心、物流中心等；三是进行合作谈判，如原材料采购价格的统一、产品价格的统一、产品质量的统一、产品功能的差异性、服务市场的差异性等。通过合作，可以避免企业间的恶性竞争，避免造成生产浪费和不必要的投资。

（2）建立纵向网络体系。主要从两方面着手：一是完善藏（地）毯产业链，建立多条交织的产业链，把藏（地）毯产业建设成"以藏（地）毯产业为核心，融展示、交易市场、电子商务、科技服务、研发中心、培训基地、家饰装修、民族文化、民族工业、物流中心、旅游和餐饮住宿等为一体"的复合式产业集群；二是提高地方配套程度，尤其是西宁市城南经济技术开发区的配套建设，开发区的建设应该根据产业集群不同发展阶段的需要不断完善公共服务机构，搭建好公共平台，建立起大量专业化公司和专业化市场，以便于藏（地）毯产业集群化发展。

4. 提高藏（地）毯企业的开放度

在世界经济飞速发展的今天，青海藏（地）毯企业的开放度还比较低，这不利于群内企业及时了解世界市场行情，不利于产品和技术的创新。因此，藏（地）毯产业集群必须提高其开放度。

（1）提高市场开放度。一是要保持市场信息流畅，保证群内所有藏（地）毯企业能够及时了解世界市场的行业信息，使企业以最小成本获得所想要的一切信息。要达到这一目的，应该加快建立专门的中介机构和行业协会，为企业提供全方位的咨询服务。二是拓展产品市场范围，藏（地）毯长期以来以出口为主，国内市场占有率较低，因此，今后一方面要保持住国际市场份额，另一方面要积极开拓国内市场，完善国内销售网络体系，扩大国内产品市场覆盖率。

（2）提高技术上的开放度。一是加强技术信息交流，让藏（地）毯企业能够及时采用最新技术和技术标准，提高出口竞争力；二是建立人才交流市场，建立藏（地）毯专业人才库，积极组织人才培训和培养；三是建立产品或技术创新交流机制，让所有藏（地）毯企业了解产品的创新程度和技术创新程度，不断提升产品技术含量，推进产业升级，加快藏（地）毯产业集群发展步伐。

5. 加强藏（地）毯企业创新系统主体建设

在青海藏（地）毯产业集群的形成和发展过程中，构建藏（地）毯企业创新系统中的创新主体起着至关重要的作用。这里将重点阐述如何加强企业家、中介组织（前面已经论述，在此不再阐述）、大学和科研机构的建设。

（1）培育企业家及企业家精神。企业家是企业发展的灵魂，是企业生存的根本。我国西部欠发达地区经济不发达、产业集群少，一个重要的原因就是当地文化中缺少勇于创新、敢于冒险、敢于开拓、不断创业、不怕失败的企业家精神。我国浙江、广东等民营企业、家族企业的成功也离不开企业家精神。因此，青海藏（地）毯产业的做强，离不开培育大量具备企业家精神的企业家，使他们愿意从事藏（地）毯产业，并立志将发展藏（地）毯产业作为自己终生事业来做。调研过程中所有在困境中依然屹立并趁势打牢企业根基、占领市场先机的企业，无不有一个具备企业家精神的灵魂人物。因此，青海藏（地）毯产业的健康发展，离不开各个企业着力于企业家及企业家精神的培育。可借鉴意大利，针对南部地区经济落后现象成立"企业家精神创业社"和"青年企业家发展委员会"以推动企业家的成长，辅以正确的舆论导向，鼓励敢于冒险、勇于创新、助力企业家精神的培育。

（2）促进产学研合作。我国大力提倡的"产学研"工程，是从1992年开始实施的。产学研合作是产学研各方通过拥有丰度（数量、质量）不同的资源享赋，与不同利益主体的资源互补，使科技成果转化为生产力。产学研中的"产"是指企业界，"学"指"大学"，"研"指"科研院所"。该计划有力促进了我国企业界与大学和科研院所的合作与交流。产学研主要强调的是企业与大学等科研机构的产业性合作。而产业集群不仅包括产业性的合作，还包括区域性的合作。这种合作的基础，就是地方政府、科研院所、大学、企业等行为主体之间交流与合作的系统。

因此，青海在构建藏（地）毯产业集群创新系统时，应该积极促进产学研合作，由于青海本地大学的科研机构有限，青海各级政府应该积极与国内外著名的大学、科研机构合作。同时，应该充分利用青海本地现有的大学和科研机构，将其功能发挥到最大值，建立项目攻关组，组建专业技术人员联合攻关，推进藏（地）毯产业发展。

（3）提升企业创新能力。创新是企业的生存之本，青海藏（地）毯产业发展过程中同样存在需要创新来推动产业的延续与企业发展。青海藏（地）毯企业应该制定相应的鼓励创新政策，一方面，鼓励企业现有的技术与设计人员创新产品，提升企业产品的综合竞争水平；另一方面，应该创新鼓励创新模式，运用"高校＋企业""研究机构＋企业""社会＋企业"等多种方式，吸纳高校、研究机构、社会优势资源为企业提供有偿的技术创新或设计创新，以提高企业综合的创新能力。

6. 深入研究如何充分发挥龙头企业的带动作用

龙头企业是行业中的标杆，对行业中企业标准的产生、产品与技术创新、企业社会责任承担、行业的总体发展方向都起着一定的引领和指导作用。青海藏（地）毯产业在早期的发展过程中确立了龙头企业的角色，该龙头企业也在行业发展中起到了积极的引领和指导作用。但是面临新的经济形势及市场特征，龙头企业需要承担新的企业责任、行业责任与社会责任，因此，深入研究龙头企业职责及其龙头带动作用的发挥，对破解目前行业发展中所面临的部分难题，显得尤为重要。

7. 创新企业市场拓展模式

青海藏（地）毯企业普遍存在现有的市场拓展模式明显不能适应新经济形势下市场要求的现象，因此，企业应该力推现有市场拓展模式的更新。第一，应该给予销售人员及其工作业绩一定的尊重与认可，以物质奖励为主、精神奖励为辅的方式制定业绩奖励办法，并严格执行业绩奖励办法，业绩奖励中避免因人情导致不公正现象，以此调动销售人员的工作积极性。第二，制定严格的销售渠道奖励办法与渠道层级享受价格折扣办法，不随意变更供货方式与供货价格折扣比率，保证市场定价与供货的规范，给经销商以一定的支持。第三，积极拓展新的销售模式，如"生产商＋经销商"模式，加强与经销商的合作，及时掌握市场信息，提升产品适应能力，降低产品库存水平。我们调研发现："生产商＋经销商"模式在山东和新疆都得到了成功运用，实现了零库存。第四，积极配合政府与协会展开新模式营销，如打造地毯"4S"店模式，努力推进青海藏（地）毯产品市场占有水平的提高。第五，在最发达的地区开设专卖店，引领时代潮流。如波斯后裔在纽约曼哈顿第五大道上世代经销地毯，波斯后裔经销商的国际视野与熟谙本民族文化精髓的编织工匠的结合，使得波斯毯长盛不衰，并成功引领世界潮流。

8. 提升产品质量

经过多年的努力，青海藏（地）毯企业已经积淀了一定的品牌口碑，在此基础上更进一步稳定和提升产品质量是青海藏（地）毯产业持续扩大影响的必由之路。首先，应该注重员工的思想觉悟和质量意识教育，大力宣传产品质量的基本知识，使员工深刻地认识到品质量的重要性，培养和树立"以人为本"的质量管理的基本思想，在思想上彻底改变做事不求精细、马马虎虎的作风。其次，严把原材料、辅料、配件质量关，原材料、辅料、配件质量直接影响到生产和产品的质量。因此，企业应该设立采购监控制度，并要求采购部门严格执行，加强物资采购监控，从订货源头把好产品质量关。最后，加强质量管理意识，明确各级人员的质量职责，力推生产企业通过 ISO9000 质量体系认证，已经通过的企业加强实施并不断改进，并广泛动员全员参与，积极开展质量宣传教育活动，保证企业的产品质量稳步提升。

9. 产业核心企业积极争取上市融资

到目前为止，国内没有一家地毯业上市企业。西宁南川工业园区是目前国内唯一的地毯工业园区，产业链构架基本成型，部分核心企业资金实力雄厚，市场开拓能力较为成熟，也有较为完善的国内外销售渠道，基本具备了上市融资的条件。可以通过集中扶助某一家核心企业上市，也可以集中各个企业的优势，新成立一家集团企业带着上市融资，在扩大地毯企业融资渠道的同时，扩大青海藏（地）毯企业的知名度和市场影响力。

第二篇　子研究报告

一、浙江省诸暨市"大唐袜业"的发展经验*

大唐位于浙江省中部，杭州湾南翼，西施故里诸暨市的西南部，地处杭金线、杭金衢高速公路、浙赣铁路和绍大线四线交会处，距杭州约 1 小时路程，距萧山国际机场半小时车程，区位优越，交通便捷。诸暨大唐袜业已经成为以大唐镇为中心、辐射周边区县的最大特色工业专区，并被确立为全国最大的袜业生产基地和浙江省 21 世纪最具有成长性的产业，是蜚声中外的"中国袜业之乡""中国袜子名镇"，在整个袜业界，素有"大唐袜机响，天下一双袜"的说法。现已形成了以袜业为主导，弹簧、机械、织布等行业共同发展的产业格局，并已经形成"大唐袜业"这一整体品牌，在国际市场上有了一定的知名度。当地更是利用"大唐袜业"这一宝贵的无形资产，全力扶植名牌企业，努力打造有特色的国际知名品牌，使大唐成为世界袜业著名品牌的汇集地。2006 年，整个大唐袜业区已拥有万余家袜业企业，年生产袜子 119 亿双，创产值 256 亿元，实现销售 250 亿元，产量占全国的 65%、全球的 1/3 强。

大唐袜业产业集群的发展经验值得我们借鉴：在大唐袜业产业集群的形成和发展过程中，大唐镇政府一直为发展袜业这个支柱产业不遗余力。一是完善袜业市场体系以及中介服务体系。大唐袜业的产业升级在某种意义上更需要市场升级，如何使大唐袜业市场成为汇聚全国袜业精华、引导袜业潮流的产品展示中心，更好地形成"市场牵龙头，龙头带基地，基地连万家"的群体格局，是政府需要考虑的一件大事。二是提供技术信息服务。1999 年镇政府出资筹建大唐袜业研究所，其近期目标是了解国内外袜业市场行情和技术动态，为集群内企业建立网络主页，加强对外联系。长期目标是提高袜业设计能力，促进产业技术升级。三是筹建袜业特色产业区，推进产业集聚。大唐袜业的总体规模足可称雄天

---

* 作者：李毅。

下，但是因其起步于千家万户的家庭作坊，在发展过程中逐渐形成了"低、小、散"的格局。企业规模小、产业集聚度低已严重制约了大唐袜业参与更高层次竞争的能力。另外，要创建一个国际领先的袜业制造基地，将世界上最先进的袜业机械集中到大唐来，必须要有良好的投资环境，为改变这一现状，2001年，镇政府开始投资建设打造袜业特色园区、推进产业集聚、增强竞争能力，谋求大唐袜业大发展的思路。同时，园区优先吸收"高、大、名"项目，拒绝低水平重复建设，通过园区的带动效应，提升大唐袜业的整体层次，特别是以园区为平台，出台招商引资的相关政策，吸引国外的先进厂商进驻大唐，带动整体技术、管理能力的提高。大唐袜业特色园区的建设，不仅使几千家织袜企业结成了一个产业整体，打响了"大唐袜业"的整体品牌，而且还集聚了一大批原料生产加工企业和1300多家定型、印染、包装、袜机经销以及联托运服务点等配套企业，形成了一条完整的袜业产业链，使大唐袜业园区成为全省最具成长性的特色产业园区之一。四是区域营销。如举办中国袜业博览会，提升集群整体形象，促进品牌培育等。1999年在中国工业协会、中国商务部的协作下，大唐镇成功举办了第一届袜业博览会，提高了大唐袜业整体的品牌形象，也为中小企业从事贸易活动提供了平台。博览会现已成功举办了十多届，成为国内最大的袜业生产、销售企业，最先进的袜业设备生产、销售厂商，最具影响力的相关纤维原料生产企业和销售机构的峰会。为让国内外更多的人了解展会动态，筹委会还在博览会整体形象设计的基础上，利用轻纺城内的局域网开设全天候的展会信息发布中心，及时播放袜博会的进展情况、商贸交易状况和各类袜业信息，构筑了一个跨空间的经贸活动网络。展会期间还邀请国内外知名专家举行区域特色经济专业讲座，探讨如何推进区域特色经济发展和促进中小企业的健康成长。大唐政府还在中央电视台打出了大唐袜业的整体形象广告，并通过博览会、网络等形式打造"世界袜业之都"的区域品牌。

从大唐袜业的成功发展可以看出：政府要根据产业发展阶段和发展规律及时调整发展思路，制定适合产业发展的实时政策。政府的一个重要作用就是建市场，为企业提供交易平台，为此，1991年、1994年大唐镇分别建成了大唐轻纺原料市场、浙江大唐袜业市场，并于2002年7月建成投资1.8亿元、占地400余亩、建筑面积12万平方米的浙江大唐轻纺袜业城，集轻纺原料、袜子、袜机、联运托四大市场和会展、旅游、购物于一体。通过政府对专业市场的建设，在市场的推动下迅速集聚，扩大了集聚效应，形成了专业市场，构建了区域网络，进一步扩大了区域因素的影响，使区域因素和集聚效应的影响都得到增强，从而促进了大唐袜业产业集群的形成和快速健康发展。政府的另一个重要作用就是遵循产业发展规律，为产业集群发展提供了良好的平台：大唐镇政府一方面正确引导和培育了创新的产业文化，使袜业根植于大唐；另一方面积极完善袜业市场体系以及中介服务体系，提供技术信息服务，筹建袜业特色产业区，组织区域营销。

二、拉萨市喀瓦坚藏毯厂
发展经验[*]

拉萨市喀瓦坚（藏语音译，意为雪山）藏毯厂是旅居美国的藏族银行家格桑扎西于 1986 年创办于拉萨的一家专业生产手工藏（地）毯的企业。该企业致力于古老的手工藏（地）毯传承，严格遵从传统手工藏（地）毯的设计风格和纺织工艺编织藏（地）毯，产品行销北美、欧洲等高端地毯消费市场。鼎盛时期工厂有员工 300 多名，并于 20 世纪末分别在法国巴黎、美国纽约、首都北京开办了喀瓦坚手工藏（地）毯专卖店，在国际中高端手工地毯市场享有一定的知名度，客户群体既有华尔街富商，也有好莱坞明星和欧洲新贵。

2001 年受"9·11"事件影响，位于世贸大厦的纽约专卖店关闭。2008 年后，受经济危机及相关因素及企业经营管理失误等因素影响，北京展厅关闭。企业经营面临严冬，企业规模迅速缩小到目前的 40 多人，但是年销售额仍有 800 万元。

虽然受到多方不利因素影响，喀瓦坚手工藏（地）毯仍然严格秉承藏（地）毯工艺与特色，其产品设计取材于传统藏（地）毯设计理念，图案粗犷、古朴，民族特色浓郁，依然深受高端市场追捧，"2017 女性公益可持续发展手工艺创新展暨慈善拍卖晚宴"上，在中国妇女发展基金会的支持下，喀瓦坚藏毯厂的藏（地）毯"升腾"及艺术款藏（地）毯杯垫受邀参与竞拍，并被收藏。

目前，企业保持了一个适度的发展规模，聘请了具有国际知名企业工作经历的职业经理人出任厂长，将先进的管理思想与理念融入传统手工艺产品生产企业的日常管理中，企业发展平稳，产品主要销往日本、欧美以及国内高端消费区域，受近年全球经济企业及高端地毯消费市场，尤其是国内高端地毯消费市场的青睐，其"喀瓦坚"手工藏（地）毯块毯虽然价格不菲，但是仍然供不应求。

---

* 作者：李毅。

三、依托南川藏毯产业园建立
"民族团结十里长廊"的建议[*]

2018年6月2日，第十五届藏毯国际展览会的召开，促进了青海与丝路沿线国家的关系，加快了青海在新时代深度融入"一带一路"建设的步伐。如何利用好藏毯国际展会实现南川工业园与塔尔寺片区的联动发展？西宁南川藏毯产业园到塔尔寺全程约15.6公里，如何实现南川工业园到塔尔寺沿线地带的融合？做好藏毯这一特色元素文章，带动沿线居民增收？

研究发现，可以利用我省打造民族团结先行区的契机和南川藏毯产业园的优势，打造"民族团结十里长廊"，实现多产业融合发展。

（一）建立"民族团结十里长廊"，搭建多产业融合发展平台

建议依托南川藏（地）毯产业园建立"民族团结十里长廊"，从南川藏（地）毯产业园到塔尔寺，建设旅游步行街，打造青海各民族民俗文化饮食一条街，将加牙村打造成为手工藏（地）毯民俗体验村，建设藏毯特色小镇，实现产业与民俗文化旅游的融合发展，为精准扶贫提供产业支撑。

青海省有55个民族，这为建立"民族团结十里长廊"奠定了良好的民族基础。建议规划好南川工业园区到塔尔寺这15.6公里的片区，做好分段，55个民族每一个民族划分合适的片区，打造各民族民俗文化一条街。

＊　作者：李毅。

（二）植入"特色小镇"理念，加快藏毯的产业链建设与产业融合

民族团结"特色小镇"能推动青海藏毯产业与文化旅游产业相融合。青海藏毯小镇与"民族团结十里长廊"相结合，集观光、体验、购物、住宿、休闲于一体，主推青海藏毯体验游和系列旅游纪念品，通过现场参观等方式延伸顾客旅游线路，在推广青海省旅游景点的同时，全力打造青海藏毯这一旅游纪念品特色名片，改变青海旅游纪念品与国内其他旅游景点纪念品严重趋同的现象。55个民族的特色手工艺品、民族餐饮、民俗歌舞、民族演艺娱乐、民族文化创意产业等，一个民族一台经典歌舞剧，设计好"民族团结十里长廊"，充分体现各民族的民俗风情和人文文化，将各民族的民俗与民族产品充分展示在这"十里长廊"上。

1. 植入"特色小镇"理念，加快藏（地）毯的产业链建设与产业融合

目前，单一产业的推进与发展已越来越不能适应市场对产业提出的更加严苛的要求了，因此，以融合与创新为核心的"第六产业"理念越来越受到推崇，就行业发展现状而言，也只有在不断创新中推进藏（地）毯产业与其他产业的融合，才能更进一步推动藏（地）毯产业及其他行业的共同发展与进步。而"特色小镇"是指依赖某一特色产业和特色环境因素（如地域特色、生态特色、文化特色等），打造的具有明确产业定位、文化内涵、旅游特征和一定社区功能的综合开发项目。以现有的产业园区为基础，借助于"特色小镇"理念的植入，打造青海藏（地）毯"特色小镇"，是推动藏（地）毯产业与相关产业融合的一个有力手段。

2. "特色小镇"推动青海藏（地）毯产业与旅游产业的融合

借助近年来青海省成为国内旅游热点省份的东风，在旅游业保持高增长的大背景下，充分利用西宁市南川工业园区内藏（地）毯企业已有的产品展示厅、产品销售中心等相关设施，整合周边市场及商铺，全力打造以青海藏（地）毯为主、兼顾青海特色景区与特色产品的青海藏（地）毯特色小镇。

3."特色小镇"推动青海藏（地）毯产业与文化融合

文化是特色是根基，也是产品生命力的源泉。青海藏（地）毯产业是地域文化的产物，特色小镇的打造也离不开特色文化。因此，特色小镇的打造也要打好文化牌，紧紧围绕地域文化特色进行街道规划、路景路标设置、店面装修、店铺经营范围等方面的限制。利用已有的"藏文化馆"等资源，大力宣传青海省特色地域文化。适时打造"青海藏（地）毯博物馆"，系统全面介绍藏（地）毯历史渊源、工艺特点、产品特色、文化内涵和艺术价值。

4."特色小镇"推动青海藏（地）毯产业与电子商务融合

由政府、企业以及协会合力打造以"青海藏（地）毯小镇"为名的专门的"中国藏（地）毯电子商务平台"，专门负责地毯知识介绍、青海藏（地）毯产品以及售后服务产品的推介与展示，青海藏（地）毯设计、研发、生产优势资源的对接。同时积极鼓励"青海藏（地）毯小镇"与京东、淘宝、亚马逊等成熟电子商务平台的联合，借力成熟平台更进一步扩大青海藏（地）毯在电子商务平台的影响力。实现线上线下结合，打造"永不落幕的藏毯展会"。

（三）出台相关政策推动青海藏（地）毯产业链融合

藏（地）毯产业应与相关产业必须齐头并进，不能脱节，否则会阻碍藏（地）毯产业集群的形成。建议打造"以藏（地）毯产业为核心，融展示、交易、科技、研发、培训、家饰装修、文化、旅游、物流和餐饮住宿等为一体的复合式产业集群"。建立各产业之间的内在联系，建立产业间的横向产业链和纵向产业链，使产业之间形成网状结构，只有产业之间交织成网，才能激发各类专业市场的形成和专业人才的集聚及创新体系的建立，推动产业集群快速发展。

上述思想，可以复制到沿线其他 54 个民族的产业发展中，实现多民族多产业的融合发展，形成民族团结十里长廊，将 55 个民族的民族特色浓缩在十里长廊里，带动片区发展。

四、藏羊集团对青海省藏毯
产业的思考[*]

藏毯产业是我省具有地域特色、文化内涵、发展有潜力的特色优势产业。从20世纪80年代以来，在历届省委省政府的正确领导下，有关部门不断加强资金、技术和政策的支持，我省藏毯产业依托原材料优势、藏文化地域优势和藏毯发源地品牌优势，经过家庭手工生产、乡镇企业简易加工、现代企业规模化生产三个历史发展阶段，逐步由小到大、由弱到强、由青海走向世界，基本形成了产业配套、链条完整、品种齐全的产业发展格局，成为"大美青海"产业系列中具有青海特色的一张通往世界的"金名片"。

（一）藏羊地毯集团发展历程

按照历史阶段划分，青海藏毯产业和藏羊地毯集团的发展经历了三个阶段：

第一阶段：2000年开始，藏羊地毯集团在原省属国营地毯一厂破产整合后，总结以往生产、销售经验和教训的基础上，在经济谷底时期，狠抓产品结构调整，在传统手工藏毯工艺中增加化学水洗等后道工序，从单纯的手工编织发展为织毯、平、片、剪、洗完整的工序，产品也从单一的羊毛产品，丰富发展为牛毛、牛绒、羊绒、纯丝、丝毛产品。2001～2007年是手工藏毯的高速发展期，通过建设农村扶贫加工点的模式，规模化生产和出口藏毯，产品98%出口，销往26个国家，出口额由2000年的381万美元，增加到2007年的2050万美元。同时，带动省内外羊毛收购、纺纱生产、前后道工序加工、销售经营人员全产业链3.6万农牧民稳定增收，全省农村扶贫加工点达到314个。

* 本报告由藏羊集团提供，根据写给王建军省长的一封信整理。

第二阶段：2008 年美国金融危机开始，藏羊地毯集团通过对形势发展进行研判，认为手工藏毯成本逐年增大，应该在巩固、完善好手工藏毯产业的同时，在省委省政府和南川工业园区的支持下开始引进德国、比利时的高速藏毯织机，将手工藏毯产业向朝鲜转移，国内手工藏毯生产工人向机织藏毯转业。2009 年开始取得了手工藏毯产业和机织藏毯产业共同发展的良好局面，年均消耗"西宁大白毛"原毛 4000 吨；在不断扩大国际市场的同时，开拓了国内市场，到 2013 年实现销售收入 6.91 亿元人民币，其中出口创汇达 3850 万美元，实现了手工藏毯产业向机织藏毯产业的平稳转型。2010 年，青海藏羊地毯集团与南川工业园区共同投资成立了藏羊国际地毯基地股份有限公司，引进了代表着国际水平的簇绒地毯织机设备和智能化后整理生产线，产后年产量达 430 万平方米，藏羊国际独有的设备和工艺技术，又将给地毯产业带来一次新的产业转型后的升级。

第三阶段：2014 年至今，藏羊地毯集团开始对机织藏毯生产工艺和技术进行升级改造，针对传统后道工序中洗毯等工艺存在的效率低、质量不稳定、劳动力成本上升等问题，自主研发机械化、自动化后道加工生产线，同时也解决了困扰地毯生产多年的浮毛、光泽、手感等难题。今后，藏毯生产技术升级改造工作将走向智能化，持续打造和提升藏羊地毯品牌在市场上的核心竞争力。

藏羊地毯集团面对国际金融危机和国内经济下行不断加大的严峻形势，努力克服市场需求低迷、生产成本上升、融资难度加大等重重困难，以传承、挖掘、弘扬藏毯文化为宗旨，紧紧抓住国家和青海省推进"一带一路"建设的重大机遇，认真贯彻落实省政府推进"供给侧"改革重大战略部署，不断推动企业创新发展。根据国际国内市场的新需求、新变化，开发出了比较完整的纯毛系列、丝毛系列、纯丝系列、丝绒系列产品，设计出了适合国内外市场的藏毯图案达到 3000 多个。不断加强生产基地建设，在多个省份和朝鲜等国家建立 12 个合作纺纱、前后道工序加工生产基地，从业人员达到近 2 万人。目前，产品销往 34 个国家和地区，国内经销商达 1300 多家，营销网络已覆盖国内大多数一、二、三线城市。2015 年，实现销售收入 7.96 亿元，比 2010 年增长了 81.7%，出口额达 2850 万美元。2016 年出口额 3960 万美元，比上年增加了 1100 多万美元。目前，藏羊集团已经成为青藏高原藏毯产业的领航者、全国地毯行业的生力军和全球最大的藏毯生产基地。藏毯品牌已在世界地毯行业被公认为与波斯地毯并驾齐驱的两大知名品牌。

2014 年以来经济形势下行压力开始明显，目前面临的又是经济形势的谷底期，我们自身要努力做好市场开拓，产品研发，实现流水线自动化生产设备的研发，面对流动资金紧张的局面，企业面对的藏毯产业链条过长，上游羊毛原料、纺纱等均为小微企业，不能影响停工、停产；另需常年为银行的倒贷东奔西跑，严守银行的按期还贷；因购买织机设备而拆借的南川工业园区借款，也未能及时偿还。自 2008 年企业转型以来，年年处于投资阶段，一直没有缓和下来的机会，企业的利润仅能满足进口设备的税费和银行的利息，再就是支付工人工资，目前藏羊地毯集团的发展又一次面临着艰难的经济形势低谷期。

（二）全球地毯行业发展现状和趋势

1998 年金融危机爆发后，土耳其利用其手工地毯生产条件的资源优势，抓住了当时世界机织地毯最大生产国比利时进行产业转移的机遇，开始在土耳其加济安泰普市打造机织地毯产业集群。该城市人口 130 万，2012 年该市地毯出口额 14 亿美元，地毯公司 227 家，地毯纱生产工厂 82 家；2015 年该市地毯出口额达 24 亿美元，地毯织机达 1580 台套，围绕地毯而工作的从业人员达 35 万人，成为当今世界名副其实的最大的威尔顿机织地毯产业集群，这是世界范围内在金融危机形势下培植特色产业的一个成功范例。

过去十年，全球地毯消费市场年均增幅达 20%，潜力巨大、欧、美、日等发达国家是传统、成熟的地毯消费市场，2015 年地毯国际贸易量达 120 亿美元，中国 2015 年地毯出口额为 26.7 亿美元。未来的中国、中亚、南亚市场是全球地毯行业公认的最大新兴市场和潜在的巨大消费市场。成熟的欧、美、日市场人均年消费地毯 2.6 平方米，地毯商品是人类生活水平提高之后，达到中产阶级消费水平，提高生活质量阶段进入家庭的重要商品之一。在消费结构上，欧美国家消费的纤维地毯占铺地物总量的 70%，其他陶瓷、木质、塑料、复合材料等硬质地毯的占比不到 30%；而目前中国地毯只占中国铺地物市场总量的 10%，2015年，仅美国本土的地毯消费额就达 80 亿美元。

目前，中国已有 1 亿以上人口进入了中产阶级，到 2030 年将有 70% 的中国人成为中产阶级消费群体，这部分人口要达到 8 亿。目前欧、美、日国家人均年消费地毯 2.6 平方米，中国按人均年消费地毯 1 平方米计算，8 亿中产阶级人口，将有 8 亿平方米地毯的消费潜力，威尔顿织机的年生产能力为 8 万平方米，便是

1000 台套的设备能力（藏羊目前是 22 台套），中国目前是 240 台套。藏毯产业是人无我有、人有我优的特色产业，从世界经济发展的一般规律看，特色产业比其他产业更具顽强的生命力，只要我们审时度势，未雨绸缪，加快结构调整和转型升级发展步伐，就一定能够化危为机，实现新的跨越式发展。

当前，全球经济仍未走出金融危机的谷底，经济形势依然复杂多变。从藏羊集团近 20 年的发展实践来看，金融危机既有"危"，也蕴含着发展新"机"遇，每一次的金融危机既是企业发展的低谷期、生存期，也是企业走向新的发展的调整期。根据美国摩根士丹利国际金融服务公司研判，中国走出经济谷底期后将进入 10 年的黄金消费期，地毯市场需求的井喷时代即将到来，巨大的市场潜力是我们成功应对金融危机的根本保证。

（三）藏羊地毯集团公司当前的工作和今后的打算

（1）手工藏毯产业向文化产品方向开发转型，满足高端消费群体需求；机织藏毯开发出的物美价廉，满足大众需求的仿羊绒新产品，受到国内外用户的欢迎，对未来的经济回暖，打下了适销对路的产品基础。

（2）通过"请进来，走出去"的方式，继续加大技术改造的投入力度，实现机器织毯 + 后道工序的智能化、信息化。

（3）在巩固好、完善好现有国内外传统销售渠道的同时，2015 年开始投资700 万元，与北京百胜软件公司合作，建立了藏毯销售、生产管理的物联网平台以及 O2O 销售模式，为下一步实现直营、直销新生态打下了基础，目前已在青海、新疆、宁夏等地的行政自然村建立了 3500 个线下体验店；2017 年年内，在西北五省区、实现 1.5 万个线下体验店建设，同时已在哈萨克斯坦、俄罗斯、土耳其、白俄罗斯等五国推动 O2O 销售模式的线下体验店建设。

（4）积极争取企业上市融资。整合省内外藏毯产业的优势资源，抓住国家对西部地区的政策倾斜和即报即审、即审即批的"绿色通道"实现上市融资，从根本上突破发展瓶颈，解决融资难，融资贵的问题。

（5）开展对外投资合作。积极筹划在中亚、西亚、南亚等地区条件成熟的国家开展投资合作，建设境外销售网点。

（四）针对青海藏毯产业发展的建议

在目前经济下行处于拐点的谷底时期，从政策上针对藏毯产业相关企业出台相应的扶持政策势在必行。

（1）建议发挥青海藏毯产业发展基金的作用，在政策上给予藏毯产业相关企业贴息扶持，放宽贷款贴息的范围。藏毯产业从原毛收购到成品销售的链条和周期都太长，需占用大量流动资金，而且目前固贷贴息仅对在银行的贷款进行贴息，其他途径的融资不能进行贴息。

（2）针对目前各企业的资金困境，建议政府成立转贷公司，帮助企业在银行倒贷阶段提供支持，解决企业常年占用大量流动资金，向银行办理倒贷，而造成企业流动资金紧张的问题。在目前经济形势处于拐点的谷底时期，面对企业资金紧张的困境，像精准扶贫一样，出实招，确保企业能健康发展渡过难关。

（3）面对未来，整合产业资源作出适应新形势和未来藏毯产业发展的顶层设计，发挥出藏毯产业领导小组办公室的职能；根据新形势下凸显出的藏毯产业的新矛盾、新问题，整合现有的体制、机制，形成合力，统一协调，捋出问题关键，重点突破，为未来的发展打下体制基础。

（4）抓住企业上市融资，国家政策向西部倾斜的机遇，在政府的支持下进行藏毯产业整合，扶持企业上市，破解产业发展瓶颈。

（5）抓住比利时、土耳其、美国地毯企业看准中国巨大地毯市场潜力，将产业向中国转移和投资的时机（美国地毯企业已在南通、张家口、承德等地开始投资建厂），大力优化招商引资条件，将国内外地毯企业引向青海，提升藏毯的产业集群效应，真正打造"世界藏毯之都"。

五、藏毯绒纺产业发展及地毯
销售展示中心工作情况*

根据安排，现将西宁经济技术开发区南川工业园区藏毯绒纺产业发展及地毯销售展示中心工作开展情况汇报如下，不妥之处，请批评指正。

（一）藏毯绒纺产业发展情况

西宁经济技术开发区南川工业园区作为西部地区重要的毛纺产业集群试点地区，被商务部、农业部、质检总局先后认定为国家级外贸转型升级示范基地、国家级农牧业产业化示范基地、全国知名品牌示范区、全国出口质量示范区和中国WTO/TBT－SPS国家通报咨询中心藏毯技术性贸易措施研究评议基地。园区依托资源优势和浓郁的地域文化特色，围绕"中国藏毯之都"建设，打造世界羊毛地毯织造中心，建设以地毯生产为龙头的特色毛纺织产业集群，克服了园区成立以来受金融危机影响和经济下行压力不断加大所带来的重重困难，通过采取厂房代建、设备租赁、投资入股等多种形式，累计投入资金 11.17 亿元，吸引了多家企业入驻园区，使我省的藏毯毛纺产业实现了跨越式发展。但随着国家纺织产业政策的调控和金融行业支持力度的下降及近年来我省对该产业支持力度的不足，其发展也面临着巨大的挑战。

1. 产业发展情况

20 世纪七八十年代，青海作为我国三大毛纺生产基地之一，曾在行业中占有十分重要的地位，有青海一毛、二毛、精纺厂（三毛）、四毛、工业用呢厂、

＊　作者：西宁经济技术开发区南川工业园区管委会。

绒线厂和长毛绒厂等一批以毛纺织为主的国有企业，涌现出了"白唇鹿""双虎""双碟"和"红狐"等一批著名品牌，实现就业2万余人。但随着市场经济的发展，到90年代中期，青海省的毛纺企业受企业改制政策和产品单一、销售困难等诸多因素的影响，陆续破产、清算和重组。纺织业也由此退出了全省重点工业行业的行列。

2000年年初，青海省委省政府首次提出将藏毯作为一个重点产业给予扶持，在2003年成立了青海藏毯产业工作领导小组（商务厅设立领导小组办公室），提出"以藏毯产品为核心，藏毯产业为主导，培育国际性集团化藏毯企业，整合资源要素，扩展产业链，带动相关产业协同发展"的产业发展思路。2004年举办了首届"藏毯会"，手工地毯得到了蓬勃发展。2008年开发区南川工业园区的成立，标志着我省的藏毯产业真正步入跨越发展时代。

开发区南川工业园区成立至今，吸引和培育了藏羊集团、圣源集团、大自然地毯纱、喜马拉雅地毯、雪舟三绒、柴达木羊绒等地毯、绒纺和产业配套企业18家，地毯织机规模达150台（套），产业链条配套完整；产品涉及手工、威尔顿、阿克明斯特、簇绒、枪刺、印花等多种类型；地毯产能达到3500万平方米和洗毛4万吨，较成立之初2007年的地毯20万平方米和洗毛3000吨，分别增长了149倍和12倍；地毯纱3.9万吨，较2007年增长了26倍，化纤纱线填补了我省空白，配套染色1.3万吨；2010年出口创汇突破1亿美元大关。2017年园区藏毯绒纺产业预计实现工业产值90亿元，增长14.5%；前9个月完成进出口总额6721万美元，同比下降31.6%，其中出口完成6558万美元，同比下降31.32%；建设的"青海地毯原辅材料交易中心"全年实现交易额约3.5亿元；产业实现直接就业6500人，间接带动牧区农户50万人增收。

2. 存在的问题

青海省委省政府采取了诸多有力措施促进我省藏毯产业的发展。尤其是2003年，省政府把藏毯业列入青海重点发展产业，确定了藏毯业的发展目标；2004年出台了《促进青海省藏毯产业发展若干政策措施的意见》；2005年将藏毯产业作为优势、特色、朝阳产业之一，纳入青海省"十一五"发展规划，进行重点扶持。在2006年、2007年两年，省政府设立了藏毯产业发展专项基金，每年安排2000万元专项，用于龙头、骨干企业扩大建设生产基础和引进先进生产线的贷款贴息扶持。扶持资金的设立，对青海省藏毯产业的快速发展发挥了重要作用。

目前，受经济下行压力的持续，国家和青海省在纺织产业扶持政策力度上的减弱、银行信贷政策的调整，资金不足导致的原材料收储困难等诸多因素的影响，藏毯产业作为我省现存不多的特色产业，在发展过程中遇到了前所未有的困难。具体表现在：一是受国家信贷政策影响，银行对毛纺企业的抽贷资金严重，企业资金压力十分巨大。2016 年，园区毛纺企业银行的贷款余额为 12.67 亿元（含中长期固定资产贷款），当年还款 6.01 亿元，其中到期的 1.76 亿元流动资金贷款，各家银行均未放款；2017 年，园区毛纺企业资金需求为 13.7 亿元，原有的企业信用贷款、存货抵押等方式各家银行不再认可，且地毯织机作为专有设备，抵押率也仅有 20%；资金不足成为了企业发展上面临的最大问题。二是由于羊毛原材料价格幅度波动较大、劳动力成本呈全面上涨态势，毛纺企业的平均销售利润率已降至不足 4%，如外部环境压力进一步加大，企业求生存，谋发展将更趋困难。三是青海特色轻工产业的发展，是以积极的产业政策为前提，依托资源优势发展起来的。尤其是特色轻工中的毛纺企业，每年原材料收购基本集中在 6~8 月，为储备材料，需要大量资金进行收储，收储的资金不足，已经严重影响到了企业的正常生产及扩大规模。四是青海省产业支持力度的减弱从一定程度上也影响了企业的发展。园区的藏毯绒纺产业，在省委省政府的高度重视和关心，各级政府部门支持和开发区管委会的大力努力下，在较短的时间内取得了巨大的成绩。目前，该产业正处于发展的周期性谷底期，行业投入成本高，市场竞争激烈、存货资金占压较大，大量的流动资金则成为支撑企业发展的根本。而我省在省级层面对产业的专项资金扶持政策目前可以说基本没有。

3. 建议意见

针对制约藏毯毛纺产业发展的困难和问题，仅靠目前园区管委会进行扶持，无法从根本上解决。建议：一是强化藏毯产业发展领导小组的职能，真正发挥领导小组办公室的作用，进一步协调成员单位，梳理和调整促进藏毯产业发展的相关政策，加大对藏毯和绒纺产业在资金配套、金融服务、人才培养、技术创新等方面的支持力度。二是对部门资金进行有效整合，改变少而散，撒"胡椒面"的扶持方式，充分发挥资金的扶持作用；参照 2005 年和 2006 年两年设立藏毯产业发展专项基金的政策，在"十三五"期间，每年统筹切块 3 亿元，对龙头、骨干企业在设备引进、原材料收储、产品销售等方面给予支持。三是建立必要的储备制度，建议财政部门在每年的财政预算中安排一定的收储资金，在毛、绒收购季节，低息或无偿用于我省主要毛纺企业的原材料收购。预防企业因流动资金困难，导致毛、绒原材料外流，出现企业生产资料短缺等问题。

（二）地毯销售展示中心工作开展情况

开发区南川工业园区管委会为进一步落实省委省政府关于推进藏毯展业发展的工作部署，加快推进"全国高原藏毯产业知名品牌创建示范区"和"国家级出口工业产品质量安全示范区"产业集群的转型升级，培育打造"永不闭幕的藏毯展会"，决定在园区实施"中国藏毯之都—国际地毯展示销售中心"项目。

1. 项目基本情况

国际地毯销售展示中心利用园区国际地毯织造基地 1 号楼 1~6 层 8900 平方米，2 号楼 1~2 层 2900 平方米，共计约 1.18 万平方米，初步概算投资约 3000 万元。其中 1 号楼 1~3 层为国内地毯销售展示中心，4 层为大学生创业孵化基地和研发中心，5 层为藏毯产业检测检验中心和实验室，6 层为中国藏毯协会和项目公司办公区；2 号楼 1~2 层为国际地毯和绒纺产品销售展示中心。

（1）地毯销售展示中心。总面积约 7000 平方米，通过相对专业和超前的设计理念，吸引国内外知名地毯生产营销企业入驻。其中国内地毯展区（1 号楼 1~3 层）主要展示国内、省内特别是园区地毯企业手工、手工枪刺、威尔顿、阿克明斯特、簇绒、印花等各类高端地毯及配套纱线及国内藏毯、地毯文化的起源、发展等内容，配套建设洽谈和交易区。国际地毯及绒纺产品展区（2 号楼 1~2 层）主要吸引园区绒纺企业和伊朗、巴基斯坦、印度、尼泊尔、阿富汗、土耳其、土库曼斯坦、吉尔吉斯斯坦、乌兹别克斯坦等国家和地区企业进行精品绒纺产品，手工、机织地毯展示，同时对世界地毯发展历程、"一带一路"、丝绸之路和波斯地毯文化进行介绍。中心利用"互联网＋产业"的新发展理念，实现传统营销模式与电子商务、现代物流的深度融合。通过中心建设，实现藏毯展会在园区的永不闭幕。

（2）大学生创业孵化基地和研发中心。面积约 1600 平方米，通过设立创业孵化基地，吸引省内外高校、职业技术院校的美术、设计、工艺等专业毕业生在园区自主创业。其成果为以市场化方式向园区企业提供服务。通过设立大学生创业基地，为毕业生提供见习场所，组织开展专业营销、电子商务等技能培训，为园区企业进行人才储备。同时，聘请行业领域专家和专业设计、专业技术人才，建立地毯产品公共研发中心，提供企业的新产品研发服务。

（3）检测检验中心和实验室。整合园区直属的青海国信实业有限公司及中国藏毯协会现有的检验检测设备、人员，成立面向为全省毛纺企业服务的专业检测平台。中心实验室通过申请国家"CMA"认证，为省内及国内地毯生产及销售企业、国内外采购商、消费者提供具有专业资质的检测分析。

（4）产业联盟（协会）。园区管委会、中国藏毯协会和园区企业联合发起成立"地毯产业联盟"（或协会）。通过联盟的设立，在地毯和藏毯领域形成较大联盟合力和影响力，为成员企业提供客户、市场等信息，在最大范围内实现资源共享和调配，实现企业间优势互补，为产业的快速发展进行空间扩展。

2. 项目公司

园区管委会直属国有青海兴川开发建设有限公司以现有房屋进行项目建设，待项目完工后，将全部资产投入成立"青海藏毯产业发展有限公司"（拟定名）。由其负责地毯销售展示中心、大学生创业孵化基地和研发中心、检测检验中心和实验室的日常工作和运维。

3. 工作进度和计划

为加快推进中心建设，园区管委会、省商务厅、中国藏毯协会、青海兴川开发建设有限公司和江苏雅智传媒投资有限公司目前已经联合成立工作组，全力推进项目建设。目前，已经完成中心外立面初步设计，正在进行内部设计和外立面设计优化，整个设计工作预计在 12 月底前完成初稿，1 月底完成全部方案设计；2 月 15 日前完成方案确定、项目招标等各项前期工作，同时由中国藏毯协会对接国内外企业展陈物品；3 月初施工单位进场施工，5 月初完成中心建设和装修工程；5 月 20 日进场布展，5 月底完成各项布展工作。

西宁经济技术开发区南川工业园区管委会根据省委省政府工作部署以及王国生书记提出的"将藏毯会打造成为'一带一路'上的响亮品牌"和王建军省长

提出的"打造永不闭幕的藏毯会"的工作要求，通过利用发挥中国藏毯协会的作用和在地毯织造中心建设国际地毯销售展示中心、研发中心和检测中心，使服务功能得到进一步的完善。我们坚信，通过努力，一定可以将"中国藏毯之都"打造成为丝绸之路上的响亮品牌，将南川工业园区建设成为我国重要的特色毛纺产业集群，为全省人民实现小康社会做出贡献。

六、青海省主要藏毯企业发展情况的调查报告[*]

（一）历史概述

1. 家庭作坊时期

史载，公元前3500年，甘、青、藏地区有许多羌人部落活动，他们以游牧和手工业为主，已有毛纺织品和编织的毛布（褐），薄者做衣衫蔽体，厚者做席被御寒。1960年在青海省都兰县古墓遗址中出土了一块"8"字扣花纹毛毯残片，据考证、鉴别，距今已有3000多年的历史，这是迄今为止查找到的关于藏毯的最早最直接的实物标本证据。

东汉时，青海湖地区已流传栽绒藏毯的编织工艺，藏毯编织盛行一时。

7世纪初，吐蕃赞普王松赞干布统一青藏高原羌人部落，定都逻些（即今拉萨），建立吐蕃王朝。唐蕃联姻，使得藏域毛织种类增多，毛褐、藏被、睡垫、马垫具等经唐蕃古道向西延伸，商贸交流与波斯等国的毛织物相结合渐成当今藏毯。

明末清初，杨氏祖先随军从南京到西宁郡，留居大南川加牙村，传授纺织技艺并在湟中县加牙滩以手工编织栽绒地毯，毯面简朴，古色古香。该村的藏毯编织业由一个小作坊逐步发展成为家家户户都能纺织的藏毯编织村。

---

*　本报告作者是李毅，主要核心内容参见《青海藏毯志》。

2. 现代企业时期

（1）中华人民共和国成立前（1926～1949 年）。民国十五年（1926 年），贵德成立平民工厂（实为工场）专门从事手工编织业生产，固定资产 3000 元（银元）。①

民国十八年（1929 年），青海省政府成立青海省工业学校，内设栽绒工厂，生产栽绒制品。

民国十八年（1929 年）省政府设立地毯厂，从上海购置毛纺机器，聘请技师，编织马褥子、椅垫等产品，尚没有专业的地毯生产。②

民国十九年（1930 年）成立民生工厂，配备 20 余架脚踏纺车用于纺纱线、织毯和平织毛氆氇及制作栽绒产品。受诸多客观因素影响，不到一年就倒闭了。③

20 世纪 40 年代初期，西宁殷家庄办起两家地毯厂：一为福兴地毯厂，一为大通地毯厂，各雇用工人 20 余名，织造民用马褥子和炕毯。

民国三十七年（1948 年），由义源工厂栽毛科扩充而成立的地毯厂，有栽毯架子（机梁）20 余副，工人 180 余人。④

民国三十八年（1949 年），唯有湟中县加牙滩生产手工栽绒织毯，最高年份可销 6000 条以上，产品除塔尔寺购买外，还被销往甘肃、宁夏、西藏、四川等地。

（2）中华人民共和国成立后（1949～1979 年）。1949 年 9 月西宁解放后，原国民政府所辖的洗毛厂，于 1950 年初更名为"青海人民洗毛厂"，将原洗毛厂的裁毛科（地毯车间）一并划归，更名为地毯车间，后定名为西宁地毯厂。

1956 年，青海人民洗毛厂与绒毛厂合并，改为"青海人民毛纺厂"地毯车间，增加生产设施，扩大地毯生产，年产量约 600 平方米。

1956 年，西宁地毯艺人组织成立毛纺织工业生产合作社。1957 年生产地毯 1400 平方米。1958 年转为国营西宁绒毛制品厂，以生产毛毡为主。该厂于 1979 年改建为青海地毯二厂，系集体经济，属市手工业联社管理，生产手工地毯和粗纺地毯纱。

1958 年建成青海省地毯一厂，主要工业产品有羊毛手工地毯、粗纺毛纱。年生产地毯 2.5 万平方米、毛纱 250 吨，属小型企业，生产经营所用固定资产原

①②③④　翟松天. 青海经济史（近代卷）［M］. 西宁：青海人民出版社，1998：118－125.

价 650 万元。① 系集体经济，归市手工联社管理。

1958~1979 年，西宁及周边县和海北州共有地毯生产工厂 17 家。21 年间累计向青海外贸供纯毛地毯 8.1 万平方米，按国家计划调拨至口岸天津公司。

表 1   20 世纪 50~80 年代青海省主要地毯企业

序号	企业名	成立时间	员工人数	企业性质	主要产品
1	青海省地毯二厂	1955 年	560 人	集体企业	手工地毯、机织地毯（纯毛）、毛纱
2	青海省地毯一厂	1958 年	443 人	国有企业	毛纱、羊毛手工地毯
3	湟中县民族地毯厂	1972 年	100 人	集体企业	手工藏毯
4	同仁县民族地毯厂	1972 年	62 人	集体企业	手工地毯
5	贵德县地毯工业公司	1972 年	408 人	集体企业	手工藏毯
6	贵德地毯厂	1972 年	250 人	集团企业	手工地毯
7	同德县民族地毯厂	1972 年	19 人	集团企业	手工地毯
8	平安县地毯工业公司	1972 年	525 人	集团企业	手工藏毯
9	海北藏族自治州地毯厂	1974 年	238 人	集团企业	手工藏毯
10	乐都县民族地毯厂	1974 年	63 人	集团企业	手工地毯
11	湟源县城关镇地毯厂	1977 年	77 人	集团企业	手工地毯
12	化隆县巴燕镇民族地毯厂	1978 年	51 人	集团企业	手工地毯
13	化隆县地方民族地毯厂	1978 年	48 人	国有企业	手工地毯

资料来源：中国地毯网及中国藏毯协会 2010~2011 年调研报告。

3. 改革开放后（1980~2010 年）

20 世纪 80 年代中期，青海省政府将经济建设重心倾斜至畜牧业，提出"畜牧业大合唱"的口号，主要依靠发展原辅材料深加工、提高历年仅靠销售原料的附加值，加之国家出口政策的调整，刺激了地方扩大出口，在地毯持续稳定出口的带动下，乐都、民和、互助、湟中、贵德、同仁等县乡（镇）相继采用建立地毯厂和启动停产工厂，扩建相关工厂（如毛纺）等方式，加快了地毯生产。在此背景下，这一时期的地毯产业快速发展，海东、海西、海北、海南、黄南等

---

① 青海省地方志编纂委员会. 青海省志·对外经济贸易志 [M]. 合肥：黄山书社，2005：66.

州和地区都有批量地毯生产，这些地毯加工厂均是集体企业或个体手工业。

1985 年湟中县上新庄公社上新庄村党委书记赵延年根据当地环境和村民条件，组建村办企业，成立了青海省湟中县上新庄藏毯厂。

1986 年，青海省政府决定改革全省地毯管理体制，成立青海省地毯公司，由省对外经济贸易厅代管。1993 年 2 月经批准获得了进出口经营权，下属两家地毯生产企业（青海省地毯一厂和青海省地毯二厂），是青海省首批实业化经营的外贸企业。①

1991 年，青海省海源地毯有限公司成立，为原青海省地毯二厂与香港海湖公司的合资企业，省地毯二厂为控股企业。该公司系香港大陆合资企业，主要工业产品为机织提花地毯，属小型企业。

1996 年，青海藏羊地毯（集团）有限公司成立。现成为青海省藏毯企业的龙头企业，是一家集产、供、销、研、教为一体的综合性藏毯生产经营企业。目前，藏羊集团共拥有全资和控股公司 8 家，为藏毯行业的国家级龙头企业。主导产品为各类手工藏毯和羊毛机织地毯。

1997 年，青海雪舟三绒集团成立。该集团公司的前身为循化绒毛综合加工厂，始建于 1989 年，1997 年组建为集团公司。是国内最大的牛绒分梳、牛绒服装设计、研发、生产基地，青海省重要的藏毯原辅料生产企业之一。

2003 年，青海美亚生态发展有限公司成立，该公司是一家生产手工藏毯，并拥有外贸流通进出口经营权的外商投资企业。

2007 年，青海源荣地毯公司成立，主要从事手工地毯生产和销售。

2007 年，青海圣源地毯集团有限公司成立，其前身为青海圣源地毯有限公司，是股份制、工贸结合型的进出口企业，注册资金 1000 万元。主营地毯、地毯原辅材料的生产及销售，主导产品为阿克明斯特机织系列和手工藏毯。其产品主要销往日本、欧盟、北美地区和国内省会城市及直辖市。

（二）骨干企业

截至 2012 年底，青海藏毯企业中最典型的有 8 家企业。

---

① 青海省地方志编纂委员会. 青海省志·对外经济贸易志 [M]. 合肥：黄山书社，2005：16－17.

1. 省地毯一厂

20 世纪 40 年代初期，青海省政府着手筹办海阳化学厂。设有 6 个分厂，洗毛厂是重要分厂之一，它的兴办对于减少青海羊毛原毛的外运数量和增加输出洗净羊毛及收入都有显著作用。因此省府主席马步芳对该厂的建设甚为重视，计划投资 200 万硬币，于民国二十九年春开始筹建，并与甘肃机械厂签订了购买洗毛机整套设备的合同，购置洗毛机、脱水机、打土机、打包机、蒸汽机、柴油机（发电用）、锅铲等机器，购置费及安装费共计 120 万法币。1943 年秋，机器从兰州运至西宁，由于当时选定在小桥修建的厂房尚未完全建成，运来的全部机件整装存放在海阳化学厂总长内（今西宁市东关）①。1944 年开始安装，后因抗日战争影响暂时停工，抗战胜利后开始生产，每小时可洗羊毛 120 公斤。1947 年义源工厂栽毛科并入洗毛厂，有工人 180 余人，主要设备有木制机梁架 22 副、染线锅 1 口、栽绒工具 25 套，月均人栽毯 80 平方寸②。

1949 年 9 月 7 日西宁市军事管制委员会接管原民国政府所辖的洗毛厂，1950 年更名为"青海人民洗毛厂"，并将原洗毛厂所属的栽毛科（手工地毯）一并划归，更名为地毯车间③。洗毛厂的西宁大白毛主要供给天津地毯厂。

1950 年，青海省人民政府决定从上海国棉 17 厂购进一套二手洗毛机（日本三菱株式会社制造，亚洲仅有二台，在上海和日本），整机长 80 余米，运输、安装历时数月，于 1951 年 10 月安装调试完毕，经试车运行正常。1952 年 2 月青海毛纺业首台自动化设备进行试生产，每小时可洗原毛 100 公斤。洗毛设备改进后，青海人民洗毛厂于 1956 年与绒毛厂合并，改为"青海羢毛加工厂"，扩大增加生产设施投资，购置粗纺机、染色机、平毯机等机械设备，扩大西宁毛地毯的生产，年产量约 600 平方米，地毯车间实行独立核算④。

1958 年，天津地毯厂需要增加西宁大白毛（洗净毛）的供应量，提出合作生产手工地毯（出口订单产品）的意向，并提供代培织毯工艺学习。当年 5 月选派 12 名青年工人赴天津虹桥地毯厂学习 90 道机拉洗手工羊毛地毯工艺。同期，天津派 4 名技师到西宁，驻厂在地毯车间现场指导出口订货地毯的生产。当年出

① 翟松天. 青海经济史（近代卷）［M］. 西宁：青海人民出版社，1998：120 – 122.
② 当时的工厂应该称为工场，所以地毯厂应称为地毯场。
③ 张维珊. 青海工业史话. 青新出（2001）准字第 58 号（内部刊物），2001：4.
④ 《西宁晚报》记者王雪丽、尚继宁采访袁希英老人访谈录。

口地毯的产量约 800 平方米。

1958 年 12 月地毯车间与毛纺厂分设，更名为青海省地毯厂。1959 年生产 1000 平方米，1960 年生产 1500 平方米，1962 年生产 3000 平方米。20 世纪 60 年代出口手工地毯的质量不断提高，产量逐年增多，由天津口岸公司主要出口到苏联、德国等，以"风船"牌商标在国际市场中名声渐起。国内订货日渐增多，为庆祝新中国成立 20 周年，特为人民大会堂织做了大型挂毯"万里长城"。

1969 年 3 月，为庆祝中共"九大"召开，原青海省革命委员会决定编织《毛主席去安源》大型挂毯，向"九大"献礼。当时厂里在地毯车间挑选优秀技师、高级图案设计师李含生、王承志和织毯技师陈美兰、马菊芳、鲁荣花、王兴连、蔡增春、李发成及织毯工约 20 人，在染色技师赵洪仁、田郁兰的密切配合下，染 300 多种色纱，历时 3 个多月，耗用近两万多个工时加班完成高 3.1 米、宽 2.3 米的羊毛挂毯，属当期全国唯一的高级工艺品。受"文化大革命"影响献礼未果，该艺术品现存于民间。

20 世纪 70 年代，工厂生产的产品均以"风船"牌商标出口，青海没有自主商标，出口产品有传统的美术式、京式、素古式，具有浓厚的地方特色和民族风格，畅销美、英、法、德、日等国家，名扬海外。1979 年 12 月，地毯车间从青海羢毛加工厂中被划出，1980 年在其后院占地 12.5 亩，建成自主独立生产经营的国有企业——青海地毯一厂，开始规模化生产，各类产品用自主商标"青海湖"对国内外销售。同年，省政府特批成立了青海省工艺美术公司，对全省地毯生产实行专业管理①。20 世纪 80 年代初，以加工地毯前纺和手工编织地毯半成品为主。1983 年，开始生产地毯产品。到 1985 年，该厂有职工 400 人，成为拥有纺纱、绘图、织毯、染织和后整理工序的全能生产厂，主导产品为 90 道机拉洗羊毛手工地毯，还生产部分 120 道高级手工编制地毯，年生产能力为 2 万多平方米，在省内外有半成品加工车间 32 个，织毯人员 3000 人②，主要分布在大通县、湟源县、贵德县、乐都县、平安县、海北州、海南州、海西州、黄南州同仁、贵南县军马场、221 厂服务公司及甘肃的皋兰县、定西等地。

1986 年青海省畜产品进出口公司内设立省地毯进出口公司，除给省内工厂安排出口订单产品外，还开始收购各工厂所生产的现货地毯，藏毯出口量逐年增

---

① 张维珊. 青海工业史话. 青新出（2001）准字第 58 号（内部刊物），2001：4.

② 青海省地方志编纂委员会. 青海省志·轻纺工业志 [M]. 西安：西安出版社，2000：185.

加。1988 年产量为 2.7 万平方米，产值 650 万元。1989 年为不断提高出口产品质量和完善生产流程工艺管理，推行全面质量管理体系，地毯生产由传统管理向科学有序管理体系方向发展。1990 年省地毯一厂被评为全省质量管理先进企业。

1991～1993 年每年供天津口岸公司出口订货地毯 3 万平方米，现货内销地毯约 6000 平方米。

1993 年下半年后，受国有企业体制约束，省地毯进出口公司的国外订单和国内现货收购量减少。至 1998 年，省地毯一厂申请破产。2000 年 10 月，省破产企业领导小组办公室宣布省地毯一厂破产。2001 年由民营企业青海省地毯（集团）公司收购，在原厂设立青海省高原藏羊地毯有限公司。

2. 省地毯二厂

1953 年，青海地毯二厂成立，起初由毛口袋厂、毛毡厂、捻纱厂等作坊小工厂合并建立，并逐渐向公有制过渡成小集体毛纺合作社。1958 年前成立毛织合作社绒毛制品厂。

1966 年 6 月 3 日，搬至曹家寨（今西宁市城东区八一中路 56 号），改为西宁绒毛制品厂（集体所有制），主要生产毛绒、毛口袋、毛毡、毛毯等。

1967 年，将西宁市南城角的后营街地毯合作社并入后开始生产加牙工艺（没有洗毯、平毯、精修等后道加工）西宁毛地毯，有十余名织毯技工，地毯图案有暗八仙、四艺、四君子、八吉祥等，品种有鞍垫、马褡子、坑毯、地毯等，产品主要是自产自销。

1974 年 6 月派 20 余名工人到天津地毯二厂学习 90 道机拉洗手工地毯工艺和后道加工工艺。1975 年 5 月回厂，由天津技工指导开始为天津公司织做订单产品的半成品（毛坯）发运天津，经后道加工后，以"风船牌"商标出口。

1976 年下半年，开始自主生产 90 道机拉洗手工地毯，工厂后道加工有 2 台风扇式平毛机、一台洗毯机，产品由天津技工验收后运往天津口岸。随着产品需求量的逐年增加，当年开始在省内建立半成品加工点（车间）。至 1977 年年底，互助（县地毯厂、林川乡、五十乡）、化隆（巴颜）、乐都、民和和西宁市内共建 32 个加工点。至 20 世纪 90 年代省内大通桦林乡、同德、刚察等地和甘肃平凉草风乡、陇西文峰镇、碧岩乡等地共建 46 个加工点。年产量由 1977 年的

13935 平方米①（合 15 万平方英尺）发展到 1995 年的 29728 平方米（合 32 万平方英尺）。1996 年起，出口订单大幅减少，产量持续下降，至 2000 年，仅剩 6 个加工点（省内互助、乐都各 2 个、省外陇西、平凉各 1 个）。

1993 年，省地毯二厂与香港海湖公司合资（由海湖公司出资引进威尔顿织毯机生产线 2 条）成立海源工贸地毯有限公司。1994 年开始生产机织羊毛地毯。辅助设施整径机由青海省纺织机械厂生产。经试车后生产数月，所产成品由电脑设计纹样，在西北地区较新颖，因此当时供不应求，西藏客户长年驻厂待货发运。至 2005 年，受体制、货款拖欠，环评不达标等诸多因素影响，生产线开工率不足 40%，经常是停车待产。至 2006 年，贷款约 840 万元不能按期归还，资金链断裂，于 2007 年整股权转让，企业注销。2007 年 4 月开始走破产程序，股权由卖方收购。

2002~2003 年，海源工贸地毯有限公司接中央警备局订单，给北京中南海织做超大型地毯（9 米×18.8 米）一块，为国内最大的手工地毯。同时给江泽民总书记等领导办公室、会议室织做了精美块毯。给玉泉山庄铺装 90 道机拉洗地毯 474.6 平方米。

3. 海湖藏毯公司

海湖藏毯公司位于青海省西宁市湟中县上新庄镇上新庄村。1980 年，由村支部书记赵延年发起成立。公司的发展经历了以下几个阶段：

第一阶段：固本还原（1984~1990 年）

1984 年 5 月，上新庄供销合作社在给省畜产品进出口公司交羊毛、皮张等畜产品时，获悉省畜产品出口公司去欧洲考察市场，发现尼泊尔生产的手工藏毯销售很旺，据悉此毯工艺为中国藏胞于 20 世纪 50 年代赴尼后传授的技艺。时任湟中县上新庄村支部书记的赵延年得知这一信息后，整合本地资源，着手组建村办企业，搞藏毯加工，成立青海省湟中县上新庄藏毯厂（后改名为青海省湟中县上新庄藏毯工业公司），提出"因陋就简、易处起步、逐步积累、滚动发展"的办厂方针。利用本村肠衣加工厂积累的 20 万元，购买了乡供销社的旧仓库作为厂房，买来原西宁红光地毯厂、尕庄地毯厂下马后的闲置地毯机梁 18 副（架），办起了省内首家生产出口产品的藏毯加工厂，企业注册名称为"湟中县上新庄地毯

---

① 1 平方英尺 = 0.0929 平方米。

厂"。开办之初就成立技术研发组，请来临夏染色绒（毛纱）的师傅；1985 年 1 月将省地毯公司考察西欧市场时带来的一块藏毯作为样品进行工艺解剖，掌握了第一手的藏毯编织工艺技术资料①。同时派研发组人员赴沈阳、保定等地毯厂学习图案设计、配色、描图、放大稿、晒蓝图，到甘肃临夏学习植物染色技术。其间得到青海省地毯一厂、二厂的协作和支持，试织生产出具有现代化风格的第一代机纺纱和手纺纱 35 道（随后开发出 45 道、70 道等）低档藏毯②。首批产品投放市场后，竟被外商抢购一空，第一代藏毯产品成为供不应求的畅销货。于是开始扩大规模生产低档出口藏毯，为增加产能在人民银行和农业银行的大力支持下，陆续增加贷款投入扩建厂房，添置机器设备，产品质量逐年提高，产量逐年上升。

1986 年又开发试制生产清水洗毯、植物染色，完全手工纺纱的第二代藏毯产品，当年生产了 2787 平方米（合 3 万平方英尺），实现销售收入 46.5 万元。1986 年省地毯公司又一次把考察西欧地毯市场的信息传给该厂，在认真研究、深刻总结的基础上对原来的工艺、技术进行了大胆改革，实现了稳步发展。

1987 年出资 7 万元买下县粮食局在本村的粮食备用仓库，改造为织毯车间，增加了产能，同时又成功研制生产出第三代藏毯产品，同年在北京举办的第十三届地毯交易会上受到很多外商的好评，订货量很大，为发展奠定了良好的基础。截至 1988 年产值达到了 240 多万元，全村总收入达到了 128.86 万元，比 1980 年的 32 万元增加了 96.86 万元，人均收入从 1980 年的 152 元增加到 580 元。

1988 年织毯机梁达到了 90 副，其中本厂 60 副、加工点 30 副，从业人员达到了 707 人，当年完成藏毯 15793 平方米（合 17 万平方英尺），其中交给省地毯公司 13006 平方米（合 14 万平方英尺），正品为 96.8%，实现产值 248.90 万元，产量产值均比上年翻了一番。

1990 年，中华人民共和国对外经济贸易部和国家农业部给湟中上新庄地毯厂授予"1990 年度出口创汇成绩显著单位"并颁发荣誉证书（编号：517）。当年生产藏毯 20438 平方米（合 22 万平方英尺），正品率 97%，交外贸公司出口 15793 平方米（合 17 万平方英尺），内销 185.8 平方米（合 2000 平方英尺）。当年产值达 406 万元，比上年增加 146 万元，增长了 36%，实现利税 18 万元。

---

①② 资料来源于青海省上新庄藏毯工业公司技术员周孟祥工艺资料记录稿。

第二阶段：平稳发展（1991~2000 年）

1991 年，企业进行内部改制，组建了青海省上新庄工贸总公司，下设 6 个分厂（上新庄藏毯工业公司为 1 分厂），2200 余名职工（含邻近各村编织半成品的工人），年生产能力达 5 万平方米，最高年份达 10 万平方米。1993 年公司工业总产值达 1500 万元，实现利税达 75 万元，出口创汇 100 万美元，已发展成为青海省第一家出口创汇的藏毯工贸公司。上新庄被省内外誉为"藏毯工业村"，六个系列的藏毯产品，远销日本、美国、德国、西牙、中国香港等 17 个国家和地区。① 1995 年 12 月 13 日国家农业部《关于表彰新"八五"期间向全国乡镇企业科技进步先进单位和先进工作者决定》文件中，青海省上新庄藏地毯工业公司列为全省 8 个先进单位之一。②

第三阶段：快速发展（2001~2012 年）

2001 年改制注册为私营青海省海湖藏毯有限责任公司。该公司是一家依托本省特色资源优势（藏毯原产地优势、藏传佛教文化优势和民族特色文化优势、"西宁大白毛"优势和农村剩余劳动力资源优势）的集产、供、销、研、培为一体的综合性、外向型的生产经营企业。为国家民族宗教事务委员会审定的"十一五"和"十二五"期间的青海省少数民族特需商品定点生产企业、中国藏毯协会成员单位、湟中县"八瓣莲花"文化产业之一、西宁市农牧业产业化市级龙头企业，已通过 ISO 9001 质量管理体系、ISO 14001 环境管理体系认证。

2001 年企业改制注册资金 100 万元，总资产 3631 万元，其中固定资产 1750 万元，分厂固定资产 350 万元，流动资金 1460 万元；厂区面积 7 万平方米，其中建筑面积 4 万平方米。下设地毯总厂、后整理总厂、毛纺厂及半成品织毯车间，织毯车间建设已延伸到湟中县 4 个乡、4 个镇和西宁市区。已形成纺纱、染纱、织毯、图案设计、后道整理加工、新产品研发、销售等一体化的生产经营企业。主要生产"藏羊牌""艺源祥牌"商标手工藏毯、地毯四大类 20 余个系列产品，产品牦牛长毛、西宁大白毛长毛藏毯获得国家知识产权专利局外观设计型发明专利。

公司在国内有上海、北京、成都、常州、内蒙古、新疆、杭州、南京、合肥、深圳等代理商。在国际有美国 ODEGARD 公司的 Stephamie、伊萨、巴特、

---

① 冯友义. 走向世界的青海藏毯——湟中县上新庄藏毯工贸公司建立与发展调查报告 [J]. 青海金融，1994（7）.

② 农业部、农企发〔1995〕35 号文.

马丁等代理商，在日本有佐木北、富士、舒昌等代理商。

2006 年藏毯编织车间达到 63 个，从业人员达 4700 人，年藏毯产品生产规模能力达 11.15 万平方米（合 120 万平方英尺），2007 年开始受国际金融危机影响，美国、日本等国外货源订单连年下降，在藏地毯市场持续低迷、人力资源成本和原辅材料成本增长幅度较大的情况下保持了相对的稳定。到 2012 年底，从业人员 600 人，有管理及各类工程技术人员 20 余人，年生产能力 2.79 万～3.72 万平方米（合 30 万～40 万平方英尺）。从 2009 年以来到 2012 年底累计实现销售收入 3185 万元，发放劳务工资 1300 余万元；就业人员年保持在 400～500 人，相对稳定。

2011 年被国家文化部审定为："第一批国家级非物质文化遗产生产性保护示范基地"，2013 年 1 月被青海省文化和新闻出版厅审定为第一批青海省非物质文化遗产传承基地。

4. 青海藏羊集团公司

1994 年 4 月，经青海省人民政府批准成立"青海省地毯（集团）公司"，宗旨是为集团成员（公司）开展市场营销，开拓国际市场。因集团公司尚未取得外贸进出口经营权，其贸易（进出口）仍需由其他外贸公司代理。由青海省上新庄工贸总公司、平安地毯工业公司和乐都县地毯总厂联合组建本省首家乡镇企业集团公司，法定代表人为赵延年，公司固定资产 2241 万元、流动资金 800 万元、固定职工 3100 人、场地面积 46025 平方米、厂房面积 27800 平方米、具备原毛收购、原毛水洗、纺纱、半成品编织及后整理生产各种地毯 15 万平方米的能力。集团公司成员企业生产的藏毯主要供外贸公司出口，根据外商订单的质量要求和交货期向外贸公司供货，藏毯质量逐年提高，由初期的 35 道藏毯发展到 10 年后的 45 道、60 道、70 道、90 道及双面毯和挂毯等十几个品种，外销订单逐年增多。1994 年出口成品地毯 8 万平方米、创汇 300 万美元。1995 年出口成品地毯 11 万平方米、创汇 440 万美元。①

青海藏羊地毯集团有限公司由天津市藏原地毯有限公司、天津市藏羊地毯有限公司、青海藏羊地毯集团有限公司上海分公司、青海高原藏羊地毯有限公司、

---

① 青海省乡镇企业管理局青乡（1996）046 号《关于给青海省地毯（集团）公司外贸自主经营权的报告》。

青海多巴藏羊地毯有限公司、西藏藏之梦地毯有限公司、青海藏羊机织地毯有限公司、青海海湖藏毯有限公司、宁夏中卫藏羊地毯有限公司、甘肃雪羚毛纺有限公司、青海国际地毯展览中心、日本青海藏羊地毯株式会社、欧洲藏羊地毯有限公司联合组建。青海藏羊集团是逐步发展壮大的，主要是通过兼并、收购和合作等方式组建集团公司的的。主要经历了以下发展阶段：

（1）青海藏羊地毯（集团）有限公司成立。1996年，青海藏羊地毯（集团）有限公司成立。同年5月30日，由青海省乡镇企业管理局发文：青乡（1996）046号《关于给青海省地毯（集团）公司外贸自主经营权的报告》，送青海省对外贸易经济合作厅，并同时抄报赵乐际省长。7月9日赵省长批示刘（纯友）、孟（庆庭）厅长：地毯（集团）公司外贸自主经营权的条件已经具备，且给予自营权有利于这个集团公司的发展，有利于增加出口创汇，也有利于青海整个地毯业的发展，我意拟同意给予自营权，并能尽快上报为盼。（注：因当时的企业自营出口权须报外经贸部批准）。

1996年9月19日，青海省经济贸易委员会、青海省对外贸易经济合作厅联合向国家经贸委、外经贸部上报《关于赋予青海省地毯（集团）公司外贸经营权的请示》，1996年11月14日国家对外贸易经济合作部发文〔1996〕外经贸政审函字第2681号《关于同意青海省地毯（集团）公司经营进出口业务的批复》，当年自营出口地毯1.53万平方米，创汇68.63万美元。

1997年1月21日，青海省地毯（集团）公司召开第四次股东会议，由张恒伟主持，赵延年等9人参会，由上海公司、上新庄公司、平安公司、乐都公司为股东，组成董事会。会议决定：集团由原松散性组织，改为各公司参股，每一股1000元（人民币），上海公司参股1800股（股金180万元）、上新庄公司参股800股（股金80万元）、平安公司300股（股金30万元）、乐都地毯总厂100股（股金10万元）。股份控制的规定为：低于10万元的投股，不得进入股东大会，股份可转让、分红，但不能抽股。集团公司董事会正式成立前的日常工作由股东大会负责，具体由张恒伟主持。原上新庄产品的"藏羊"牌商标，被定为集团公司出口产品的商标。青海省地毯（集团）公司董事会定于1997年5月1日正式召开成立。

1999年4月12日，根据工作需要，青海省地毯（集团）公司向省工商管理局发文：青地集（1999）第20号《关于申请变更青海省地毯（集团）公司企业法人代表人的报告》，申请原企业法定代表人赵延年变更为张恒伟。5月27日集团公司董事会决定：任命张恒伟为青海省地毯（集团）公司董事长及总经理（法定代表人）。6月1日正式启用法定代表人业务新印章，并在西宁海关备案。

（2）天津藏羊地毯有限公司成立。天津藏羊地毯有限公司是1998年10月收购原天津市破产倒闭企业天津胶背地毯厂后成立的，公司注册资本700万元，占地面积6500平方米，是青海藏羊集团控股子公司。公司整合后有管理人员和技术人员152人，外协编织加工单位30个，加工点辐射到东北三省、内蒙古自治区等地，从业人员7300余人，主要生产手工编织藏毯。公司业务以手工艺术藏毯的编织和外加工藏毯的后整理生产为主，年生产150道丝毛藏毯19.6万平方米。

近年来随着国际、国内经济形势的变化，天津藏羊地毯公司积极调整产品结构，创新生产管理模式，在朝鲜发展手工藏毯编织生产，由公司提供机梁等生产设备、图案、原辅材料，朝鲜工人编织手工藏毯的后道工序由天津藏羊地毯完成，2013年在朝鲜从事手工编织的从业人员已达4000余人。

（3）青海高原藏羊地毯有限公司成立。2000年组建青海高原藏羊地毯有限公司，该公司是青海省地毯（集团）收购破产企业青海省地毯一厂，并在省政府破产企业领导小组办公室的支持下于2000年10月24日，由天津市藏羊地毯有限公司和张国庆出资收购破产企业——原青海地毯一厂（地址为西宁市门源路32号），组建而成，公司以手工藏毯生产经营为主，是青海藏羊地毯（集团）有限公司控股的子公司。

（4）集团公司成立。2001年组建集团公司，集团公司总部设在西宁市门源路32号，与青海高原藏羊地毯有限公司同在一个办公楼，共有综合管理人员50余人，其中45人为大中专文化水平，图案设计人员15人。

2001年集团公司有成员单位7家：天津市藏羊地毯有限公司、天津市藏津地毯有限公司、青海高原藏羊地毯有限公司（三家控股公司）、宁夏中卫藏羊地毯有限公司、临夏雪岭毛纺地毯有限公司、河北滦县地毯有限公司、青海省海湖藏毯有限公司（四家合作公司）。同年，集团公司董事长张恒伟被评选为全国地毯协会理事会理事，同时还是中国土畜产品进出口商会聘请的12位专家之一。

2001年集团公司出口额为1160万美元（青海结汇540万美元），出口藏毯33万平方米（手工毯24万平方米，机织毯9万平方米）；2002年出口1380万美元（青海结汇698万美元）、出口藏毯42万平方米（手工毯23万平方米，机织毯19万平方米）。青海藏毯出口从2001年起突破1000万美元大关，名列全国6家之一（全国地毯生产厂家1100余家，出口企业340家，中国土畜产进出口商会统计口径）。

（5）德国青海藏羊地毯办事处成立。藏羊集团于 2002 年 10 月 28 日在德国注册了"藏羊"商标，并成立了办事处，地址为德国汉堡市，主要职责是从事客户联络、信息收集、市场调研等非经营性活动，编制 3 人。

（6）日本青海藏羊地毯株式会社成立。日本青海藏羊地毯株式会社是青海藏羊集团在日本国设立的驻外办事处，2002 年 11 月 25 日成立。经青海藏羊集团申请、青海省外经贸厅报经国家对外贸易经济合作部批准而设立，并于日本平成十五年 12 月 24 日（中国为 2003 年）在日本注册了"藏羊"商标，主要职责是收集信息、售后服务、联系客户、拓展市场等非经营性工作，编制 5 人，聘请日本籍人士担任办事处负责人。

（7）天津藏原地毯有限公司成立。天津藏原地毯有限公司于 2004 年 10 月建成并注册成立，公司位于天津市武清区梅厂镇福源经济区发源路 1 号，公司注册资本 1650 万元，系青海藏羊地毯（集团）有限公司控股子公司，占地面积 48600 平方米，其中建筑面积 20000 平方米。鉴于公司地处京津唐三地中心，距北京 90 公里、距天津 30 公里、距塘沽 50 公里，地理位置优越、便于外贸的开展，其主营业务为集港物流，是公司跨省区的贸易平台，也是藏羊集团为适应国际国内市场发展、开拓国际国内市场而设立的产品分拨中心。

该公司是集展示、开发、研制、仓储、供应、运输、销售为一体的综合性外向型企业。公司现有员工 450 人，其中销售、设计、管理人员 176 人，年后道加工能力为 9 万平方米，公司现拥有 5 幢产品贸易展厅，展示销售藏羊集团手工、织机两大系列 1000 余种藏毯产品，还从土耳其、伊朗、印度、巴基斯坦等国家和地区进口多种地毯产品，向国内外客户展销五彩缤纷、不同风格的地毯产品，提供一流的服务。2004 年起，每年秋季在天津市武清区梅厂镇福源经济区举办地毯内销展会，全国各地的地毯经销商参会，藏羊地毯交易逐年增多，"藏羊"牌名声在国内逐年扩大。

（8）青海多巴藏羊地毯有限公司成立。青海多巴藏羊地毯有限公司成立于 2004 年 12 月 8 日，为青海藏羊地毯（集团）有限公司、天津市藏原地毯有限公司、青海水利水电集团有限公司三家企业联合投资组建的有限责任公司，由青海藏羊集团控股。公司占地面积 190562.6 平方米，是一家融梳毛、纺纱、洗毯、地毯后道加工和产品研发、地毯编织技术培训等为一体的企业。公司根据藏毯生产的特点，采取"公司＋集体＋农户"的生产模式，在青海省六州、一地、三市、十五个县建立手工地毯加工车间 186 个，从业人员在 1.6 万人左右，以优质西宁大白毛、牦牛绒、野生柞绢丝等为原材料，主要生产"藏羊"牌系列 45 道至 260 道纯毛、丝毛、丝绒、纯丝等藏毯品种，年产量达到 9.29 万平方米（合 100 万平方英尺），产值 5000 万元。

（9）西藏藏之梦地毯有限公司。为促进西藏、青海两省区在藏毯领域联手合作，相互促进发展，2004 年 12 月 21~25 日，青海省政府由徐福顺副省长带队赴西藏山南地区和拉萨考察，其间召开两省区代表座谈会，共议两省区藏毯发展事宜。西藏自治区书记杨传堂在百忙之中接见了所有代表。会后，青海省商务厅代表、藏羊地毯集团代表与西藏商务厅代表在西藏自治区组建的藏之梦地毯公司进行座谈，签署了青海、西藏两省区商务合作意向，2005 年 1 月 27 日在拉萨市金珠路西 75 号注册成立了"西藏藏之梦地毯集团有限公司"，与青海藏羊地毯（集团）有限公司合资经营，注册资金人民币 30 万元。

西藏藏之梦地毯有限公司是依托西藏文化、原材料资源等优势，以研发和销售为核心的独立核算、自主经营、自负盈亏，共同打造"藏之梦"品牌的藏毯生产经营企业。藏之梦公司成立后，于 2005 年 9 月在山南地区建成 6 个织毯车间和纺纱车间，于 2006 年 6 月建成 30 个加工车间（山南 10 个、日喀则 6 个、拉萨 10 个、那曲 4 个），改建 4 个织毯车间，共新建和改建织毯车间 40 个，主要分布在拉萨地区、山南地区、日喀则地区、那曲地区，安装机梁 396 副。2006 年 9 月，藏之梦公司半成品地毯生产能力达 1500 平方米/月，年产量可达到 2 万平方米。

2007~2011 年藏之梦公司半成品地毯的生产能力受劳动成本上升、染色毛纱运输费上升等诸多因素影响，由最高年产 4.5 万平方米，下滑至 0.6 万平方米。

2012 年 4 月 5 日，青海藏羊地毯（集团）有限公司将全部股权转让给韩明录，公司地址由原金珠西路 75 号变更为金珠西路 189 号博达路。西藏藏之梦有限公司藏毯生产歇业。

（10）青海藏羊机织地毯有限公司。青海藏羊机织地毯有限公司于 2005 年 11 月 23 日经青海省工商行政管理局注册成立，系集团公司所属法人独资子公司，经营范围为机织地毯、手工地毯、地毯纱、针织品、畜产品、洗净毛的加工、销售；畜产品收购、自营和代理各类商品和技术的进出口（国家限定公司经营或禁止进出口的商品技术除外）。

青海藏羊机织地毯有限公司是集团公司为适应国内外市场需求，实现藏羊集团企业发展目标，从德国、比利时等国引进世界先进的地毯机织，以机织藏毯生产、研发和销售为主的企业，占地100565.9平方米。公司计划引进国外先进的威尔顿阿克明斯特地毯织机24台，建成24条机织藏毯生产线，并建设完备的焙胶、洗毯、平毯、剪毛、剪花、缠边、打包发运等后道工序生产配套设施设备，使机织藏毯生产量达到150万平方米。目前已建成钢架结构机织、后道工序生产车间4幢，建筑面积35278.9平方米，有展销办公等综合楼1幢，面积9696平方米；职工生活住宅楼1幢，面积2961.8平方米。并建成比较完备的后道加工生产设备、设施以及供热供暖，污水处理等辅助设施。在加强企业硬件设施的同时，为保证企业持续健康发展，还注重现代企业制度和管理体系的建设，各类专业技术和管理人才的选聘、培育，以及企业技术创新和新产品的研发。实行总经理负责制，建立责权利相结合，奖罚分明的企业内部生产经营承包制度和各项内部管理制度。公司设有三个机织厂、一个后整理加工厂、货源图案管理部、总工一室、总工二室和管理职能部门，并设立了设备技术管理领导小组、生产管理领导小组、生产经营承包领导小组、产品研发小组等内部组织机构。目前企业产销两旺，发展前景看好。

  自2006年以来，在青海省委省政府及相关部门的关怀支持下，藏羊集团依托当地原料、劳动力、藏文化地域优势，从藏毯发源地出发，在传统手工藏毯编织的基础上，根据国家宏观经济政策和指导方针，积极转变经济增长方式，先后从比利时和德国引进国际最先进机织生产设备，建成了机织藏毯生产基地，使企业产品由较为单一的手工藏毯调整为手工和机织藏毯并存。目前藏羊集团产品有45～400L手工和机织藏毯近千个品种。产品远销海外34个国家及地区，在欧、美、日等传统地毯消费国有了稳定的销售市场，并相继开拓了俄罗斯、中亚和南亚市场。同时，青海、天津、上海三个内贸公司的营销网络已覆盖国内70个大中城市，国内经销商已达1300多家。截至2012年底销售收入达7.3亿元，其中出口额为2800万美元。

  藏羊集团历来十分重视科技创新和人才培养。藏羊集团在2006年参与《青海手工藏毯标准》制定的基础上，又于2008年与青海省质量技术监督局联合制定了《藏毯国家标准》，两个标准均已执行；2009年藏羊集团专门成立青海藏羊地毯培训中心，该中心每年可培训3000名技术人才，使企业发展后劲不断增强。2009～2011年连续三年，新技术、新工艺、新产品被列入国家星火计划；2009

年藏羊集团"藏系羊毛应用于机织毯"项目被青海省列入"123"科技项目；截至 2012 年底，共取得 5 项实用新型发明专利和 368 项图案外观设计专利。

多年来，藏羊集团始终奉行"以诚为本、互利互惠、追求卓越、共同发展"的企业宗旨，凭借优质的产品和良好的形象，赢得了多项殊荣，先后被评为：全国地毯十强企业、国家文化产业示范基地、国家文化出口重点企业、国家级农牧业产业化重点龙头企业、国家扶贫龙头企业、国家引进国外智力先进单位、国家级标准化试点优秀企业、全国对外贸易信用 AAA 级企业、全国外经贸质量效益型先进企业、全国纺织和谐企业建设先进单位、全国少数民族特需商品定点生产企业、银行 AAA 特级信用企业、青海省最佳信贷诚信客户、青海省财务诚信十佳单位、青海省十大诚信企业、青海省文明诚信民营企业、青海省出口创汇先进单位、青海省 50 强企业、青海省省级企业技术中心、青海省科技型企业。被誉为国内藏毯业的"领头羊"。"藏羊"牌藏毯还荣获"中国名牌"和"国家地理标志保护产品"称号，"藏羊"牌商标被评为"中国驰名商标"。公司 2003 年就通过了国家 ISO9001：2000 质量管理体系认证。

5. 雪舟三绒集团公司

雪舟三绒集团公司的发展主要经历了以下几个阶段：

（1）循化奠基（1989 年 7 月至 2002 年 10 月）。青海雪舟三绒集团的前身为循化撒拉族自治县街子绒毛综合加工厂（后更名为街子三绒厂），始建于 1989 年夏，时值青海省东部经济相对发达农业区开展深加工农畜原料为主、提升产品附加值、增效益、促脱贫的农业区"七五"经济发展期，由街子乡马家村村民马乙四哈格挑头筹建生产加工企业，其父亲马成福、亲友马有福（现雪舟三绒集团董事长）、马乙卜拉（现雪舟三绒副总）、邻居韩福林等 5 人自筹资金 12 万元，组成合营私企，并获得县政府扶持畜产品加工发展的政府扶贫贴息贷款 20 万元，总资本 32 万元；加工厂设在循化街子乡的一个废旧修配厂内，故定名为"循化县街子三绒厂"，工人均来自当地。绒毛加工起初全是手工挑选、分拣，开绒则用简易机械梳毛，后购置梳毛（绒）机梳绒，主要产品是牛绒、羊绒、驼绒、洗净羊毛等，按质分等级后供外贸出口和内销，品质优良，供货及时，产品出口到意大利、英国和日本等国，备受客户赞誉，订单连年递增，循化"三绒"的名声在国内外渐起。

1990 年，循化街子三绒厂接到第一笔订单，而当时国家尚没有牦牛绒产品国家标准和企业标准，三绒厂的发起人马乙四哈格（经理）意识到"企业的立足之本是质量，企业发展之本是标准"，因此，他到青海第一毛纺厂生产技术科时决定，牦牛绒质量按山羊绒国家标准执行，为客户加工机梳牛绒和机梳羊绒，样品交付后得到客户的认可。当年产出的一批机梳牛绒和机梳羊绒，交给外贸销售后收到货款120万元，引起县政府的重视，此笔款项为循化县历史上收到的单笔资金中最高的一笔。抓质量和标准的决策，为雪舟三绒集团的壮大和发展打下了坚实的基础。

1992年初，循化街子三绒厂生产的机梳牛绒、羊绒等产品具有少数民族特色，国家民委很重视，拨专项款580万元[1]，企业用专项款购进了23台梳绒机。为扩大企业规模，在距现有工厂2公里处（马家村的河滩地），陆续征用80亩河滩地新建厂房。

1992年3月，企业引进的23台梳绒机全部安装完毕。新厂房全部建成后，企业更名为"循化县绒毛综合加工厂"[2]。此后，循化县内私营作坊和个体户效仿相继建成毛绒加工企业，先后开办了30余家同类加工厂，竞争加剧。

1995年，循化境内30余家同业工厂（作坊）经历了三年的激烈竞争，循化县绒毛综合加工厂生产的产品以质取胜，在多数企业倒闭的状况下，站住了脚跟。企业根据市场需求，强化品牌建设，开始确定商标，最终选定"雪舟"图标作为企业商标和企业标志，图标的背景为雪山和草原，健壮强劲的牦牛稳立中央，双圈意为生产和营销循环无止境，意为企业生生不息。主要宣传产品来自雪域高原这一特色，强调企业发展的宗旨为"吃苦、耐劳、脚踏实地、环保无污染"。

1996年，因国际市场外销下滑，毛绒需求减少，牛绒等产品开始供给本省白唇鹿毛衫厂（原青海省第一毛纺厂），因该企业开发出了牛绒衫，需要牛绒原料，两家企业开始合作，成立了股份制企业——宁循针织厂（1995年成立，2家企业各占股份50%）。针织厂成立后，"一毛"派技术人员到厂进行管理和技术指导，合作后实现精细化生产，技术上也有很大突破，产品更加适销于国内外市场。当时沿用了"一毛"原毛线的品牌—"白唇鹿"为牛绒衫的商标。与"一毛"厂合作了5年多（至"一毛"破产），合作一直很紧密。

---

[1] 这笔专款是"戴帽子"拨给企业的，文件下达时明确指出给"循化街子三绒厂"580万元技改资金，不得挪作他用。

[2] 1996年更名为青海三绒有限公司（营业执照：私营001号）。

少数民族地区吃牛羊肉多，副产品就有羊肠衣。藏羊肠衣柔性好，欧洲对青海藏羊肠衣评价很高，于是企业同天津肠衣厂和河南扶沟肠衣厂合作，参考针织厂的模式，于1994年成立了循化县肠衣加工厂（股份制，三家企业股份比例相同），这是企业成立的第3个厂。

1997年针对粗绒（每克含粗3%～8%）利用不高的情况，企业开始针对粗绒进行单独纺纱，成立了"腾牛绒业有限公司"，生产低档毛绒产品，注册成立该公司是为了区别于高档"雪舟"产品。

1997年下半年，省政府为整合资源，提高产品质量，做大做强绒纺业，提出组建企业集团，循化县开始要求县里成立企业集团，拟将县内30多家企业联合成立集团。在这一背景下，雪舟公司主动提出自己组建集团，得到县政府及海东行署同意后，上报省府，很快获批。企业抓住这一机遇，于1997年10月28日成立青海雪舟三绒集团，注册资金3380万元，员工700人。

1999年，雪舟三绒集团成立企业发展智囊团，为企业的发展出谋划策，不断研发出新产品。1999年和2000年分别参加了第二届、第三届中国乡镇企业出口商品展览会，获得了银质奖。"雪舟"牌牛绒衫的各项理化指标均达到了国家和行业标准。1999年取得"自营进出口权"；产品除畅销国内70多个大中城市外，还远销欧、美、日和中国香港地区。

1999年雪舟商标获得青海省著名商标称号，到2002年2月6日，"雪舟"商标荣获中国驰名商标称号，成为青海省第一批获得中国驰名商标的企业，填补了青海省没有中国驰名商标的空白。

2001年雪舟三绒集团与国内最大羊绒制品生产企业"鄂尔多斯"羊绒集团建立战略合作关系，成立了鄂尔多斯青海雪舟三绒原料公司。

（2）西宁发展（2002～2005年）。20世纪90年代中后期，青海省纺织工业产品竞争力逐年下降，亏损企业增加。2000年，全省规模以上纺织工业企业共有10家（即当时统计口径为全部国有及年产品销售500万以上非国有工业企业），其中当年亏损企业达8家，全年纺织工业总产值1.95亿元（1990年不变价），比1990年下降45%，占当年全省规模以上工业总产值的1.8%，降低了4.4个百分点，纺织工业退出了全省重点工业行业的行列①。至2002年底，毛纺行业发展严重受阻，全省毛纺织企业走下坡路。在此背景下，省经委领导与雪舟

---

① 资料来源：《青海统计年鉴》（1991～2002年）。

集团领导开展座谈，计划把省内毛纺织业发展起来。从 2002 年 11 月 4 日开始谈判，于 11 月 8 日草签协议，于 2002 年 11 月 27 日宣布雪舟集团整体收购青海省毛纺公司及其下属 8 个公司，成立青海雪舟三绒集团毛纺织有限公司，注册资金 2300 万元，占地 345 亩。这次收购，使企业又上一个新台阶。

2003 年公司出口收入仅数百万元美元，到 2006 年出口收入超过千万美元，为青海省外贸出口骨干企业与青海省经济 50 强企业。自集团公司成立后连续三年被中国农业银行青海省分行评为"特级 AAA 信用企业"。

收购整合后，两家企业注册资金达到 5850 万元，就近的平安、循化两地的就业人员达 1600 多人。企业除传统的三绒产品外，还有一部分粗纺设备，纺（地毯）纱，每年与高原地毯厂、多巴、上新庄海湖藏毯厂、河北、山东等地毯厂签订供货协议供应毛纱，形成了藏（地）毯产业链上的上游企业。收购毛纺公司后，企业发展迅速，其间研发了从宁夏盐池县收购滩羊毛（具有光泽特点），为青海高原藏羊地毯公司开发高档羊毛地毯。独家研发羊绒、牛绒、驼绒高档纱，供天津藏羊地毯公司加工高档羊、牛、驼绒高道数高档藏毯，提高了"藏羊"的声誉。到 2003 年，基本形成了"世界牛绒看中国，中国牛绒看青海"的格局。

2003 年 4 月 28 日，集团公司创始人之一、集团董事长兼总经理马乙四哈格不幸去世，使企业蒙受了巨大的损失。在新一届董事会的领导下，在短短几个月的时间里，陆续启动纺纱、工呢、毛条、针织生产线。用半年时间基本完成了对毛纺织有限公司的修复、整合工作，在集团原生产规模上，加大对技改的投入，增加工业用呢、毛毯系列、毛条、碳化毛等产品，提高纺纱、洗净绒（毛）、梳绒产品的生产能力，"雪舟"牌牛绒系列产品的市场占有率不断扩大，为集团后续发展打下了坚实的基础。

（3）进驻园区（2006～2010 年）。2006 年在省、市政府调整产业结构布局、打造藏毯之都的统筹部署下，集团董事会深入调研、多方论证，决定入驻西宁市城南新区工业园区（后调整为西宁经济技术开发区南川工业园区）。于 2006 年 3 月开始筹建，筹建项目分为两块：一是占地约 190 亩的生产基地（建筑面积达 6.45 余万平方米）；二是占地约 180 亩的青海雪舟藏毯原辅材料交易中心（建筑面积达 5.48 余万平方米，主要是羊毛、羊绒、牛绒、驼绒、皮张及其他农畜产品的交易中心）。至 2006 年底，两大项目的主体工程基本完工。

2007 年 6 月，集团公司在西宁城南新区工业园建设 1 万吨藏系羊毛（牦牛绒）加工项目，在国家农业综合开发办公室组织专家进行项目论证后，正式被批准为 2007 年国家农业综合开发投资参股经营项目，这是青海省首个农业综合开发国家投资参股项目。该项目由国家投资参股经营，目的是充分发挥雪舟三绒集团国家级重点农业产业化龙头企业的作用，采取"公司＋农户"的订单方式，推进藏系羊毛（牦牛绒）龙头企业的发展壮大，进而带动牧区优化畜种结构和加快农区养殖业发展，带动农民增加养殖收入。受雪舟集团的带动，牛绒原料从最初的每千克 0.4 元，涨到目前的每千克 40 元。据不完全统计，仅此一项，就直接带动约 1 万户农牧民大幅增收。

2008 年 7 月，青海雪舟藏毯原辅材料交易中心正式对外开放营业，吸引了省内外 200 多户畜产品经营户入驻，开展经营活动。交易中心成为我省最大的、设施最齐全的畜产品交易市场，是集团对外宣传、提高声誉的一个窗口，交易中心起点高、管理严、服务工作热情周到、手续简便、安保措施到位，得到了经营户和采购商的好评，声誉日益提升，吸引了众多经营户和采购商来中心经营和采购。

交易中心的开业，为农牧民和经营户提供了畜产品交易的市场，直接和间接地带动了青海省畜牧业的发展，得到了社会的广泛好评。

2008 年以后，受国际金融危机的持续影响，集团外贸出口连年下滑。至2012 年，由 2007 年前出口创汇 1000 余万美元降至几十万美元。在此困境下，集团大力开拓国内市场，调整产品结构，创新产品，加大技改力度，提高产品质量，增强产品的市场竞争力，实现了平稳过渡和持续发展，为企业的持续发展奠定了基础。

6. 柴达木羊绒

柴达木羊绒有限公司（原青海嘉年绒业有限公司）是青藏高原新兴的专业绒业和羊绒制品公司。于 2003 年 6 月 9 日在青海省工商行政管理局登记注册，注册资金 5000 万元人民币，注册地址为西宁市城东区韵家口原毛纺公司院内。

公司是以青藏高原优质山羊绒为原料进行深加工的专业绒业企业，也是青藏高原跨地区合作生产、分梳山羊绒和加工生产羊绒制品的国家重点龙头企业。公司现有各类资产 37742 万元，大型羊绒分梳设备 262 台（套），年可生产 800 吨山羊无毛绒。公司有职工 560 人，其中高层管理人员 16 人，专业技术人员38 人。

经过多年的实践与总结，柴达木羊绒有限公司在山羊绒的收购、分梳、羊绒制品的生产、销售等工作中，取得了先进的生产工艺和管理经验，在山羊绒的质量和提取率上有突破性的提高。为了进一步发挥资源优势，公司于 2010 年 8 月 5 日在上海成立了"柴达木羊绒服饰（上海）有限公司"，致力于羊绒服饰制品的研发、制造和推广。公司生产的柴达木牌羊绒系列产品已畅销国内并销往国外市场，特别是不染色、无污染、纯天然色的羊绒产品和"沙图什"羊绒披肩的研发成功，使羊绒制品达到了一个新的高度。

公司的山羊绒主要分为白色（白中白）、青色、紫色三种，长度主要有 40～42 毫米、38～40 毫米、36～38 毫米、32～34 毫米、30～32 毫米五种规格。青绒、紫绒的原料主要为青藏高原特有的动物纤维。由于青藏高原的山羊大都生长在海拔 3800～5000 米，与藏羚羊生长在同一海拔高度，其羊绒细度在 13.5～14.8 微米之间，手感、光泽度、保暖性、弹性均优于其他地区的同类动物纤维，是毛纺工业的珍贵原料，也是日本、英国、法国、意大利顶尖用户的首选产品。

为了适应贸易的全球化发展，2003 年公司通过了 ISO9001 质量管理体系认证；2003 年 8 月被中国食品土畜进出口商会接纳为会员单位；2003 年 9 月公司生产的"柴达木"牌山羊无毛绒被被青海商业名牌评选委员会、青海商业联合会评为"青海省商业名牌商品"。2004 年 12 月被青海省商业名牌评选委员会、青海省商业联合会、国家统计局青海省企业调查大队评为青海省商品质量"用户满意知名企业"。2006 年 3 月被西宁市农牧业产业化规划协调领导小组确定为"西宁市农牧业产业化龙头企业"。2007 年 2 月被西宁市城东区经济局评为"2006 年度突出贡献企业"称号；2007 年通过了 ISO14001：2004 环境管理体系认证；2007 年 8 月被青海省农牧厅确定为"农牧业产业化省级重点龙头企业"。2008 年 8 月被海西州委、德令哈市确定为"海西州扶贫龙头企业"；2008 年 8 月被青海省社会信用体系建设领导小组办公室、青海省整顿和规范市场秩序领导小组评为"AAA 级中国青海信用企业"；2008 年 12 月，公司被中国农业发展银行总行评为"农发行系统黄金客户"。2009 年 2 月，公司被西宁市商务局评为"2008 年度全市商务工作先进单位"；2009 年 9 月，公司被中国对外贸易经济合作企业协会评为"2008 全国外经贸质量效益型先进企业"。2010 年 7 月公司被青海省农牧业产业化龙头企业协会接纳为第一理事；2010 年 10 月公司被中国畜产品流通协会评为 AAA 级信用企业；2010 年 11 月被中国羊绒羊毛行业表彰先进组委会评为中国羊绒行业百强企业三十强；2010 年 12 月被青海省银行协会评为青海省最佳信贷诚信客户。2011 年 1 月被青海省扶贫开发局评为青海省产业化扶贫龙头企业；2011 年 8 月被青海商业联合会接纳为副会长单位；2011 年 11 月 3 日被青海省信用办评为诚信经营 A 级示范企业。2008～2013 年连续六年被中国农业发展银行青海省分行评为"AAA 级信誉客户"。2011 年 11 月 24 日成为青海省扶贫开发协会企业会员；2011 年 11 月公司注册的第 25 类商标"柴达木"被认定为中国驰名商标和青海省著名商标；2011 年 12 月 28 日公司被评为"农牧业产业化国家重点龙头企业"。2009～2012 年连续四年被西宁市商务局评为全市外贸优秀企业。2012 年 3 月被中国畜产品流通协会接纳为第四届理事会常务理事单位。2012～2013 年连续两年被南川工业园区管理委员会评为消防工作先进单位。2012 年 7 月公司"柴达木"牌羊绒衫获中国毛纺织行业协会评选的优秀产品奖；2012 年 12 月被国家民委确定为民族特需商品定点生产企业；2012 年 12 月公司"柴达木"山羊无毛绒产品被青海省人民政府评定为青海省名牌产品。

目前，公司已成为中国西北地区品质精、管理严、信誉好、专业化、产业化的新型绒业公司。

7. 美亚公司

青海省美亚生态发展有限公司（以下简称"美亚公司"）于 2001 年成立，是一家美国独资企业，总部设在美国阿肯色州，由英国籍 Randal Ruble（中文名：任哲义）先生担任法人，注册资本 50 万美元，厂址设在西宁市城东区韵家口原雪舟三绒有限公司院内，租该公司有 2000 平方米车间，主营手工藏毯，兼营其他手工艺品、装饰品。为响应西宁市政府在城南新区（现南川工业园区）建立纺织工业园区的规划，2006 年在城南新区投资建立新厂房。

美亚公司于 2001 年开始在西宁设立办事处，当时有员工不到 10 人。公司于 2002 年开始试运行，只有二十几人，2003 年开始正常生产，2004 年已发展到拥有 70 多名员工（未包括加工点的 400 多工人）；到 2005 年，年产藏毯 9290 平方米（合 10 万平方英尺），年产值超过 50 万美元的。产品全部出口销售往美国、法国、比利时等欧美国家，公司打造的 KHADEN—the word in Tibetan rugs 品牌已经在市场上享有一定的声誉。2006 年，美亚公司除了在西宁设立工厂外，还下设 8 家加工点，分别设在湟中田家寨（1 家）、土门关（1 家）、互助（2 家）、乐都（3 家）、化隆（1 家）等西宁州县地区。西宁附近本成品加工点平均每个有 2 人 40 多人、机梁 6 副，每年加工藏毯半成品 1114.8 平方米（合 12000 平方英尺）。2007年，公司发展到固定员工70人，其中有西宁市下岗职工20人左右，大中专毕业生8人；公司在乐都县、互助县、湟中县土门关及田家寨等地设有5个固定加工点，共有编织工200人左右。

公司本着支持藏区发展、关爱社会的原则，于2004年发起支持玉树儿童福利院项目。公司根据一些儿童图画，开发了儿童藏毯，并将儿童毯销售利润的40%作为支持玉树儿童福利院的资金，用于改善那些孤儿的生活和教育状况。美亚公司的核心企业文化把"帮助他人"作为企业员工的共同准则，公司希望爱心可以传递，把关爱社会、帮助他人作为美亚人所共有的社会职责，希望所有美亚人可以在帮助他人的过程中获得快乐。公司把促进员工发展作为一项重要使命，公司领导在工作和生活方面切实关心员工[①]，按时给员工发放工资，缴纳社会保险，还为员工提供培训机会以促进员工技能的提升，此外公司主动为剪花工人配置了专门用于防噪声的耳塞，以保护员工的听力免受损害。

2004年公司生产藏毯6967.7平方米（合75000平方英尺），2005年生产11148.4平方米（合120000平方英尺），2006年生产7710.9平方米（合83000平方英尺）。公司从2007年起，将年产量从2006年前的平均9290平方米（即10万平方英尺）增加到18580平方米（即20万平方英尺），年产值为1200万元人民币，工业增加值为432万元人民币，增长了36%。产品类型主要以手工藏毯为主。

美亚公司的市场定位为出口产品，主要出口产品为藏毯（出口编码为5701100000）。公司在成立初期就创立了"KHADEN"这一藏毯品牌，经过几年的努力发展，在美国市场已经享有一定的声誉。2006年，公司又开发了"MEIYA"藏毯品牌，该品牌主要面向中国中高端市场，并同时向中国市场和美国市场销售。2007年扩大生产出口额，从2006年的50万美元增长到2007年的100万美元。在提高产品质量的基础上，进一步扩大了市场知名度。2007年公司调整品牌定位，从原来的定位于低端市场变更为定位于高端市场，并建立稳定的客户群。经过多年发展，公司从成立初期拥有一个产品系列发展成拥有三大系列产品，有近百个图案，生产90～150道的高品质手工藏毯，以满足不同国家和地区客户的需求。

公司员工从2006年的400多人发展到2007年的1000人以上，技术员从50

---

① 在美亚公司，凡是员工的生日、婚嫁、生育，公司都会有贺礼表示。

人发展到 2007 年的 150 人。

2007 年 4 月，美亚公司在西宁市夏都大街开设"美亚藏毯"专卖店，作为在中国市场开始销售的试点。经过 2 个月的运营，扩大了美亚藏毯的知名度。

2009 年，美亚公司由西宁市城东区韵家口原雪舟三绒集团公司院内迁至城南工业园区，厂房扩展到 5000 平方米，但受国际金融风暴的影响，加之总经理任哲义生病回英国休养后又更换两位总经理，公司因人力和原料双重成本上升的挤压等因素于 2011 年停业。

8. 圣源地毯集团公司

圣源地毯集团有限公司（以下简称圣源集团）是在青海省"十一五"规划中提出发展地毯产业和产业转型升级的背景下，根据青海省藏毯产业"以藏毯产品为核心，以藏毯产业为主导，培养国际性集团藏毯企业，整合要素资源，扩展产业链，使相关产业协调发展"的产业整合思路，于 2007 年在西宁市（国家级）经济技术开发区南川工业园区注册成立的，其前身为青海圣源地毯有限公司。2011 年 8 月经国家工商总局批准变更为圣源地毯集团有限公司，注册资本 5220 万元，占地面积 300 亩，是一家以藏（地）毯出口为主的集藏（地）毯生产、染纱、进出口贸易、产品研发、检测于一体的集团化藏（地）毯行业龙头企业。公司在册职工 388 人，其中专业技术人员 129 人，旗下拥有两家全资子公司、1 家控股公司，即青海万彩印染有限公司、青海汇艺铺地材料织造有限公司、青海圣源藏毯进出口有限公司，同时在美国、英国各设立一个藏毯外销机构，在北京、上海、广州、西安、青岛、深圳、成都 7 个省、市建立了分销网点。

集团拥有世界上最先进的比利时产阿克明斯特 MAX – 91 型高速织机 12 台；英国产 12 色电子提花机 8 台、上胶机 5 台；国产染色机 10 台、络筒机 180 锭、剪毛机 6 台、手工藏毯与挂毯编织机梁 180 副、手工枪刺地毯架 100 副、枪刺工具 100 套，年产量 210 万平方米；纺纱设备 21 台，年纺纱 3500 吨；世界领先的工业废水污水处理站 1 座，年处理废水 60 万吨，达到一级排放标准。

经过几年的努力，公司已研发并生产出以毛、丝、绒、竹纤维为原料的手工藏毯、机织地毯、手工枪刺地毯等几十个系列的上百种产品，并且每年新增产品品种 7~8 个，申请获得各类专利 22 个，产品已通过"ISO9001：2008 国际质量体系认证""ISO14001：2004 绿色地毯环保认证""GB 20286—2006 产品阻燃制品标识认证"和产品进入欧盟市场的"欧盟 EC 市场准入标准"等认证。

圣源集团在发展中求进步，以"专业、卓越、创新、绿色"为核心，秉承"质量—立业之本、管理—强业之路、效益—兴业之源"的发展理念，坚持用专业的技术和知识服务于客户，遵循"深刻体现文化内涵并创新出符合现代审美学的产品"的图案研发宗旨，在生产技术上采用最先进的制作工艺和环保技术，做到零污染、纯绿色。

公司在取得良好的经济效益的同时，秉承"义利兼顾、扶贫济困"的社会责任，积极参与社会公益活动。帮助困难职工及家属 506 人次，解决贫困家庭、残疾人、下岗职工等就业 684 人，带动当地部分群众脱贫致富。

2008 年，公司被西宁市农牧业产业化规划协调领导小组认定为"市级龙头企业"，2009 年被青海省农牧业产业化规划协调领导小组认定为"省级农牧业产业化重点龙头企业"；公司机织藏毯基地建设项目因技术先进、项目优秀连续三年（2008～2010 年）被青海省人民政府授予"工业投资优秀项目"；2010 年被省委组织部、统战部、省经委、省总工会等 8 个部门联合评定为"青海省第六届先进企业"，2010 年 12 月被青海省工商局南川工业园区工商分局评为"2010 年度文明诚信私营企业"；2010～2012 年连续三年获得青海省藏毯国际展览会"展位设计奖""产品创新奖""手工地毯银奖""机织藏毯银奖"等奖项；2012 年 1 月被青海省人民政府评为"2011 年度技术创新奖"，7 月被青海省工商行政管理局评为"2011 年度文明诚信私营企业"；2012 年 12 月被（第四届）晋商年会组委会评为"2012 年十大优秀晋商品牌"。

表2 1980～2010 年青海省主要藏毯生产企业

企业名称	成立时间	人数	企业性质	主要产品
湟中县鲁沙尔地毯厂	1980 年	20 人	集体企业	手工地毯
昂欠县地毯厂	1980 年	57 人	国有企业	地毯
大通县地毯厂	1980 年	353 人	国有企业	地毯
乐都县乡镇企业地毯厂	1984 年	30 人	集体企业	地毯
化隆县甘都镇地毯厂	1984 年	24 人	集体企业	手工地毯
湟中县上新庄工贸总公司地毯厂	1985 年	730 人	集体企业	藏地毯、地毯、挂毯
互助县第二地毯厂	1986 年	46 人	集团企业	地毯

续表

企业名称	成立时间	人数	企业性质	主要产品
乐都县碾伯地毯厂	1986 年	30 人	集团企业	地毯
海南州地毯厂	1986 年	324 人	集团企业	牛绒衫、拉洗地毯
乐都县社会福利地毯厂	1987 年	32 人	集团企业	地毯
湟源县巴燕乡地毯厂	1987 年	4 人	集团企业	地毯
乐都县地毯总厂	1988 年	76 人	集团企业	藏毯
玉树州地毯厂	1988 年	50 人	集团企业	地毯
青海共和县地毯开发公司	1988 年	93 人	集体企业	内销藏毯、出口藏毯、胶背毯
兴海县地毯厂	1989 年	26 人	集体企业	地毯
海晏县名族地毯	1991 年	41 人	国有企业	地毯
青海海源地毯有限公司	1991 年	63 人	港澳台与大陆合资企业	提花地毯
青海藏羊地毯集团有限公司	1996 年	1600 人	民营企业	藏毯（含省内加工车间工人）
乐都县社会福利地毯厂	1987 年	32 人	集体企业	地毯
湟源县巴燕乡地毯厂	1987 年	4 人	集团企业	地毯
乐都县地毯总厂	1988 年	76 人	集体企业	藏毯
玉树州地毯厂	1988 年	50 人	集体企业	地毯
青海共和县地毯开发公司	1988 年	93 人	集体企业	内销地毯、出口藏毯、胶背毯
兴海县地毯厂	1989 年	26 人	集体企业	地毯
海晏县民族地毯	1991 年	41 人	国有企业	地毯
青海海源地毯有限公司	1991 人	63 人	港澳台与大陆合资企业	提花地毯

资料来源：中国地毯网及中国藏毯协会 2010～2011 年调研报告。

表3　南川工业园区毛纺工业企业情况

序号	企业名称	所属行业	产品结构	全部产品
1	青海雪丹三绒集团	纺织	牦牛绒、山羊绒、牦牛绒衫、羊绒衫、纱线	年产针织衫40万件、纱线2000吨
2	青海藏羊地毯集团	纺织	机织藏毯、手工藏毯	年产360万件平方米机织毯

续表

序号	企业名称	所属行业	产品结构	全部产品
3	柴达木羊绒有限公司	纺织	山羊绒	年分梳羊绒 800 吨精梳绒条 200 吨
4	青海绒业集团	纺织	山羊绒、纱线	年产 500 吨山羊绒及 10 万件针织衫
5	青藏绒毛股份有限公司	纺织	纱线、羊绒衫	年产针织衫 200 万件、绒纱线 3000 吨
6	青海藏派工贸有限公司	纺织	分梳牦牛绒	年分梳牛绒 200 吨
7	圣源地毯集团有限公司	纺织	机织藏毯	年产 300 万平方米机织地毯
8	青海鸿源地毯有限公司	纺织	机织藏毯	年产 150 万平方米机织地毯
9	青海卡比特地毯有限公司	纺织	机织地毯	年产 150 万平方米机织地毯
10	青海大自然地毯纱有限公司	纺织	机织地毯	年产 8000 吨纱线
11	青海西孚纺织有限公司	纺织	地毯用纱线	年产 4200 吨地毯纱

资料来源：中国藏毯协会。

七、青海藏毯产业发展中政府
政策扶持情况的调查[*]

（一）政策扶持

改革开放后，青海藏毯产业获得新的发展机会，但受政府政策变化的影响较大，发展一波三折。

1. 地方政府政策扶持

中国共产党十一届三中全会后，青海省认真贯彻国家政策调整国民经济，充分利用地方优势，对纺织工业发展实行"六个优先"（原料、燃料、电力供应优先；挖潜、革新、改造的措施优先；基本建设优先；银行贷款优先；外汇引进新技术优先；交通运输优先），使纺织业获得前所未有的快速发展，也加快了藏毯产业的发展。尤其是 1980 年青海外贸逐步取得产品自营出口经营权后，于 1984 年开始地毯自营出口，1986 年出口 0.14 万平方米，创汇 12.22 万美元；1986 年省政府出台发展地毯业政策，从资金、钢材、木材、棉花指标等方面给予扶持，地毯生产得到了较快发展。1987 年全省生产地毯 4.78 万平方米，出口 0.73 万平方米，创汇 67 万美元，地毯成为全省的骨干出口商品之一，最高年份 1992 年出口 15 万平方米（含机织毯），创汇达 650 多万美元^①。

政策的支持使得藏毯企业从 1978 年的 2 家迅速发展到 20 世纪 90 年代初的 30 多家，省内的地毯加工点（半成品加工厂）最多时达 200 多个，家庭作坊达

---

* 作者：李毅。

① 青海省地方志编纂委员会. 青海省志·轻纺工业志［M］. 西安：西安出版社，2000：187 - 199.

2000 多个，织毯工人近 2 万人[①]。藏毯业的快速发展带动了农牧地区经济的发展，实现了农牧民增收，藏毯逐步形成了具有地方特色的产业。

2. 国家出口产品政策调整

1994 年，国际市场出现中低档纺织品过剩局面，当时的国家外经贸部为整治我国出口经营秩序混乱的局面，对纺织出口产品实施招标管理，所有的纺织品不分类别，必须缴纳一定的标费才可以出口[②]。青海藏毯属于中低档产品，利润微薄，抽出标费后出现亏损，使藏毯出口陷入困境。到 1996 年，国有（集体）企业纷纷倒闭，全行业面临巨额亏损，青海藏毯产业迅速衰退，到 1998 年藏毯生产企业只剩下 4 家。

3. 国家政策调整——国有企业改革，国家开始支持民营经济发展

国家外经贸部实施的招标管理只是影响青海藏毯出口的原因之一，计划经济时代遗留下来的经营模式和思维也影响了藏毯产业的发展。加之缺乏规范的市场监管机制，导致藏毯生产企业之间相互恶性低价竞销、偷工减料、以次充好，使得藏毯行业出现了"柠檬市场"，好的藏毯产品率先退出了市场，青海藏毯的质量直线下降，藏毯出口环境也日益恶化，产品出现滞销、大量积压，企业开始破产。1994～1998 年，国有（集体）藏毯企业纷纷破产倒闭。在国家实施的国有企业改革的政策指导下，青海藏毯的国有（集体）企业也开始进行破产改制，民营经济逐渐在藏毯行业中崭露头角。其中，最具代表性的企业就是青海藏羊集团[③]。

改制为青海藏毯产业注入了新的生命力，至 2001 年，青海所有的藏毯企业改制完毕，国有体制全面退出了藏毯生产的历史舞台，生产企业数量也集中到 3 家。

4. 西部大开发战略实施的新契机，地方政府开始大力扶持藏毯产业发展

西部大开发战略的实施为青海藏毯产业注入活力。2001 年，青海省开始重视藏毯产业的发展，重点培育龙头企业，藏羊集团被选为重点扶持的龙头企业。政府给予藏毯龙头企业连续 5 年免交企业所得税的优惠政策，帮助龙头企业积累

---

① 青海省地方志编纂委员会. 青海省志·轻纺工业志［M］. 西安：西安出版社，2000：187-199.
②③ 任俊杰. 青海高原藏毯：从"后备军"到出口"先行者"［N］. 中国特产报，2007-05-08（002）.

资金，扩大发展规模。2003 年将藏毯产业确立为全省重点发展的民族特色产业，把藏毯产业作为社会化系统工程来重点发展，并将其纳入到"十一五"发展规划中，实施了一系列扶持政策。从 2003 年起至 2006 年年底，全省共投入超过 3400 万元的扶贫资金扶持藏毯产业发展；全省的半成品加工车间从 2003 年的 80 多个，发展到 2006 年的 316 个；相关从业人员也由 3000 多人增加至 3.1 万人[1]，企业数量也由 2001 年的 3 家发展到 2006 年的 7 家，其中原辅料企业 3 家[2]。

青海省人民政府《省藏毯产业发展第二次专题会议纪要》（2004 年 3 月 30 日）决议第 3 条：省扶贫办在已支持 100 万元资金的基础上，今年再增加 200 万元资金；省商务厅在外贸发展资金和市场开拓资金中列支 100 万元；青海藏羊集团公司自筹 100 万元，省经委给予贴息支持。以上 500 万元之用于建设藏毯编织车间，提高生产力。决议第 4 条：新增从业人员培训经费，由省社保厅统筹安排，注意培训和用人的统一协调，不能形成"两张皮"要掌握节奏，前期可加大培训力度。决议第 5 条：鉴于藏毯产业是一项社会化系统工程，省藏毯产业发展协调领导小组由一个政府职能部门牵头负责已不适应藏毯产业发展的需要，决定由副省长蒋洁敏、徐福顺负责藏毯产业发展的领导工作，省长助理马建堂同志任省藏毯产业发展协调领导小组组长，增加省财政厅、省科技厅为领导小组成员单位。藏毯产业发展第二次专题会议纪要强化了藏毯产业的车间建设、人员培训和政府领导力。自 2003 年至 2008 年，青海省人民政府连续 7 次召开藏毯产业发展专题会议，有力地促进了藏毯产业发展。

2006 年，青海省西宁市被中国纺织工业协会授予"藏毯之都"称号，这标志着青海藏毯产业步入了集群化发展之路。到 2010 年 10 月，藏毯生产企业发展到 12 家，原辅料企业发展到 5 家，于 2008 年建成的青海藏毯原辅料交易中心汇集了全国 1000 多家皮毛收购商（含个体户），国内外销售商达 2000 多家，省内从业人员达 3 万多人，整个产业产值超过 11 亿元，占南川工业园区总产值的 70% 强[3]。

---

① 任俊杰.青海高原藏毯：从"后备军"到出口"先行者"［N］.中国特产报，2007 - 05 - 08（002）.
② 数据由调研和中国藏毯协会提供。
③ 文中数据根据相关报道及中国藏毯协会、商务厅、南川经济技术开发区管委会等多家单位调研资料整理。

（二）国家产业政策与青海藏毯产业发展

2001 年 9 月 29 日，国务院办公厅发布的《关于西部大开发若干政策措施实施意见的通知》中强调了加快西部地区特色农业发展的重要性，进一步明确了发展西部地区特色农业的总体思路，规划了西部地区特色农业的发展重点。正是在这一政策的指引下，青海省开始扶持藏毯这一特色传统产业的发展，促进了青海藏毯产业的集群化发展。2001 年青海藏毯产业的年生产量才 33 万平方米（手工毯 24 万平方米，机织 9 万平方米），出口 557 万美元，内销 78 万元。规模还很小，手工毯出口量仅占全国手工地毯出口量的 5%。生产企业仅 3 家，原辅料企业仅 2 家，分散在省内不同地区。

2003 年 1 月，农业部又提出《关于加快西部地区特色农业发展的意见》，强调大力扶持西部地区发展特色农业。青海省政府于 2003 年 6 月 20 日提出了发展藏毯产业的战略规划。规划中提出"以藏毯产品为核心，以藏毯产业为主导，培育国际性集团化藏毯企业，整合要素资源，扩展产业链，使相关产业协同发展"的产业集群化发展战略。在这一规划下，青海省政府开始加快建设藏毯生产基地，在西宁市城南新区规划出 30 平方公里作为藏毯生产基地。城南新区位于省会西宁市南郊，南北长约 11.3 公里，东西宽约 2.3 公里，是一条由西南到东北狭长的河谷地带，俗称"西宁大南川"。位于全国著名的旅游景点塔尔寺和贵德黄河民族风情旅游区的黄金线上。省政府计划把城南新区建设成为中国"世界藏毯之都"的重要生产基地。

2004 年 3 月，国务院在《关于进一步推进西部大开发的若干意见》中再次特别强调要"大力调整产业结构，积极发展有特色的优势产业"。2005 年 12 月 2 日，国务院发布实施《促进产业结构调整暂行规定》，要求加强和改善宏观调控，进一步转变经济增长方式，推进产业结构调整和优化升级，保持国民经济平稳较快发展。这为青海藏毯产业的发展提供了有力的政策保障，对青海藏毯产业转变经济增长方式起到了极大的推动作用。青海省开始利用国家政策申请国家的项目资金支持，加大企业技术改造资金的扶持力度，扶持发展机织藏毯。

2006 年 5 月，国务院西部开发办等六部门出台了《关于促进西部地区特色优势产业发展的意见》，系统提出了发展西部地区特色优势产业的总体思路、发展重点以及政策措施。其中就包括特色农牧业及加工业，这为青海藏毯产业的发展争取国家财政资金支持提供了制度保障。自 2006 年起，青海省政府开始扶持机织藏毯的发展，支持企业进行技术改造，并提供技改资金支持，为企业提供贴息贷款和申请国际政府贷款购买国际最先进的织毯机。青海省政府还利用国家提供的扶贫款为农牧区更换木制机梁 2200 多副，大大改善了青海藏毯生产条件，这些政策和措施的实施极大地提高了藏毯生产效率和产品质量。从 2003 年到 2006 年青海省政府累计利用中央财政投入的 3400 万元扶贫款来改善藏毯生产条件，主要用于机梁更新、建设农牧区加工厂和人员培训①。2006 年、2007 年省财政连续两年从中央财政拨款中安排藏毯产业专项发展基金 1500 万元，支持藏毯企业加快基础建设和营销网点建设，取得了良好的效果②。2008 年以来继续从中央财政拨款中设立藏毯产业发展专项基金，建立了政府帮扶的长效机制，计划每年申请 3000 万元中央财政专项基金，主要用于贷款贴息、延伸产业链、技术改造、优化产业结构、建设营销网络、新产品研发等。通过建立财政专项发展基金来促进藏毯产业实现产业结构升级和产品升级，不断提高产品质量和档次。

（三）地方政府政策与青海藏毯产业发展

1. 制定产业发展战略规划

在中央政策的指引下，2003 年青海省政府在充分调研后认清了发展藏毯产业的资源优势和地缘优势，制定了藏毯产业发展战略规划，提出了"打造藏毯之都、重振民族传统特色产业"的口号③。同时，加快了园区建设步伐，在西宁市城南新区规划出 30 平方公里作为藏毯生产基地，总投资超过 35 亿元完善园区投资环境，建立完善的基础配套设施；形成了以商业贸易、行政服务、休闲娱乐、旅游观光为主的文化贸易区，集手工藏毯深加工，产、学、研、供、销、展为一体的特色工业区。为了促进藏毯产业的集群化发展，重点建设了国际商务中心、

---

① 笔者调研获得，下文中数据均从政府相关报告中获得。
② 数据为笔者调研获得。
③ 东治. 青海藏毯：创新之路［N］. 青海日报，2006 - 03 - 28.

世界手工地毯博物馆、国际藏毯会展中心、藏毯生产加工基地、羊毛系列原辅料交易中心、研发及培训基地等与藏毯产业相配套的产业基地；将分散在省内的藏毯生产企业集聚到园区内，共享园区基础设施，减少企业投资，增强藏毯产业的集聚效应。

2. 制定区域营销政策

自 2003 年青海省政府提出打造"藏毯之都"的口号后，为了加快青海藏毯产业发展，提高青海藏毯的知名度，青海省政府于 2004 年召开了首届青海藏毯国际展览会，积极推广青海藏毯品牌，2006 年西宁获"藏毯之都"称号。通过举办青海藏毯展会将国际地毯生产商和销售商请进来，让本地企业不用出国门就能和世界各国地毯商进行面对面的沟通和交流，促进合作和技术交流，改进生产工艺，提高产品质量，大大节约了本地企业销售成本，迅速开拓了国外市场。到 2010 年 6 月，青海省政府已经成功举办了七届青海藏毯国际展览会，取得了辉煌的成绩，极大地促进了青海藏毯产业的发展，带动了 3 万多农牧民就业和相关产业的发展。截至 2010 年 7 月底，青海藏毯已经成功打入了 40 多个国家和地区，国内代理商超过 2000 家，国外代理商达 140 多家。多家企业在国外建立办事处，政府鼓励企业积极开拓国内外销售市场，并对开拓市场的企业给予市场拓展资助和奖励。自 2001 年以来，青海省政府已经扶持 5 家企业积极拓展国内外市场，并且自 2004 年起每年拨 300 万元支持举办青海藏毯国际展览会。青海藏毯国际展览会的举办，加快了青海藏毯产业的集群化发展步伐。受 2008 年金融危机的影响，为了进一步扩大青海藏毯国际展览会的影响力，青海省政府和西藏自治区政府积极要求商务部作为主办单位参与青海藏毯国际展览会的举办。自 2010 年起，青海藏毯国际展会的档次由青海省和西藏自治区主办的省级展会升级为由国家商务部主办的国家级展会，极大地提升了青海藏毯国际展览会的展会档次和知名度，展会成交金额突破往届，创历史新高，达到 5860 万美元，现货交易 4650 万元人民币①。历届展会规模、成交额、展会内容及主办单位情况，如表 1 所示。

---

① 以上数据为笔者根据相关新闻报道整理而得。

表1 历届青海藏毯国际展销会概览

届数	成交额	展会规模	展会内容	主办单位
2004年第一届	实际成交800万美元	100余家进口商，国内和印度、尼泊尔、巴基斯坦三国的300余家参展商，参展摊位500个	地毯及地毯原辅材料展览和交易，并结合旅游观光展示青海藏毯的编织过程、牛羊绒资源优势及丰富的藏文化活动	青海省人民政府、西藏自治区人民政府、中国食品土畜进出口商会
2005年第二届	成交1589万美元	共有25个国家和地区的客商、国内20余个省区地毯企业组团参展参会。展会共设置了300个展位，其中国内展位220个，国外展位80个，到会的国内外参展参会商达1500多人	突出藏毯专业展会的主题，融国内外藏毯产品交易、藏民族风情展示、现场手工编织地毯演示等于一体	青海省人民政府、西藏自治区人民政府、中国食品土畜进出口商会
2006年第三届	实现成交金额3960万美元	参会、参展国达到34个，国内有21个省区市地毯企业组团参加，国内外代表1700人，其中外商430人	展会一改前两届以展示为主的单一格局，将地毯交易和展示并举，突出现货交易，辅以展销地毯原辅材料和民族文化工艺品，并与建立城南国际地毯城及原辅材料集散地相结合，赋予展会新的内涵和强劲的生命力；总体规模超过了前两届；前两届展会以宣传和展示为主，这届展会更加注重展销结合，突出销售	青海省人民政府、西藏自治区人民政府、中国食品土畜进出口商会
2007年第四届	实现合同金额4380万美元，其中现金交易356万美元	参会参展国34个，国内19个省区市108家地毯企业组团参加，新邀请的国内经销商参会企业200多家，近1000人。国内外参会参展代表2500余人，其中外商530人	参展展品共8大类1000多个花色品种，展品图案精美、造型别致、品种繁多，手工、机织地毯，又有国际较为流行的丝毛地毯。特别是表现山水、花鸟、人物的挂毯，体现了较高的艺术水平和技艺水平	青海省人民政府、西藏自治区人民政府、中国食品土畜进出口商会

届数	成交额	展会规模	展会内容	主办单位
2008年第五届	实现成交金额4820万美元，其中现货交易392万美元	本届展会国外参展9个国家，25家企业，60余人；参会41个国家和地区，150家企业，300余人。国内参展20个省市区，86家；国内参会30个省市区，300余家，国内外参展商、采购商近2000人	展会以进一步扩大展会规模，丰富展会内容，创建展会品牌，带动产业集群发展，做大做强藏毯产业，促进青海特色经济发展为宗旨，继续坚持展示和交易并重，融国内外精美地毯产品展示和现货交易、博大精深的藏民族文化艺术魅力为一体。参展商品在保持手工地毯专业性传统特色的同时，辅以展销地毯原辅材料和机织毯、床上用品、热贡艺术品等，并演示手工纺纱、植物染色和藏毯手工编织及机织毯工艺流程	青海省人民政府、西藏自治区人民政府、中国食品土畜进出口商会
2009年第六届	成交额4670万美元，现货交易2092.5万元人民币	本届展会国外参展8个国家，共有57家企业前来参展；有23个国家和地区的300余人参会。国内31个省市区的500余家企业参会，国内外参展商、采购商近3000人。国外参展商、国内经销商数量均超过前五届	展会融国内外精美地毯产品展示和现货交易、体现博大精深的藏民族文化艺术魅力和歌舞表演为一体，参展商品在保持手工地毯专业性传统特色的同时，辅以展销地毯原辅材料和机织地毯、家居用品、藏文化艺术品等，同时演示手工纺纱、植物染色及藏毯手工编织及机织毯工艺流程，彰显了展会传统与创新、文化与特色相融合的丰富内涵，从而吸引了众多国内外生产商、采购商参展参会，广泛开展了国际间的交流与合作	青海省人民政府、西藏自治区人民政府、中国食品土畜进出口商会
2010年第七届	成交额5860万美元，现货交易4650万元人民币	印度、巴基斯坦、尼泊尔、伊朗、阿富汗、蒙古等国家和地区的93家企业参展，美国、德国、意大利、希腊、土耳其、日本等23个国家和地区的100多名客商参会，国内17个省区的地毯生产商参展和30个省区的经销商参会；参展参会客商4000余人，规模超过往届	展会在以往"开放、合作、发展"的基础上，紧紧围绕省委、省政府提出的"四个发展"的目标，继续注重并延伸"特色、绿色、低碳"的展会内涵，突出壮大藏毯特色产业，发展新兴绿色环保和高附加值地毯产品，推进低碳经济交流合作，主题更加彰显了民族地域文化，融优势资源与先进技艺为一体，手工毯专业性与机织毯科技型结合，国内外市场并举，凸显展会国际化、专业化、民族化、品牌化，更加注重展示与交流，更加贴近民生所需	中国商务部、青海省人民政府、西藏自治区人民政府、中国食品土畜进出口商会

续表

届数	成交额	展会规模	展会内容	主办单位
2011 年 第八届	实现交易额 7100 万美元	美国、德国、意大利、希腊、土耳其、日本等 34 个国家和地区客商参会，国内 16 个省区的地毯生产商参展和 30 个省区的经销商参会，参展境内外企业 193 家，参展参会客商 4500 余人，规模再创新高	本届展会紧紧抓住国家实施新一轮西部大开发战略、支持青海等省藏区经济社会发展的重大机遇，按照"四个发展"要求，以服务藏毯产业企业为目的，融传统手工、现代工艺精品和民族文化展示于一体，精心打造国内外地毯产业与文化交流沟通的平台；展会生命力和吸引力不断增强，凸显了国际化、专业化、民族化、品牌化特征，更加符合科学发展，展会影响力不断提升，品牌效应日益显现；大型经销商入会采购，参展展品从数量和品质大大提高	
2012 年 第九届	成交额 8300 万 美元	印度、巴基斯坦、尼泊尔、伊朗、阿富汗等世界手工地毯主要生产国相聚"藏毯之都"，参展企业 253 家，其中境外企业 112 家，省外企业 132 家，省内企业 9 家；美国、德国、意大利、希腊、土耳其、日本等 32 个国家和地区的 62 家客商参会，国内 17 个省区的地毯生产商参展，30 个省区的经销商、采购商参会，参展参会客商突破 5000 人	本届展会秉承"交流、合作、创新、发展"的主题，以藏毯展示、合同成交、现货交易为主，展销国内外各类手工地毯、机织地毯、原辅材料、藏文化艺术品，展会内容丰富多彩，呈现出了众多新亮点、新特色。成为国际化、专业性最强的展会；今年新增了"2012 中国（青海）藏毯国际展览会国际论坛"、针对产业发展举办专业论坛，成功举办了国别日——巴基斯坦日活动，举办项目对接、产品对接、生产商采购商对接及主办商联谊会等活动；参展数量比上届增加了一倍，新产品首次亮相展会；展会国际化、市场化程度进一步提高，同时，展会得到了商务部以及中国食品土畜进出口商会等专业商协会前所未有的支持，展会招商招展、专业活动、国内外市场开拓等方面的力度进一步加大	中国商务部、青海省人民政府、西藏自治区人民政府、中国食品土畜进出口商会

资料来源：笔者根据中国藏毯协会提供的资料和历年报纸报道整理。

除了通过展会进行青海藏毯区域营销外，青海省政府还专门制定八项政策帮助企业开拓国际市场①：一是扶持藏毯龙头企业，促进龙头企业做大做强，提高竞争实力；二是加大投入，加快藏毯生产基地的建设步伐，扩大半成品和后整理生产能力；三是强化产品研发，保证每年推出新产品 2 ~ 3 种投入国际市场，引领世界手工地毯消费新潮流；四是巩固扩大欧、美、日重点市场，积极发展拉美、大洋洲等新市场，分步启动亚非潜在市场，同时注意开发国内市场；五是走名牌经营之路，将青海藏毯铸造成为世界著名品牌、著名产品；六是办好青展会，为青海藏毯搭建通往世界的大平台；七是打造天津、欧洲藏毯分拨中心，扩大重点市场的销售份额；八是强化信息网络体系建设，积极发展电子商务，逐步取代传统交易方式。

3. 制度创新

（1）探索出"市场 + 公司 + 基地 + 加工厂 + 农牧户"的产业发展新模式。青海藏毯企业规模小，资金少，因此政府垫资帮助企业建设厂房和车间，待企业投产 3 年后再开始还本付息。为了缓解企业流动资金不足的问题，在企业尚未取得土地产权的情况下还允许企业以厂房和设备进行抵押贷款，并由政府出资为企业在农牧区建设加工厂（车间），帮助企业扩大产能，提供免费技术培训，提高农牧民编织水平。还探索出一套适合青海特色的"市场 + 公司 + 基地 + 加工厂 + 农牧户"的产业发展模式，即统一由公司根据市场需求下达订单到加工厂，并由公司提供原材料和技术指导，统一收购半成品，整理后，由农户到设在村里的加工厂织毯，这样既避免了织毯工过于分散而不便于管理的问题，又有效地解决当地人不愿意出门务工的问题，实现了在"家门口就能挣钱"的目的②。这种发展模式不同于其他国家和地区地毯编织分散到农户家中的分散模式。青海省制定的"四统一、一包销"模式，即"公司统一生产工艺标准、统一下达生产订单、统一供应原料、统一产品收购，全额收购产品"，再根据内外销合同，组织内外销售。实践证明，这一政策的制定具有社会合法性，符合青海的社会现实，促进了藏毯产业发展。这种模式有效地延长了产业链，拓展了产业网络，提高了产品附

---

① 青海藏毯产业发展现状与前景分析。网址：http://finance.sina.com.cn/roll/20050713/1101198854.shtml.

② 2008 年青海藏毯国际展览会特刊. 藏毯将带动 16 万农牧民增收［N］. 西宁晚报，2008 - 05 - 16（特02）.

加值，成效显著，符合青海农牧民居住分散的省情，也符合藏毯劳动密集型产品的特点，得到了各级政府的积极支持和配合，受到了广大农牧民的普遍欢迎。

（2）建立藏毯产业发展协调会议制度。自 2003 年起，每年由主管藏毯产业的副省长展开一次藏毯产业发展协调会议，专门研究藏毯产业发展中遇到的困难和存在的问题，将省商务厅、农牧厅、教育厅、发改委、科技厅、财政厅、社保局和扶贫办 8 个部门进行整合，共同促进藏毯产业发展，各部门各司其职，狠抓政策措施落实。经过 7 年多的努力，在省政府的大力扶持和省相关部门积极配合下，通力合作，极大地促进了藏毯产业发展。

（3）制定品牌推广扶持政策。自 2003 年起就积极鼓励并帮助企业创品牌，对获得国家驰名商标的企业给予 50 万元的奖励；帮助企业建立青海藏毯编织标准，于 2006 年成功制定了青海藏毯编织的省级标准，2008 年升级为国家标准，打破了手工藏毯没有国家标准的历史。

政府还积极申请青海藏毯"中国地理标志产品保护"，于 2008 年获得批准，增强了青海藏毯品牌的竞争力。

（4）制定招商引资的优惠政策。2008 年为了促进藏毯产业招商引资，制定"一区四园"战略，将西宁市城南工业园区划入西宁市国家经济技术开发区，更名为"南川（国家级）工业园区"，享受国家级经济技术开发区的税收政策和招商优惠政策，吸引 4 家外地企业入驻园区，其中有 3 家藏毯原辅料企业、1 家机织毯企业，拓展和完善了藏毯产业链，加快了产业集群发展。

（5）税收优惠。自 2001 年扶持藏毯产业发展以来，为了加快藏毯企业发展，解决资金积累问题，青海省政府于 2001～2006 年连续 5 年免除企业所得税，帮助企业积累资金，加快发展和鼓励私人创办藏毯企业，对私人创办藏毯加工厂给予 2500 元补贴，并免费提供机梁和技术培训。对外商的优惠政策是：设在青海省境内的外商投资企业，允许有 3 年的试运营期；外商投资藏毯企业，10 年内免征城市房地产税、车船使用牌照税、教育费附加、城市维护建设税；对外商投资企业免征地方所得税 11 年等①。

附：纺纱中心建设和图案研发的支持

青海省人民政府《关于青海藏毯产业发展专题会议纪要》（2003 年 6 月 20

---

① 西宁市（国家级）经济技术开发区管委会提供。

日）决策第四条：建议藏羊集团加快公司纺纱中心的建设进度。请省政府有关部门在建设经费上给予支持，企业按程序上报后，由省外经贸厅从外贸发展促进资金中列出 80 万元的贴息资金予以扶持，省经贸委将该项目列入全省计划的总盘子，在技改资金上也给予扶持。

决议第五项：建议藏羊集团着力抓好藏毯品种，图案的开发和研制工作，不断增加新的种类，提高产品质量和企业的知名度。对其研发费用，省外经贸厅要在已经支持 86.1 万元的基础上，继续利用外贸发展促进资金，中小企业国际市场开拓资金等给予支持，今年再安排 20 万元。

八、青海藏毯产业的研发
与培训情况调查[*]

（一）研发

1. 产品研发

1988 年青海省畜产品进出口公司为进一步调整出口地毯的品种结构，成立藏毯开发研究小组，省科委资助 10 万元开发研制出 35 道、40 道、70 道藏毯，在开始批量生产的当年就对日本、美国出口，并获得外商好评。研究内容主要是^①：

（1）化学水洗藏毯工艺的配方，去污、去油、保色，解决化学水洗后纱头不散；用化学药物去除毯背的浮毛、针毛、尘毛，利用植物染色的工艺配方，提高色牢度、色均匀度等；与 90 道手工毯不同的手工打节编织方法。

（2）牦牛毛地毯。1988 年省地毯二厂利用青藏高原牦牛毛的资源优势，开发研制牦牛毛的地毯。投资 48.5 万元（省科委资助 40 万元）。其中，企业自筹 8.5 万元，列入 1988 年重点科技项目计划，于当年研制成功。研制主要是分析牦牛毛的产地、产量，基本理化性能；原毛的分拣方法，洗净去膻工艺；手捻成纱和机械粗纺成纱工艺，牦牛毛毛纱的褪色染色工艺等。

（3）高道数地毯开发研制。1991 年省地毯二厂在 90 道手工地毯的基础上开发研制出 120 ~ 200 道手工地毯。总投资 105 万元，其中，省计委资助 30 万元，

---

* 作者：李毅。

① 青海省地方志编纂委员会. 青海省志·对外经济贸易志 [M]. 合肥：黄山书社，2005：185 – 186.

企业自筹75万元。该项目列入省科委"八五规划"，从开发到正式生产历时2年，科研内容主要是：依据青海羊毛（西宁大白毛）的理化性能，研制粗纺羊毛16~20支纱的配比和纺纱的工艺；研究染色工艺，提高色泽和亮度；相应设备的研制与改进。

（4）地毯热烫光技术的开发研究。1988年省地毯二厂为提高青海地毯的外观效果，投资14.6万元（省科委资助10万元），其中，企业自筹4.6万元，开展对地毯热烫光技术的研究，于当年获得成功，这普遍提高了青海地毯外观效果，经省科委鉴定达到了国内其他厂家先进产品的质量标准。研制内容为热烫光工艺技术理论；热烫光工艺流程，温度及化学药剂的选配；热萝光地毯设备的设计与制作。

（5）青海藏毯检验检测中心。西部大开发战略实施后，为推动青海省优势特色产业——藏毯的健康、快速发展，青海省质量监督局和青海省纤维检验局工作人员，于2005年12月深入到青海省藏羊集团公司进行调研，决定组建青海藏毯检验检测中心。2006年3月28日，青海省纤维检验局和青海藏羊集团有限公司组建了青海藏毯检验检测中心。该中心按照青海省纤维检验局通过国家认证认可委员会三合一评审的质量运行体系的模式运行。主要承担全省范围内原辅材料和半成品、成品的检验检测，为藏毯企业的生产工艺、产品开发提供技术咨询和服务。在2006年青海藏毯国际展览会期间，检测中心也为参展商和客户提供相关服务。

（6）"藏毯研发公共服务平台"和"青海藏毯·毛绒纺行业外贸公共检验检测平台"。2011年成立"藏毯研发公共服务平台"和"青海藏毯·毛绒纺行业外贸公共检验检测平台"，进一步加强了与国内外同行业的交流与合作，提高了青海藏毯的知名度，基本上形成了"世界藏毯在中国，中国藏毯在青藏"的品牌效应。

2. 1949~1999年主要研发成果①

（1）羊毛脂提取。1954年，青海人民毛纺织厂利用从上海拆迁来的洗毛机上附设的一套陈旧的油脂分离机，在省工业厅的支持和帮助下，组成了羊毛脂提制研究组，其间日本友人滕田先生对设备进行检查，提供了有益的帮助；经过反

---

① 青海省地方志编纂委员会. 青海省志·轻纺工业志［M］. 西安：西安出版社，2000：22-24.

复多次的研制，并通过从苏联的有关资料中得到的启示，于 1955 年终于从洗毛污水中分离出了含水羊毛脂，研制出粗制羊毛脂新产品。生产稳定后，《人民日报》于 1956 年 10 月 6 日作了报道，1957 年新华社发了两次电讯。天津、甘肃、新疆派人来厂学习，各地来函索要有关技术资料。这项技术当时在国内尚属首创。青海省绒毛加工厂于 1958 年研制"无水羊毛脂"（即精制羊毛脂）成功，经中国科学院、纺织工业部、外贸部鉴定，质量达到标准，这在国内属首次。

（2）长毛绒。1980 年，李秉仁、咸世民等研制成双面长毛绒及双面长毛绒毛毯。该产品是在同一底布的两面都覆盖与其相交织的绒毛，是一种经纱起绒织物，工艺水平在国内属先进。双面长毛绒绒毛紧牢、绒面丰满、松软轻柔、保暖性强、肤感舒适。该项成果获 1982 年青海省科技研究成果一等奖，荣获纺织工业部科技成果三等奖。

（3）染整工艺。整理技术始于 1959 年。1987 年，研制成腈纶变色线，该产品可在不同光源下呈现不同的颜色。随着染色技术的发展，到 1988 年可根据各种毛纺产品的不同要求，采用散毛、毛条、纱线、简纱、匹布五种工艺路线进行染色。

3. 2000～2012 年主要企业科研成果

（1）藏羊集团科研成果。

①专利。2000 年始，日、美、欧地毯市场对藏毯品质的要求日益增高，高档环保产品受到喜爱，藏羊集团用羊绒、牛绒、柞蚕丝三种高档天然原材料织做地毯，采用藏毯编织工艺，密度从 100～300 道，结合后道洗毯、剪花工艺的改进，经过近 1 年多的实验，产品最终受到欧、美、日市场的追捧。

2002 年为保护以上三种材料的产品及销售，同年年底藏羊集团将各项申请文本递交到国知局申请专利保护。2003 年 7 月经审查公示，获准各项专利权，其中发明专利三项（一种丝绒地毯及其编织打结方法、一种丝毛地毯及其编织打结方法、一种丝织地毯及其编织打结方法）；实用新型专利两项（一种地毯编织箱、一种编织地毯固定扣）。到 2012 年底，藏羊集团已获得 100 多项外观设计专利权。

②产品研发。一是手工丝毛、丝绒、纯丝藏毯的开发。针对国内外消费趋势，藏羊集团改变了传统地毯原料的使用局限，大胆地将羊绒、牛绒、驼绒、柞蚕丝等几种高档天然原料运用到手工藏毯上。因绒纤维与羊毛纤维在细度、长度

上有很大的区别，要想将这种原料运用到地毯上，其纺纱支数、捻度均要符合地毯的织做要求。在青海雪舟三绒集团技术人员的配合下，经过反复多次实验最终确定织造地毯用绒纱为单纱支数为 2 股 12Nm，股数根据不同密度选择 2 ~ 3 股。如 120 道以下地毯使用 3 股 12 支绒纱，120 道以上地毯使用 12 支绒纱。国内可用做纺织物的丝原料很多，可用在地毯的却寥寥无几，丝的运用要达到高档地毯的要求。经多方比较实验后，选择东北野生柞蚕丝作为原料，单纱支数选用 60Nm，股数根据不同地毯密度进行选择，14 ~ 24 股不等。制作丝毛、丝绒、纯丝藏毯的关键是洗毯。传统手工羊毛地毯洗毯均为化学洗毯，即以次氯酸钠、次氯酸钙为主要原料，利用这两种原料溶于水后释放出的弱碱对羊毛纤维表面的鳞片层进行腐蚀、软化，再在机械引力的作用下将羊毛纤维鳞片层剥落，露出光滑、亮泽的皮质层，使洗后的地毯显露丝绸般的光泽。但绒纤维表面鳞片层薄，纤维本身卷曲度大，显而易见与羊毛地毯的洗毯方法不同，经过反复实验，解决了绒毯和丝毯的洗毯问题。

在手工丝毛、丝绒、纯丝藏毯的整个开发过程中，藏羊集团前后投入了 50 多人次，耗资近 200 万元，成功开发了丝毛、丝牛绒、丝羊绒、丝驼绒、纯丝手工地毯。

二是手纺纱藏毯的开发。2005 年藏羊集团利用青海省西宁大白毛这一特有的原料资源，对拣羊毛、手工开松、手工捻线、植物染色、织毯、洗毯等各个环节进行精心研究，并在省委扶贫办的支持下，与高原机电研究所合作研发手纺纱设备。经过 2 年实验，研发出 1 支、1.5 支手纺纱，开发出 60 道、80 道、100 道、120 道等一系列手纺纱丘比藏毯品种，填补了藏毯品种的历史空白，开辟了手工藏毯工艺里程的新纪元。两年期间，投入 100 人次采用"走出去、引进来"的办法，聘请巴基斯坦优秀技术人才并派人赴巴基斯坦学习，耗资近 400 万元。

三是机织产品的开发。2006 年底，藏羊集团引进近 20 台世界先进的威尔顿地毯织机，将产品定位为纯羊毛手工完成块毯。藏羊集团与设备生产厂家（比利时范德伟尔、德国圣豪）工程师反复讨论，不断改进。2007 年 10 月，藏羊集团的第一块棉纬的全羊毛块毯在 400 筘密设备上诞生，设备调试成功后产品下机，藏羊集团立即收到了设备厂家的贺电。在后道加工工艺上，藏羊更是打破机织毯不能洗毯的老规矩，对所有羊毛块毯采用手工毯洗毯方法，并改进机织手工完成块毯的工艺，一举获得成功，2008 年在上海的地面铺装产品展示交易会上获得好评。从此，机织地毯有了手工完成羊毛地毯、手工完成机片洗羊毛地毯、羊毛汽车垫等一系列块毯产品。

（2）海湖公司科研成果。1989 年 11 月，在全国星火计划成果适用技术展览交易会上，海湖公司藏毯生产技术项目被评为银奖。1991 年 11 月，"七五"全国星火计划成果博览会上，公司"青海湖"牌藏毯荣获银奖。1991 年 12 月，公司被湟中县委县政府评为"七五"期间科技先进集体。1992 年 12 月，公司获得中华人民共和国农业部颁发的全面质量达标证书。1993 年 2 月，公司获得青海省人民政府颁发的优秀新产品三等奖。1993 年 11 月，公司被中共海东地委、地区行政公署评为科技工作先进集体。1995 年 5 月，公司被省科委、省总工会、团省委评为"七五"期间科技先进企业。1996 年 1 月，公司藏羊牌纯毛地毯被海东地区消费者协会评为消费者满意商品。1996 年 12 月，公司获得湟中县政府颁发的"八五"科技成果一等奖。2007 年，生产工具革新取得新进展。藏毯编织机梁研制系列化，对沿用的 3 米×4 米机梁研制了统一型号标准的机型，从 2005 年开始按年度计划生产。2006 年，2.2 米×2.4 米小型入户型机梁研制投产。研制 315 米、13 米、10 米特大型机梁。新型机梁规范、结实、具有先进性、操作方便、使用安全，逐步形成了大、中、小机梁系列。手工纺纱工具从手摇或、脚踏或到电动手纺纱车、提高了劳动生产率。[①] 2010 年 8 月~2011 年 6 月海湖公司实施了《藏毯图案计算机辅助设计制图软件引进应有开发》项目。2012 年 12 月 14 日，西宁市科技局组织有关专家对项目进行了验收，认为该项目引进地毯图案计算机辅助设计制图系统软件进行应用开发完善，形成了一套功能满足本公司系列产品特点、工艺要求的图案设计制图软件，通过项目实施，提高了设计与制图效率，缩短了产品开发周期，降低了色纱复染率，减少了生产成本，产生了较好的效益。2010 年海湖公司通过了 GB/T 28001：2001 职业健康安全管理体系认证。

（3）圣源公司科研成果。2008 年 5 月 29 日，省科技厅、省财政厅和省经委（青财建字〔2008〕556 号、青科发计字〔2008〕72 号）下达 2008 年企业技术创新项目，圣源公司"竹纤维抗菌水洗阿克明斯特地毯的开发"项目列入其中，总投资 7106 万元。2008 年 6 月 24 日，省科技厅、省财政厅和省经委（青经投〔2008〕175 号、青财建字〔2008〕693 号、青科发计字〔2008〕136 号）下达 2008 年青海省第一批企业技术创新项目计划，圣源公司"绵羊底绒拉伸改性纱高档地毯产品生产试验"被项目列入计划，总投资 5106 万元。2009 年 4 月 23

---

① 青海省藏毯产业发展状况 . 中国藏毯协会 2010 年 11 月 24 日向省政府的汇报资料。

日，青海省财政厅（青财建字〔2009〕400 号）下达 2009 年第一批企业创新补助资金，圣源公司"羊毛角蛋白粗制液的制备和产品生产方面的应用性试验项目"获批，总投资 1200 万元。2009 年 10 月 10 日，西宁市财政局（宁财企字〔2009〕1624 号）下达 2009 年节能技术专项资金，圣源公司"生产废水处理循环回用节水项目"获批，总投资 441.5 万元。2009 年 12 月 1 日，青海省财政厅、青海省科技厅（青财建字〔2009〕1643 号、青科发计字〔2009〕217 号）下达 2009 年第二批科技项目，圣源公司"西宁毛无干死毛处理生产试验项目"列入，项目总投 1381 万元。

4. 技术改造与引进

（1）地毯织造技术[①]。

青海民间手工地毯织造业有比较悠久的历史。唐朝文成公主进藏给青海带来了栽绒毯技术。15~17 世纪中叶，青海的马褥毯的编织工艺和图案风格受到中原文化与印度佛教、藏传佛教文化的影响，逐渐形成了独特的民族风格，但青海手工业地毯织造业发展缓慢。1949 年 10 月以前，青海省内只有一个小地毯厂。

中华人民共和国成立后，青海省地毯织造企业不断引进新技术、采用新工艺，改进图案设计，已形成藏毯、京毯、艺术毯三大手工毯及机织、无纺地毯等门类。

藏毯的制作工艺中捻线、染色、编织和后整理均沿用手工操作工艺。毛纱染色采用传统的植物染。编织工艺为正"8"字绕扣，俗称"手棒缠"，即将纱线环绕在绕线杆上，待一道织完后，将纱线踩实，再用刀具将杆上的绕线剖开，形成毯面。此种编织法用线省、消耗低，毯面的效果为毛线断固重叠，呈粗厚感。1985 年为使传统藏毯适应国际市场消费需求，充分利用"西宁毛"资源优势，增加出口创汇，湟中县上新庄藏毯厂进行改进藏毯生产工艺试验。对手工捻线、植物染色进行科学的调整和统一工艺标准，并设计了具有地方民族特色的构图平稳、色彩古朴沉着的藏毯图案。经过 4 年多的研制和改进，已形成较完整的青海藏毯新工艺，使产品系列化、标准化，质量达到规定标准，正品率由 1985 年的 85% 上升到 1989 年的 92.2%。青海藏毯正以古朴、粗犷、自然的独特韵味跻身于国际地毯市场。

---

① 青海省地方志编纂委员会. 青海省志·科学技术志［M］. 西安：西安出版社，2000：304-309.

京毯和艺术毯的工艺技术从 20 世纪 70 年代起陆续完成了洗毛、纺纱、整理等工艺的机械化操作。20 世纪 60 年代，青海绒毛加工厂地毯车间首先引进英国粗梳纺设备一套。1982 年，青海地毯二厂从日本引进梳毛机 4 台、纺纱机 2 台，新增地毯生产能力 400 吨/年。1984 年 6 月，该厂通过港商又引进美国 60 型 98 针、118 针地毯织机 2 台，提高了地毯质量、工艺水平和地毯机织能力，形成拉绞毯、抽绞毯、高级手工毯、仿古毯等 10 多个品种，编织道数也由 70 道增加到 90 道和 120 道。20 世纪 80 年代后期，又研制开发出具有独特艺术风格的热贡艺术藏族图案地毯，该地毯已批量生产并打入国际市场。

（2）毛纺织技术①。

①洗毛制条技术。民国三十三年（1944 年），青海省海阳化学厂下属洗毛厂采用 1 台木槽叉式洗毛机洗毛，因无烘干设备，只能靠阳光自然干燥，每年生产 7 个月，年产量 355 吨。1953 年，洗毛厂从上海市调入日本 1921 年生产的五槽耙式洗毛机和笼式烘干机各 1 台。1955 年，从洗毛污水中回收羊毛脂成功，减少了废水污染。1963 年后，使用国产 LB021 和 LB023 五槽联合洗毛机洗毛。

制条技术始于 1960 年，采用国产 B271 精纺梳毛机和 B311 精梳机及其他配套设备生产毛条。1963 年，采用 58 型制条设备。以后采用 68 型国产制条设备，B272 梳毛机、B311A 精梳机等生产纯毛、化纤、混纺等各种毛条。1977 年，使用散毛碳化联合机，满足了高档粗纺毛织品的要求。并从法国引进 ATC 型羊毛除草机，使青海省羊毛机械除草技术在国内处领先地位。20 世纪 70 年代以后，又相继采用 BC273 型山羊绒分梳机和 FN421 羊绒分梳机进行羊绒、牦牛绒分梳。1988 年，纯毛毛条一等品率达 97%，为纺织部一档水平。

②纺纱技术②。民国三十三年（1944 年），纺纱设备简陋。1959 年，用木制脚踏纺纱机单锭纺纱。1960 年，使用上海淘汰的英国旧翼锭机纺纱生产绒线，直到 1963 年才被国产 B581 细纱机所取代。

1963 年，用英国 K908 - Z 型二联梳毛机和 K488/33 型 120 锭环锭细纱机纺制粗纺地毯毛纱，结束了青海地毯用纱依赖省外供应的历史。1967 年，用国产 BC272 梳毛机、BC582 纺纱机和 BC584 纺纱机生产毛毯用纱和粗纺呢用纱。1969 年，引进法国 NSC 型细纱机纺制绒线。1982 年，使用 BC583 纺纱机纺制毛毯纱。

---

① 青海省地方志编纂委员会. 青海省志·科学技术志 [M]. 西安：西安出版社，2000：304 - 309.
② 青海省地方志编纂委员会. 青海省志·轻纺工业志 [M]. 西安：西安出版社，2000：30 - 31.

从 20 世纪 70 年代后期到 80 年代初，青海毛纺织技术提高较快，除积极采用国产先进设备外，先后从西德、意大利、日本等国家引进毛纺织及染整设备 44 台（套）、毛针织设备 104 台，技术装备水平有了较大提高。在羊毛预处理技术方面，1977 年使用散毛碳化联合机，解决了粗纺呢中的草刺问题，以满足高档粗纺呢的技术要求。并从法国引进 ATC 型除草机，在机械除草技术上处于国内领先地位。1985 年用 FN421 羊绒分梳机进行羊绒、托牛绒分梳，将分梳后的无毛绒配以一定比例的羊毛，在从日本进口的 WL－59 型粗纺梳七机上梳理。在纺纱技术方面，1982 年采用国内较先进的 B593 细纱机纺制精纺毛纱；1985 年引进日本京和机械厂生产的 644 锭走锭式纺纱机纺制粗纺针织绒纱，提高了毛纱的条干均匀度，为粗纺牦牛绒衫的批量生产提供了良好的装备基础；1983 年用国产定型配套设备生产精纺毛纱、工艺流程长，最高纺纱支数达 65 支。1984～1985 年从西德引进 SKF 细纱机大摇架共 4 台，改造国产 B593 和 B583 细纱机的牵伸部件，取得良好效果，降低了断头，减少了纱疵，改善了成纱条干。在织造技术方面，1985 年第三毛纺织厂从西德引进了 USK－100 哈克巴电子整经机。青海省从 1985 年开始生产毛针织品，采用国产横机并引进日本以及中国台湾地区的横机编织精、粗纺羊毛衫。

③染整技术。在整理技术方面，1959 年，青海毛纺织厂在大铁锅里放肥皂水，在搓板上搓揉进行洗缩，用刺果刷子手工起毛、土烘房干燥等工艺方式进行道毯整理，用自制的黄铜染缸和陶瓷染缸手工进行毛线染色，工艺简单。1963 年，用 N461 染色机进行毛条染色。1967 年，采用洗呢机、缩呢机、钢丝起毛机、刺果起毛机、剪呢机、蒸呢机进行粗纺织品的干湿整理。1973 年，工业用呢采用刺果起毛机、用拉伸烘干机、热定型机等设备进行起毛、定型整理。1983 年，采用国产全套缩呢、蒸呢、烧毛、剪毛、电热压光设备对精纺呢绒进行后整理。1985 年，引进日本 E021 型罐蒸机提高精纺呢绒定型整理技术水平、青海第四毛纺厂（原青海毛纺织厂粗纺车间）引进日本起剪联合机、电热烫光机和意大利洗缩联合机整理粗纺呢绒，自动化程度高，占地面积小，整理效果好，提高了产品的外观质量。

在染色技术方面，1967 年，用国产 N412 染色设备替代土染缸，并用 NC464 设备进行散毛染色。同年，用 N361B 设备进行粗纺呢绒匹布染色。1978 年用 N461 染色机进行毛条染色，1983 年采用 N365 设备进行呢绒匹布染色，并从日本引进了 HTHC－100/114 设备，开始筒纱染色，至此毛纺企业可根据各种毛纺产品的不同要求，采用散毛、毛条、纱线、筒纱、匹布 5 种工艺路线进行染色。1985 年，引进日本 HTHC－100/114 设备开始筒纱染色。同年，用香港产的 MK-SA－14140LJ 高温高压溢流染色机染色，提高了精纺呢绒匹布染色的技术水平，保证了产品质量。1986 年，采用稀土染色新工艺，使产品的色光及鲜艳度有所提高。1987 年，研制成腈纶变色线，该产品在不同光源下可呈现不同的颜色。随着染色技术的发展，到 1987 年企业可根据各种毛纺织产品的不同要求，采用散毛、毛条、纱线、筒纱、匹布等工艺路线进行染色。

④牦牛绒拉伸细化技术[①]。2009 年，在省科技厅的支持下，青海雪舟三绒集团与天津工业大学、大连工业大学联合进行牦牛绒拉伸细化设备的研制，研究并逐步成熟了牦牛绒拉伸细化的工艺技术。牦牛绒拉伸细化改性项目自 2009 年 5 月开始至 2010 年 10 月建成，该项目的实施，解决了牦牛绒细度较粗、长度较短、工业化生产的难题，延长了下游产业链，提高了产品附加值。

⑤纺织产业清洁生产超临界 CO_2 无水染色技术[②]。2010 年，青海雪舟三绒集团组织纺织产业开展超临界 CO_2 无水染色研究开发项目。集团与大连工业大学、光明化工设计研究院共同研制的 GM32－100 型超临界 CO_2 无水染色设备属国际先进水平，在国内首次实现了工业化试生产，于 2012 年 12 月通过验收。该项目的建成，降低了成本，实现环保生产。

⑥智能化太阳能酶解洗毛产业化技术[③]。2011 年，青海雪舟三绒集团与大连工业大学联合开发的一万吨智能化太阳能酶解洗毛产业化技术研究项目已实施。该项目得到了省科技厅的大力支持，该项目实施后，降低了能源消耗，减少了对环境的污染，增加了效益。

⑦引进生产设备和生产线进行技术改造。青海省地毯一厂占地面积 16 亩。1958～1980 年，主要生产绒毛和半成品手工毯，供天津地毯厂进行后道工序的加工，然后整理出口。1980 年与青海省第一毛纺厂分离，归口于外经贸厅管理，开始加大投入进行技术改造。利用出口工贷 300 万元新建后整理车间、洗染车间 1000 平方米，购进四梳二纺设备一套，形成年产商品毛纱 400 吨、90 道手工羊毛地毯 3 万平方米的生产能力。1984 年开始出口各种规格、图案的成品地毯。产品在全国评比中多次获奖，销往日本、美国及世界最大的地毯市场——西欧。

地毯二厂建于 1955 年，占地面积 24 亩，原属市手工联社管理。主要以手工

---

①②③　青海雪舟三绒集团提供。

作坊形式生产低道数地毯。产品质量、数量均不能满足外贸出口需要。1986 年省政府决定将地毯二厂交由省外经贸厅管理。利用补偿贸易形式，投资 200 万元进口日本四梳二纺设备一套，又从银行贷款 50 万元，进口了两台簇绒织机，开始生产机织地毯。1990 年再投资 30 万元改造了梳毛机、细纱机、染毛等设备。1992 年投资 50 万元（外经贸部出口商品基地建设资金）改造了平毯机及后整理车间。1993 年投资 190 万元（银行贷款 100 万元、省计委借款 30 万、企业自筹 60 万元），改造了手工地毯机梁和洗毛生产流水线。经过多次技术改造，形成了年产手工地毯（90 道、120 道）系列产品 5 万平方米、机织簇绒毯 6 万平方米、商品毛纱 400 吨的生产能力。手工地毯主要出口欧美、日本等国，毛纱、机织簇绒地毯内销。

海源机织地毯有限公司是省地毯二厂与香港海湖公司的合资企业，省地毯二厂为控股企业。1992 年总共投资 230 万美元，引进 20 世纪 90 年代德国产地毯提花织机二台、英国产地毯刮胶机二台，填补了青海省没有机织提花地毯的空白。年生产能力 30 万平方米，产品销往国内外市场。

（二）培训

1. 学校培训

据记载，清代乾隆年间，在京城设立了专织供宫廷和喇嘛寺院等用的地毯和挂毯地毯传习所，这是内地第一所地毯传习所。由此，藏毯的生产工艺便传到了内地。

清嘉庆年间（1796～1820 年），宁夏藏毯工匠大、小马师傅来到今青海省西宁市湟中县加牙村，传授裁织藏毯技艺，加牙村的藏毯技艺以此世代相传。

清末到民国初年的百年间，青海省湟中县马场藏族乡的加牙村成为高原著名的藏毯专业村。民国二年（1913）年，在今湟中县马场藏族乡加牙村有职业学校一所，与村民共做地毯、马褥、藏毯、挂毯等产品。全村妇女皆能捻线采用橡壳、大黄根叶、槐米、板蓝根等植物、矿物染绒，产品花样新奇、色泽柔润、图案精致，有时在湟中及甘肃武威等地年销售约 6000 余条。随着茶马互市物资交易及贸易的发展，藏毯工艺逐步传入甘肃等地。

民国九年（1920年），宁海筹边学校附近设"编毛料"，组织学员学习编织技术，培训一些初级文化的地毯工匠。

民国十七年（1928年），西宁职业学校成立，除学习一般文化课外，主要设有纺织、毛编等专业。

民国二十一年（1932年），青海省立职业学校成立，该校前身是宁海筹边学校附近的"编毛料"。省立职业学校成立后，仍以编织为主要课程，当时有"职业学校捻毛线"的民谣。同年，又设立了农科，宋之权任校长。随之将该校迁往西宁县镇海堡，校名改为青海省立农业学校。几个月后，又迁回西宁，并将原统领寺（今西宁第一中学校址）作为校舍，恢复青海省立职业学校的名称，重新招生，仍设工、农两科及兽医班，赵永鉴、石殿峰相继任校长。后来又把西宁职业学校和青海省立职业学校合并为青海省西宁职业学校。

民国三十年（1941年），日寇轰炸西宁，青海省立西宁职业学校的西大厅中弹被毁，所有教具及机械等设备化为灰烬，遂停办工科，青海省政府将西宁市南门外国民军义地（原为孙连仲部阵亡士兵的墓地）拨给学校，作为实习农场。

民国三十二年（1943年），又在西宁市刘家寨设实验农场，但收效甚微。同年，又回复工科，实际上是染织科，聘请工程技术人员张文辅任教师，增设染织课程，雇用工匠编织地毯，以应付每年一次的全省学业成绩展览会。

民国三十三年（1944年），义源工厂工程师王正科筹办了一个制革技术培训班，从职业学校招收了10多名学员，后来多数学员成为制革技术人员。1948年，青海洗毛厂从车间选拔学徒工30名、青海省职业学校工科高中二年级学生16名和昆仑中学合作训练班14名，共60名，组成纺织训练班（毛绒学习班），由湟中实业公司副经理陈彦和青海洗毛厂工程师徐全文带队，到兰州西北毛纺织厂培训，至1949年6月和8月，分两批结束训练，先后返回西宁进厂做工。自青海建省以来，直至1949年9月，全省寥寥可数的几所职业学校都设有轻纺专业，省立职业学校是青海省最早的中等专业学校之一。

1958年在中国土畜产品进出口总公司的计划安排下，天津派来技术工人指导生产，开始在国营企业绒毛厂的一个车间内生产，当年仅产出90.67平方米机拉洗90道男工手工地毯。

2009年成立了青海省藏毯职业技术学校，开始培训织毯工人和技术人员。青海藏毯职业技术学校的建立和藏羊集团培训基地的建设都在一定程度上缓解了人才培养的问题。培训采取"理论知识＋实际操作"的授课方式，向学员全面介绍各种手工藏毯概况、世界手工地毯的种类，介绍当今地毯织做的原料为多元化的状况及地毯图案设计由传统向现代时尚发展的趋势等。实际操作环节中，带领学员到藏毯厂编织车间手把手讲授藏毯手工编织工艺、流程。藏羊集团培训基地主要承担全省织毯企业管理人员、技术人员、新就业员工等的培训，在集团内部定期对员工进行分批的培训：一是产品质量培训，二是技术上的培训。集团内部培训采取多元化培训方式，包括在岗培训、岗前培训、转岗培训和技术性培训。

中国藏毯协会由青海和西藏两省区联合发起，经商务部和民政部批准，于2006年7月14日在西宁成立，下设藏毯培训中心，该中心是为藏毯生产企业培训管理人员、技术人员及编织工人的民办职业培训机构。

2012年3月23日，青海大学"211工程"资源型产业与企业管理学创新人才培养基地揭牌仪式在青海藏羊地毯（集团）有限公司举行。青海大学财经学院党委书记赵永怀、院长张宏岩、青海藏羊地毯（集团）有限公司党委书记陈学武、藏羊集团机织公司常务副总经理姜竹迪等出席了揭牌仪式，双方签署了战略合作协议。

"青藏高原资源型产业与企业管理学创新人才培养基地"的建立，是青海大学财经学院和青海藏羊地毯（集团）有限公司根据院校创新实践教育和企业发展的需求，拓宽合作领域，经过多次走访和沟通，在友好协商的基础上达成的。该基地的建立有利于更新企业的管理理念，为企业培养更多的管理人才，为校企的长远发展和我省经济的增长做出更大的贡献。

2. 员工培训

（1）1976～2001年的培训情况。1976年以来，全省各毛纺织企业十分重视职工教育工作，通过举办培训班、电大、函大、职工业余学校等多种形式，采取"送出去，请进来"的方式，努力培养和提高职工的文化素质水平。青海绒毛加工厂于1976年10月办了一所"七二一"工人大学，学制为两年，7名学员毕业后，成为工厂的技术、管理骨干。青海省纺织工业公司于1982年创办了青海省纺织技工学校，开设了毛纺织、染整和企业管理等专业。1984年面向全省纺织企业招生。1985年，青海省纺织工业公司开设电大班4个，学员137人，中专班两个，学员65人，技工学校7个班，学员318人。并积极开展职工文化技术补课工作，文化补课应补对象5111人，已领取合格证的4358人，占应补人数的

83.3%；初级技术补课对象 1215 人，经补课考试合格 935 人，占应补对象的 77%。青海第三毛纺织厂开设电大班 1 个，学员 48 人，中专学员 8 名，初中文化补课对象 784 人，取得结业证书 654 人，合格率 83.4%；并举办技术补课学习班 15 个，应补对象 236 人，合格结业 125 人，合格率 53%。青海第二毛纺织厂先后培训职工 872 人次，使职工的专业知识和业务水平得到提高。为了提高职工的文化素质，于 1979～1982 年开办了职工业余学校，4 年共办了 5 个班次，使 43 名职工获得了初中毕业证书，60 名职工摘了文盲帽子，达到高小文化程度，这个厂还开办了藏语学习班，同时要求藏族职工学习汉语文。增进了汉藏职工的思想交流，方便了工作和生产。

1991 年海湖公司与青海省地毯一厂签订了"代培学徒合同协议书"，对各生产工序工艺 15 名技术员进行为期 3 个月的现场实操培训，对生产管理和提升产品质量起到了很大的推动作用。

（2）2002 年以来的培训情况。自 2002 年以来，青海省共投入扶贫资金 1868 万元，用于发展农村藏毯编织人力资源建设与藏毯加工车间、编织机梁建设，使从事藏（地）毯生产人数达到 1.34 万人。①

青海省人民政府《关于青海藏毯产业发展专题会议纪要》（2003 年 6 月 20 日）决议第七条：在藏羊集团为扩大生产新招收的专业人员和工人培训方面，由省劳动和社会保障厅同企业协商做出近年企业职工培训规划，并协助企业今年完成 2000 名人员的培训计划。培训费用的筹集要注意用好国家现有政策，其中国有企业下岗职工被藏羊集团招收为管理人员的，培训费由省社保厅统筹安排；企业招收的农民工，培训费用按分级管理的原则解决，由相关州县政府从城乡统筹资金中安排。

青海省人民政府《省藏毯产业发展第二次专题会议纪要》（2004 年 3 月 30 日）决议第四条：新增从业人员培训经费，由省社保厅统筹安排，注意培训和用人的统一协调，不能形成"两张皮"要掌握节奏，前期可加大培训力度。

2004 年以来，省政府共安排 2000 万元专项资金，充分利用中国藏毯协会的培训中心和藏羊集团的多巴培训基地，对产业各类人员开展规范的专业、技能培训。

2005 年海湖公司委托青海省计算机测试中心举办了企业中层管理人员 65 人

---

① 中国藏毯协会提供。

参加的计算机应用知识培训班，经考核，达到中级工水平的有 7 人，其余为初级工。从此，普及了计算机和信息化应用，提升了企业基础管理工作水平。

青海省人民政府《省藏毯产业发展协调领导小组第三次专题会议纪要》（2005 年 2 月 21 日）决议第二条：加大培训力度，确保 1 万名人员上岗。由省农牧厅在"阳光工程"中解决 320 万元用于贫困地区农民的培训，省社保厅安排培训经费 100 万元用于城镇下岗职工的再就业培训，要边上岗边培训；农牧民的培训资金由财政厅会同农牧厅、省劳动和社会保障厅、省扶贫办按加工点人员"戴帽子"下达到各县，由县有关部门委托省藏羊地毯公司对农牧民进行地毯加工技能培训，经县有关部门验收合格后，按每人培训费 400 元支付给省藏羊地毯集团公司。省财政厅、省扶贫办、省农牧厅、省社保厅要加强对资金的监管，确保培训资金落实到位。

青海省人民政府《省藏毯产业发展协调领导小组第四次专题会议纪要》（2006 年 2 月 7 日）会议决议第二条：当年确保 1.5 万名人员上岗。在抓紧做好 2005 年尚未完成的 1562 名人员的培训工作，切实巩固上岗率，稳定编织工人队伍的基础上，由农牧厅在"阳光工程"中解决 400 万元用于贫困地区农牧民的培训；省社保厅安排培训经费 200 万元用于城镇下岗职工和失业人员再就业培训，要边上岗边培训；由财政厅会同省农牧厅、省社保厅、省扶贫办按加工点人员"戴帽子"下达到各县后，省扶贫办委托省藏羊（集团）公司对农牧民进行地毯加工技能培训，经有关部门验收合格后，按每人培训费 400 元支付给省藏羊地毯（集团）公司。省财政厅、省农牧厅、省社保厅、省扶贫办要加强对资金的监管，确保培训资金落实到位。

青海省人民政府《全省藏毯产业发展协调领导小组第六次专题会议纪要》（2007 年 12 月 29 日）决定：由省财政厅、省社保厅、省扶贫办、中国藏毯协会负责，投资 900 万元完成培训 15000 人，其中新上岗 5000 人，再培训 10000 人。省扶贫办负责培训 10000 人，省社保厅负责培训 50000 人以上。培训工作要充分利用现有场地、师资、设备、同时开展技术等级鉴定工作。

青海省人民政府《青海省藏毯产业发展协调领导小组第七次专题会议纪要》（2008 年 12 月 12 日）会议决定：（第三条培训）财政、农牧、劳动保障，扶贫等部门要充分发挥现有培训资源的作用，结合我省藏毯产业从业人员的实际和藏毯产业发展的要求，研发提出切实有效的培训方式，制定符合藏毯从业人员技能特点的培训办法。教育部门要在职业院校设置藏毯专业方面进一步加快步伐，同时研发提出建立藏毯职业学校的规则，为提高藏毯产业的研发能力，提供人才保障。

培训资金和培训质量由省扶贫办实行监管，到 2007 年底共培训各类人员 3.9 万人，在职轮训职工 0.67 万人。通过培训，提高了各类产业人员的专业技能水平，增加了工资收入，为扩大产业规模提供了合格的人力资源。①

青海藏毯企业急缺专业技术人员、管理人员、研发人员，企业中大专及以上文化程度的员工仅占 7.6%，69.8% 的员工为初中及以下学历，专业技术人员仅占 3.2%。青海藏毯学校 2009 年才成立，缺乏师资，还不能满足藏毯产业快速发展的需要。

2010 年龙头企业藏羊集团建成了培训基地，年可培训 3000 名技术人员和管理人员，但青海每年需要培训的人员都在 1 万人以上。藏毯（尤其是手工毯，90% 外销）是出口产品，面对国内外日益激烈的市场竞争，加大研发力度是保持竞争优势的唯一途径。

2010 年初，根据省政府"发展藏毯产业专题会议"的精神和有关要求，为进一步促进就业、再就业工作目标任务的实现，省社会劳动保障厅安排培训经费 100 万元并与省藏羊集团公司制订了全面的培训计划，省藏羊集团公司从 2010 年 3 月开始在多巴地毯有限公司基地筹建培训中心，并积极配合省社会劳动保障厅在全省范围内招聘城镇下岗职工。

2010 年 8 月 21 日，青海国家级藏毯设计编织研修班在湟中县开班。来自清华大学、苏州工美等教育和科研单位的专家、教授为我省藏毯非物质文化遗产代表性传承人，藏毯设计、编织、营销人员，以及省内文化产业管理人员开设为期三天的专业培训课。②

2010 年 10 月 18 日，青海藏羊集团藏毯培训中心在多巴藏羊地毯有限公司内正式落成，来自全省各州县的 80 名藏羊集团编织车间的厂长及多巴周边地区的 100 名城镇失业人员参加了首期培训。

2010 年青海省进出口企业营销管理人员培训班在中国藏毯协会 2 号会议室举

---

① 根据《关于进一步加强我省藏毯产业发展意见》相关内容注释。
② 省文化新闻出版厅副厅长陈通介绍，研修班是本届唐卡博览会的活动内容之一，来青海授课的清华大学美术学院教授、纤维艺术研究所所长林乐成，清华大学美术学院染织服装系副教授张树新，北京青年政治学院副教授、设计艺术学博士尼跃红等都是行业内知名学者，专业水平非常高。办好这期培训班是做好我省藏毯产业发展的一项基础性工作。

办，中国藏毯协会秘书长王英虎出席培训班并讲话。培训班由青海瑞源藏毯生产力促进中心主任颜燕主持，聘请资深专家、教授授课。全省进出口企业以及进出口藏毯企业营销人员参加了培训班。这次培训班是为本省进出口企业进一步提高企业竞争力和业务素质而举办的。

2010年的培训，采取边学理论边实际操作的方式，分20期完成800名管理人员、1200名技术工人的培训。该公司聘请西北纺织学院的专家进行授课，省就业培训中心、省质量认证咨询中心也派专业人员与该公司管理及工程技术人员对所有学员进行上岗培训、管理培训及技术专业培训。其中，管理培训设置"现代企业管理知识培训""ISO9001：2000国际质量管理体系内审员培训"及"ISO14001：2004国际环境管理体系内审员培训"等课程；技术培训开设"会计和统计基础知识培训""计算机知识应用培训""电工维修知识培训""染色专业培训"及"图案设计专业知识培训"等课程。通过培训，受训学员进一步了解了公司管理模式和生产工序各环节的基本知识、操作方法等。

根据藏毯企业的实际情况和藏毯业知识产权的发展情况，省政府在出台的发展产业、调整结构、推动创新、鼓励创业、吸引人才等政策中体现了品牌发展内容。2010年在西宁市藏毯产业及藏毯企业内60%的企业中建立品牌工作管理制度；培养了一支10人左右、懂管理、懂法律、熟悉国际管理的从事品牌管理的公务员队伍；培养了一支20人左右业务能力强、服务水平高的品牌中介人员队伍和3家品牌服务中介机构，形成了一支15人左右的从事知识产权理论研究的高级人才队伍；培养了一支100人左右的熟悉企业管理和经营的企业、事业单位品牌管理骨干队伍。

2011年8月20～23日，第四届青海国际唐卡艺术与文化遗产博览会——青海国家级藏毯设计编织研修班在湟中县举办。青海省藏毯非物质文化遗产项目代表性传承人、藏毯设计编织及营销人员、藏毯经营管理人员等共60人参加培训。中国工艺美术协会地毯委员会蒋晓敏秘书长，清华大学美术学院教授、纤维艺术研究所所长林乐成，清华大学美术学院染织服装系副教授张树新，北京青年政治学院副院长、设计艺术学博士、教授尼跃红，苏州工艺美术职业技术学院讲师孙丽分别作了全国地毯行业转变经济发展方式、陈设艺术设计及陈设艺术发展趋势、地毯设计与色彩配置、创意时代的地毯设计、工艺美术产业品牌建设及市场推广等专题讲座。讲座结束后，各位专家赴湟中县加牙村国家级非物质文化遗产项目加牙藏族传习所、青海海湖藏毯有限公司、青海藏羊（地毯）集团有限公司进行考察，专家组对青海藏毯产业的发展从品牌打造、开拓市场、创意设计等方面提出了意见建议。培训结束后，中国工艺美术协会还为 60 名学员颁发了结业证。①

3. 农牧民培训

2003 年 6 月 20 日，徐福顺副省长主持召开了青海省藏毯产业发展专题会议，研究促进藏毯产业发展的思路和措施，形成了《青海藏毯产业发展专题会议纪要》。会后，协调领导小组确定主要工作五项，其中第五项要求省社保厅组织藏羊集团完成针对第一期下岗职工的 50 人培训班，参加培训人员于当年 9 月全部就业上岗。②

2005 年，按照青海省人民政府第三次藏毯产业专题会议要求，确定当年培训 8000 名农牧民织毯工和 2000 名城镇下岗失业人员。在省政府主管省长的协调下，落实了培训经费 400 万元。在省财政厅、扶贫办、社保厅、农牧厅等部门的大力支持下，受省扶贫办委托，龙头企业青海藏羊地毯（集团）有限公司配合各地区和有关部门完成了 10000 人才的培训上岗工作，为藏毯产业的快速发展奠定了基础。③

2005 年按照西宁市劳动和社会保障局（宁劳社培就安〔2005〕400 号文件）关于同意成立"西宁市藏毯职业培训学校"的批复，成立培训学校，学校位于上新庄镇，教室、实训车间均设在海湖藏毯有限公司。学校设立校务委员会，由学校负责人、企业领导等共同组成，并形成培训就业管理体系，教师以专业技术人员为主，并面向社会聘请现有专（兼）职教师 30 人。以培训初、中、高级技术人员以及各工种各层次的技术操作工为主，学员来自藏毯企业和省内各藏毯加工车间。

学校设主校区和各教学点。主校区有专用教室 3 间、电教室 2 间、实操车间 20 间、机梁 20 副；各教学点共有厂房近 400 间、织毯机梁近 500 副，可供 4000 人实操。学校车间设备设施齐全、布局合理，符合国家安全标准。可作为湟中县藏毯职业技术专业培训学校。在省市县各级政府的大力支持下，学校依托青海省海湖藏毯有限公司手工藏地毯制造的资源优势，按照《湟中县 2008 年农村劳动

① 尚军邦. 青海国家级藏毯设计编制研修班顺利举办［EB/OL］. 中国文化产业网，2011 - 08 - 25.
② 资料来源于 2004 年 3 月 30 日青海省商务厅《关于青海藏毯产业发展情况汇报》第二页（五）条。
③ 资料来源于 2006 年 2 月 7 日青海省商务厅《关于全省藏毯产业发展情况的汇报》第二页（二）条。

力转移培训"阳光工程"实施方案》，坚持以市场需求为导向，提高农村劳动力素质和就业技能为重点，为企业培训了大量掌握手工编织藏毯技能的初、中、高级合格人才，深受企业和农民工的欢迎。

2008年学校承担了2000名中级藏毯编织工的培训任务，设置21个培训点。第一批于2008年4月23日至10月23日，在湟中县土门关乡和上新庄镇11个村（农村加工点），对农村有就业需求和灵活就业愿望的农民，开展了规模为1000人、为期6个月的手工藏地毯编织技能培训班，已100%完成了培训计划，结业考核合格率为93%，培训后就业达到87.2%。第二批1000人，从2008年11月4日开始在湟中县共和乡、西堡乡、鲁沙尔镇、上新庄镇、土门关乡等10个村（农村加工点）进行阳光工程藏毯职业技能培训。

附：藏羊集团工艺改革历程

2005年开始开发手纺纱藏毯，采用走出去引进来方式，引进传统的手纺纱手工织毯技术，一方面派优秀技术人员到巴基斯坦当地工厂学习，另一方面从巴基斯坦引进优秀技术人才来青海藏羊集团工作指导技术，对手工纺纱、植物染色、图案设计、点图技巧，洗毯工艺、擦色方法、缠边技术及底穗编织等各工序进行了学习培训。为了配合生产工艺，提高生产效率，在省委扶贫办的支持下，与高原机电研究所合作研发出了手纺车设备，两三年期间，研发西宁毛1支、1.5支手纺纱，开发60道、80道、100道、120道手纺纱丘比藏毯品种。由于手纺纱藏毯采用人工纺纱，纯植物染色，人工元素突出，环保天然，色彩自然，光泽柔和，将传统文化与外来文化相融合，图案风格新颖，迎合了市场。手纺纱藏毯工艺的开发开辟了手工地毯工艺历程的新纪元。

2006年底开始，藏羊集团在具有多年手工藏毯生产销售经验的基础上引进20台机织地毯提花生产设备，开发机织手工块毯，地毯编织工序由电脑提花设备来完成，并将传统的手工藏毯后整理工艺融入到机织块毯后整理工序中，将传统与现代有机结合，既保留了手工毯的特点，又极大地提高了编织效率，降低了生产成本，满足了市场需求。截至目前开发产品达一百多种，形成了机片洗、仿古毯、卡垫、汽车垫、波斯毯、和田毯、挂毯、天然色羊毛、纯丝、混纺、涤丝等系列产品。机织手工藏毯的开发，是地毯史的一场突破，有力地推动了藏毯产业的发展。具体情况如下：

2006年底至2007年，从比利时、德国引进双面威尔顿400筘、500筘电脑提花割绒地毯 8 色织机。由于威尔顿织机特殊的制造原理，对毛纱的断裂强度和条杆均匀度要求比较高，传统的粗纺地毯纱无法适合威尔顿织机的要求，首次开发出符合威尔顿织机上机要求的羊毛精纺纱，2007 年 7 月设备调试成功，第一块机织块毯问世。结合多年来传统的手工毯后道整理工艺和生产经验，将威尔顿提花织机机器织毯工艺与手工藏毯后整理工艺相融合，从手工缠边、人工剪花、机器洗毯应用到机织毯后整理工序，成功开发了 120 道、140 道手工完成全毛机片洗块毯；120、140 道全毛卡垫；150 道、160 道手工完成纯毛波斯毯；150 道、160 道手工完成纯毛加丝波斯毯等品种。

2008 年，从比利时引进威尔顿高筘密 700 筘电脑提花割绒地毯织机、400 筘电脑提花圈割绒地毯 8 色织机，这两种设备在我国是首次被引进，对原料、工艺要求更高，适于威尔顿机织设备的棉纬工艺的研发为设备调试与产品研发铺垫了坚实的基础，2008 ~ 2009 年开发出了 260 道手工完成羊毛加丝波斯毯、纯丝波斯毯、涤丝波斯毯；180 道手工完成羊毛波斯毯，120 道丝片剪藏毯；120 道、140 道手工完成全毛圈割绒汽车垫。140 道全毛天然色全开绒汽车垫等品种，尤为羊毛绒纱在 700 筘设备的应用开创了世界先例。

2010 年，从比利时、德国引进威尔顿 280 筘电脑提花割绒地毯 8 色织机、320 筘电脑提花割绒地毯 10 色织机及 276 筘阿克明斯特单面电脑提花地毯 16 色织机，开发了 125 道、130 道手工完成全毛机片洗藏毯、125 道、130 道全毛卡垫、125 道、136 道汽车垫，100 道、120 道全毛机抽洗藏毯等系列产品，尤其是在阿克明斯特设备上成功应用了全西宁毛绒纱，填补了国内外市场空白。

2011 年从比利时引进威尔顿 320 筘电脑提花割绒地毯 8 色织机，开发了毛绒卡垫、毛绒机片洗、PP 卡垫等系列产品，尤其是毛绒卡垫产品，以质优价廉赢得了市场。

2012 年与国内地毯设备生产厂商紧密合作，共同研发手工地毯 12 色生产设备，栽绒纱采用传统的手工地毯纱，经纬线是棉经绵纬，开发的新疆红绿毯，因其色彩丰富，图案美观，手工效果强，受到客户青睐。

九、青海藏毯产业集群发展中地方政府政策措施有效性的调查[*]

九、青海藏毯产业集群发展中
地方政府政策措施有效性的调查[*]

（一）背景

自 20 世纪 90 年代中期以来，中央政府一直在积极采取措施帮助西部地区发展，如制定西部大开发等国家发展战略，但是并没有从根本上扭转东西部地区差距继续扩大的势头。地区不平衡发展到一定阶段，就有可能造成社会动荡。2008 年西藏的"3·14"事件和 2009 年新疆的"7·5"事件，虽然都是国外宗教分子煽动的政治事件，但与西部民族地区经济日益边缘化不无关系。民族地区的经济发展，关系着整个国民经济的协调发展，关系着国家的长治久安和社会的稳定。国内外经济发展的实践表明：凡是经济发展水平高的区域，都呈现出产业集群现象，产业集群已经成为区域经济发展的重要力量，也是推动地方经济快速发展的有效手段。因此，缩小我国东西部差距和缓解区域矛盾与民族矛盾，维护地方社会稳定，从根源上讲，应该大力培育和发展产业集群，以提高区域整体竞争实力和发展动力，为西部民族地区经济发展提供可持续发展的产业载体。

西部大开发后，青海省和西藏自治区均把沿袭了 3000 多年的藏毯产业作为重点发展的民族特色产业。藏毯是藏民族传统产业，是藏文化传播的载体，已成为世界三大名毯（波斯毯、东方毯和藏毯）之一。青海藏毯产量和产值均占中

[基金项目] 国家社会科学基金项目"青藏高原资源环境约束下区域工业发展研究"（批准号 06BJY051）。本文获国家民委优秀调研报告奖（2012 年）。

＊ 作者：李毅。本文刊发在《江苏商论》2013 年第 2 期。

国藏毯的 90% 以上，是中国藏毯的主要生产基地。为什么青海和西藏均是藏毯的生产地（发源地），青海藏毯产业得到了快速发展，产销量占中国藏毯的 90%以上，有 3 万多人从事生产、加工、销售、售后服务及收购羊毛等（不含带动的旅游等相关产业的就业人数和农牧民养殖户），而西藏的藏毯产业却并未得到快速发展？就此，笔者联合中国藏毯协会和青海省商务厅进行了实地调查，总结出在青藏高原地区发展民族特色产业集群所需的政策环境，为民族地区地方政府制定产业集群政策时提供借鉴与启示。

（二）地方政府政策与青海藏毯产业集群发展

1. 制定产业发展战略规划

在中央政策的指引下，2003 年青海省政府充分调研后认清了发展藏毯产业的资源优势和地缘优势，制定了藏毯产业的发展战略规划，提出了"打造藏毯之都、重振民族传统特色产业"的口号。同时，加快了园区建设步伐，在西宁市城南新区（现已经纳入西宁市经济技术开发区，更名为南川工业园区）规划出 30平方公里作为藏毯生产基地，总投资超过 35 亿元完善园区投资环境，建立完善的基础配套设施；形成了以商业贸易、行政服务、休闲娱乐、旅游观光为主的文化贸易区，集手工藏毯深加工，产、学、研、供、销、展为一体的特色工业区。为了促进藏毯产业的集群化发展，重点建设了国际商务中心、世界手工地毯博物馆、国际藏毯会展中心、藏毯生产加工基地、羊毛系列原辅料交易中心、研发及培训基地、藏毯学校等与藏毯产业相配套的产业基地；将分散在省内的藏毯生产企业集聚到园区内，共享园区基础设施，减少企业投资，增强藏毯产业的集聚效应。

2. 制定区域营销政策

为了弥补青海地理区位的劣势，打响青海藏毯的品牌优势，自 2003 年青海省政府提出打造"藏毯之都"口号后，为了加快青海藏毯产业的发展，提高青海藏毯的知名度，青海省政府于 2004 年召开了首届青海藏毯国际展览会，积极推广青海藏毯品牌，2006 年西宁获"藏毯之都"称号。通过举办青海藏毯展会将国际地毯生产商和销售商请进来，让本地企业不用出国门就能和世界各国地毯商进行面对面的沟通和交流，促进合作和技术交流，改进生产工艺，提高产品质量，大大节约了本地企业销售成本，迅速开拓了国外市场。到 2011 年 6 月，青海省政府已经成功举办了八届青海藏毯国际展览会，取得了辉煌的成绩，极大地促进了青海藏毯产业的发展，带动了 3 万多农牧民就业和相关产业的发展。截至 2011 年 7 月底，青海藏毯已经成功打入 40 多个国家和地区，国内代理商超过 2000 家，国外代理商达 140 多家。多家企业在国外建立办事处，在拓展国际市场方面和国内销售市场方面，政府鼓励企业积极开拓销售市场，并对开拓市场的企业给予市场拓展资助和奖励。自 2001 年以来，青海省政府已经扶持 5 家企业积极开拓了国内外市场，并且自 2004 年起每年拨 300 万元支持举办青海藏毯国际展览会，通过青海藏毯国际展览会的举办加快了青海藏毯产业集群化发展步伐。受 2008 年金融危机的影响，为了进一步扩大青海藏毯国际展览会的影响力，青海省政府和西藏自治区政府积极要求商务部作为主办单位参与青海藏毯国际展览会的举办。自 2010 年起，青海藏毯国际展会的档次由青海省和西藏自治区主办的省级展会升级为由国家商务部主办的国家级展会，极大地提升了青海藏毯国际展览会的展会档次和知名度，展会成交金额突破往届，创历史新高，达到 5860 万美元，现货交易 4650 万元人民币①。历届展会规模、成交额、展会内容及主办单位情况如表 1 所示。

表 1   历届青海藏毯国际展销会概览

届数	成交额	展会规模	展会内容	主办单位
2004 年第一届	实际成交 800 万美元	100 余家进口商，国内和印度、尼泊尔、巴基斯坦三国的 300 余家参展商，参展摊位 500 个	地毯及地毯原辅材料展览和交易，并结合旅游观光展示青海藏毯的编织过程、牛羊绒资源优势及丰富的藏文化活动	青海省人民政府、西藏自治区人民政府、中国食品土畜进出口商会

---

① 以上数据为笔者根据相关新闻报道整理而得。

续表

届数	成交额	展会规模	展会内容	主办单位
2005 年 第二届	成交 1589 万美元	共有 25 个国家和地区的客商、国内 20 余个省区地毯企业组团参展参会。展会共设置了 300 个展位，其中国内展位 220 个，国外展位 80 个，到会的国内外参展参会商达 1500 多人	突出藏毯专业展会的主题，融国内外藏毯产品交易、藏民族风情展示、现场手工编织地毯演示等于一体	青海省人民政府、西藏自治区人民政府、中国食品土畜进出口商会
2006 年 第三届	实现成交金额 3960 万美元	参会、参展国达到 34 个，国内有 21 个省区市地毯企业组团参加，国内外代表 1700 人，其中外商 430 人	展会一改前两届以展示为主的单一格局，将地毯交易和展示并举，突出现货交易，辅以展销地毯原辅材料和民族文化工艺品，并与建立城南国际地毯城及原辅材料集散地相结合，赋予展会新的内涵和强劲的生命力；总体规模超过了前两届；前两届展会以宣传和展示为主，这届展会更加注重展销结合，突出销售	青海省人民政府、西藏自治区人民政府、中国食品土畜进出口商会
2007 年 第四届	实现合同金额 4380 万美元，其中现金交易 356 万美元	参会参展国 34 个，国内 19 个省区市 108 家地毯企业组团参加，新邀请的国内经销商参会企业 200 多家，近 1000 人。国内外参会参展代表 2500 余人，其中外商 530 人	参展展品共 8 大类 1000 多个花色品种，展品图案精美，造型别致，品种繁多，手工、机织地毯，又有国际较为流行的丝毛地毯。特别是表现山水、花鸟、人物的挂毯，体现了较高的艺术水平和技艺水平	青海省人民政府、西藏自治区人民政府、中国食品土畜进出口商会
2008 年 第五届	实现成交金额 4820 万美元，其中现货交易 392 万美元	本届展会国外参展 9 个国家，25 家企业，60 余人，参会 41 个国家和地区，150 家企业，300 余人；国内参展 20 个省市区，86 家，国内参会 30 个省市区，300 余家，国内外参展商、采购商近 2000 人	展会以进一步扩大展会规模，丰富展会内容，创建展会品牌，带动产业集群发展，做大做强藏毯产业，促进青海特色经济发展为宗旨，继续坚持展示和交易并重，融国内外精美地毯产品展示和现货交易、博大精深的藏民族文化艺术魅力为一体，参展商品在保持手工地毯专业性传统特色的同时，辅以展销地毯原辅材料和机织地毯、床上用品、热贡艺术品等，同时演示手工纺纱、植物染色和藏毯手工编织及机织毯工艺流程	青海省人民政府、西藏自治区人民政府、中国食品土畜进出口商会

续表

届数	成交额	展会规模	展会内容	主办单位
2009年第六届	成交额4670万美元，现货交易2092.5万元人民币	本届展会国外参展8个国家，共有57家企业前来参展，有23个国家和地区的300余人参会；国内31个省市区的500余家企业参会，国内外参展商、采购商近3000人。国外参展商、国内经销商数量均超过前五届	展会融国内外精美地毯产品展示和现货交易、体现博大精深的藏民族文化艺术魅力和歌舞表演为一体，参展商品在保持手工地毯专业性传统特色的同时，辅以展销地毯原辅材料和机织地毯、家居用品、藏文化艺术品等，同时演示手工纺纱、植物染色和藏毯手工编织及机毯工艺流程，彰显了展会传统与创新、文化与特色相融合的丰富内涵，从而吸引了众多国内外生产商、采购商参会，广泛开展了国际间的交流与合作	青海省人民政府、西藏自治区人民政府、中国食品土畜进出口商会
2010年第七届	成交额5860万美元，现货交易4650万元人民币	印度、巴基斯坦、尼泊尔、伊朗、阿富汗、蒙古等国家和地区的93家企业参展，美国、德国、意大利、希腊、土耳其、日本等23个国家和地区的100多名客商参会，国内17个省区的地毯生产商参展和30个省区的经销商参会，参展参会客商4000余人，规模超过往届	展会在以往"开放、合作、发展"的基础上，紧紧围绕省委、省政府提出的"四个发展"的目标，继续注重并延伸"特色、绿色、低碳"的展会内涵，突出壮大藏毯特色产业，发展新兴绿色环保和高附加值地毯产品，推进低碳经济交流合作，主题更加彰显了民族地域文化，融优势资源与先进技艺为一体，手工毯专业性与机织毯科技型结合，国内外市场并举，凸显展会国际化、专业化、民族化、品牌化，更加注重展示与交流，更加贴近民生所需	中国商务部、青海省人民政府、西藏自治区人民政府、中国食品土畜进出口商会
2011年第八届	实现交易额7100万美元	美国、德国、意大利、希腊、土耳其、日本等34个国家和地区客商参会，国内16个省区的地毯生产商参展和30个省区的经销商参会，参展境内外企业193家，参展参会客商4500余人，规模再创新高	本届展会紧紧抓住国家实施新一轮西部大开发战略、支持青海等省藏区经济社会发展的重大机遇，按照"四个发展"要求，以服务藏毯产业企业为目的，融传统手工、现代工艺精品和民族文化展示于一体，精心打造国内外地毯产业与文化交流沟通的平台；展会生命力和吸引力不断增强，凸显了国际化、专业化、民族化、品牌化特征，更加符合科学发展，展会影响力不断提升，品牌效应日益显著；大型经销商入会采购，参展展品从数量和品质大大提高	中国商务部、青海省人民政府、西藏自治区人民政府

资料来源：笔者根据中国藏毯协会提供的资料和历年报纸报道整理。

除了通过展会进行青海藏毯区域营销外,青海省政府还专门制定了八项政策帮助企业开拓国际市场:一是扶持藏毯龙头企业,促进龙头企业做大做强,提高竞争实力;二是加大投入,加快藏毯生产基地的建设步伐,扩大半成品和后整理生产能力;三是强化产品研发,保证每年推出新产品 2~3 种投入国际市场,引领世界手工地毯消费新潮流;四是巩固扩大欧、美、日重点市场,积极发展拉美、大洋洲等新市场,分步启动亚非潜在市场,同时注意开发国内市场;五是走名牌经营之路,将青海藏毯打造成为世界著名品牌、著名产品;六是办好青展会,为青海藏毯搭建通往世界的大平台;七是打造天津、欧洲藏毯分拨中心,扩大重点市场的销售份额;八是强化信息网络体系建设,积极发展电子商务,逐步取代传统交易方式。

3. 制度创新

(1) 探索出"市场 + 公司 + 基地 + 加工厂 + 农牧户"的产业发展新模式。青海藏毯企业规模小,资金少,政府垫资帮助企业建设厂房和车间,等企业投产 3 年后再开始还本付息。为了缓解企业流动资金不足的问题,在企业尚未取得土地产权的情况下还允许企业以厂房和设备进行抵押贷款,并由政府出资为企业在农牧区建设加工厂(车间),帮助企业扩大产能,提供免费技术培训,提高农牧民的编织水平。还探索出一套适合青海特色的"市场 + 公司 + 基地 + 加工厂 + 农牧户"的产业发展模式,即统一由公司根据市场需求下达订单到加工厂,并由公司提供原材料和技术指导,统一收购半成品,公司整理后,由农户到设在村里的加工厂织毯,既避免了织毯工过于分散不便于管理的问题,又有效地解决了当地人不愿意出门务工的问题,实现了在"家门口就能挣钱"的目的[①]。这种发展模式不同于其他国家和地区地毯编织分散到农户家中的分散模式。青海省制定的"四统一、一包销"模式,即"公司统一生产工艺标准、统一下达生产订单、统一供应原料、统一产品收购,全额收购产品",再根据内外销合同,组织内外销售。实践证明,这一政策的制定具有社会合法性,符合青海社会现实,促进了藏毯产业发展。这种模式有效地延长了产业链,拓展了产业网络,提高了产品附加值,成效显著,符合青海农牧民居住分散的省情,符合藏毯劳动密集型产品的特

---

① 2008 年青海藏毯国际展览会特刊. 藏毯将带动 16 万农牧民增收〔N〕. 西宁晚报,2008 - 05 - 16(特02).

点，得到了各级政府的积极支持和配合，受到了广大农牧民的普遍欢迎。

（2）建立藏毯产业发展协调会议制度。自 2003 年起，每年由主管藏毯产业的副省长展开一次藏毯产业发展协调会议，专门研究藏毯产业发展中遇到的困难和存在的问题，将省商务厅、农牧厅、教育厅、发改委、科技厅、财政厅、社保局和扶贫办八个部门进行整合，共同促进藏毯产业发展，各部门各司其职，狠抓政策措施落实。经过 7 年多的努力，在省政府的大力扶持和省相关部门积极配合下，通力合作，极大地促进了藏毯产业发展。

（3）制定品牌推广扶持政策。自 2003 年就积极鼓励并帮助企业创品牌，对获得国家驰名商标的企业给予 50 万元的奖励；并帮助企业建立青海藏毯编织标准，于 2006 年成功制定了青海藏毯编织的省级标准，于 2008 年升级为国家标准，打破了手工藏毯没有国家标准的历史。

政府还积极申请青海藏毯"中国地理标志产品保护"，于 2008 年获得批准，增强了青海藏毯品牌的竞争力。

（4）制定招商引资的优惠政策。2008 年为了促进藏毯产业招商引资，制定"一区四园"战略，将西宁市城南工业园区划入西宁市国家经济技术开发区，更名为"南川（国家级）工业园区"，享受国家级经济技术开发区的税收政策和招商优惠政策，吸引了 4 家外地企业入驻，其中 3 家为藏毯原辅料企业、1 家为机织毯企业，拓展和完善了藏毯产业链，加快了产业集群的发展。

（5）税收优惠。自 2001 年扶持藏毯产业发展以来，为了加快藏毯企业发展，解决资金积累问题，青海省政府实行了 2001~2006 年连续 5 年免除企业所得税，帮助企业积累资金，加快发展和鼓励私人创办藏毯企业，对私人创办藏毯加工厂给予 2500 元补贴，并免费提供机梁和技术培训。对外商的优惠政策是：设在青海省境内的外商投资企业，允许有 3 年的试运营期；外商投资藏毯企业，10 年内免征城市房地产税、车船使用牌照税、教育费附加、城市维护建设税；对外商投资企业免征地方所得税 11 年等①。

4. 组建行业协会等中介组织

青海省政府于 2003 年成立青海藏毯协会，由商务厅厅长任会长；2005 年成立西宁市藏毯协会，西宁市市长任会长，同年在西宁成立了世界手工地毯协会，

---

① 西宁市（国家级）经济技术开发区管委会提供。

藏羊集团董事长任秘书长；2006年联合西藏自治区政府成立了中国藏毯协会，省扶贫办主任任会长。通过世界手工地毯协会和中国藏毯协会加强了与印度、伊朗、巴基斯坦、尼泊尔、土耳其和阿富汗等国外手工地毯生产国的联系。

中国藏毯协会成立后，为了更好地开展工作，省政府2008年决定由商务厅副厅长任会长，以便于促进藏毯企业间的协调发展。协会主要为藏毯企业提供信息和培训服务，并及时向政府部门反映企业发展中的问题，请求政府给予政策扶持，促进制度创新。

（三）青海藏毯产业集群发展中地方政府政策措施的有效性分析

1. 青海藏毯产业集群概况及样本数据的获取

自2003年青海省政府提出重点扶持藏毯产业发展以来，经过7年多的发展，青海藏毯企业已经从2003年的3家发展到2010年的12家，原辅料企业由2家发展到2010年的5家，青海藏毯产业集群的基本特征如表2所示。青海藏毯目前正在向"世界藏毯之都"的生产制造、研发和集散基地发展。

表2　青海藏毯产业集群的基本特征

集群特征	主要内容
区位特征	居于"世界屋脊"青藏高原东北部的青海省全境，平均海拔3000米以上，生产企业主要集聚在省会西宁的南川（国家级经济技术开发区）工业园区及周边地区，加工厂遍布全省"6州1地1市"22个县的300多个村镇
发展起源	国家计划生产、地方政府扶持、传统产业文化与技术、龙头企业带动
集群现状	经济规模：占南川工业园区总产值的70%以上，年产值2008年超过10亿元，2009年达11亿多元（仅指藏毯生产企业和原辅料生产企业产值，不含带动的其他相关产业产值，如畜产品加工、旅游等相关产业产值）。青海藏毯产量和产值均占中国藏毯的90%以上，是中国藏毯主要生产基地
	企业数量：藏毯生产企业12家，原辅料生产企业5家，皮毛收购商（个体户）1000多个，本地销售企业30多家（均为个体私营企业），加工厂（车间）300多个，物流企业5家

集群特征	主要内容
集群现状	集群就业：3 万多人从事生产、加工、销售、售后服务及收购羊毛等（不含带动的旅游等相关产业的就业人数和农牧民养殖户）
	区位品牌：较强，中国纺织工业协会 2006 年授予西宁市"中国藏毯之都"的称号，藏毯已成为世界三大名毯（波斯毯、东方毯和藏毯）之一
	企业品牌：较少，中国名牌 2 个，中国驰名商标 2 个，省内名牌（知名品牌）2 个，其他企业均在建设各自品牌，尚未形成品牌效应
	专业市场：缺乏，2008 年才建成青海藏毯国际原辅料交易中心，尚未建立起藏毯专业交易市场，青海藏毯国际城正在建设之中
	产品特征：地毯（含挂毯、装饰毯和艺术毯）为主、牛羊驼"三绒"加工产品为辅，集牛羊肉屠宰和深加工、羊毛及羊皮收购和交易、旅游及家居装修等为一体的综合产品形态
	支持机构：较少，主要以中国藏毯协会和省商务厅等政府部门为主，尚未形成科研机构和其他中介组织（如会计师事务所、专业咨询机构等）
	企业家：以本地人为主，本地企业 12 家，外地企业 5 家（其中外商独资 1 家，中外合资 1 家）
	产品市场：2008 年以前出口占 80% 以上，2008 年以后以内销为主，到 2009 年内销占 60%，外销占 40%；OEM（接单加工，又称贴牌生产）、ODM（自主设计加工）和 OBM（自主品牌生产）并存，龙头企业 2006 年后以 ODM 和 OBM 为主；2011 年产品已销售到 40 多个国家和地区、国内 50 多个大中城市

资料来源：笔者根据调研资料整理。

在地方政府建设"中国藏毯之都"和打造"世界藏毯之都"的政策引导和规划下，积极建设了青海藏毯产业特色园区——城南工业园区。2008 年把原城南工业园区划入西宁市国家级经济技术开发区，实行"一区四园"战略，将城南工业园改名为"南川（国家级）经济技术工业园区"，进一步促进藏毯产业招商引资。经过地方政府多年的扶持，青海藏毯产业以每年 30% 的速度增长，到2008 年销售额已经达 10 亿元，其中藏毯生产企业销售额 3.52 亿元，原辅料企业销售额 6.48 亿元。早在 2005 年青海藏毯产销量已经占全国藏毯产销量的 90% 以上。目前，已经形成了以藏羊集团和雪舟集团为龙头的产业集群，藏羊牌和雪舟牌都是中国著名商标和中国驰名品牌。集群中已经形成了 4 家年产值超过 1 亿元的企业，超过 1000 万元的企业有 4 家，100 万元以上的 7 家，100 万元以下的 2 家。截至 2008 年年底，青海藏毯手工地毯的出口量和销售额发别占全国手工地毯出口的 15.11% 和 39.52%，如 2001 年以来基本呈上升趋势，如表 3 和图 1 所示。

表 3　青海藏毯出口量统计

年份	出口量（万平方米）				手工毯占全国出口比重（%）
	合计	机织毯	手工毯	全国手工毯	
2001	33	9	24	440	5.45
2002	42	19	23	430	5.35
2003	35	6.7	28.3	440	6.43
2004	52	14	38	380	10
2005	64	26	38	355	10.7
2006	141	99	42	354	11.86
2007	224	194	30	282	10.64
2008	144	102	42	278	15.11

资料来源：中国藏毯协会提供。

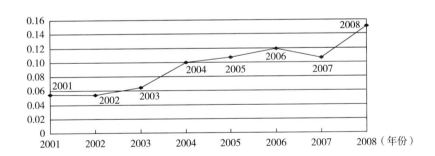

图 1　青海手工藏毯出口量占全国手工地毯出口量的比重

资料来源：根据表 3 绘制。

自 2000 年实行西部大开发战略以来，青海藏毯产业获得了前所未有的发展机遇，地方政府加大了对藏毯产业发展的支持力度。那么，地方政府采取的哪些政策措施促进了藏毯产业集群发展呢？这些政策和措施的实施效果如何？是否还需要根据产业集群发展阶段的特点进行调整，制定新的政策措施？这些问题对促进青海藏毯产业集群发展至关重要。

为此，笔者对青海藏毯产业集群中的企业进行了问卷调查和对 17 家企业负责人进行了深入访谈。样本企业全部为非公有制企业，其中外商独资企业 1 家，中外合资企业 1 家，私营股份制企业 10 家，私人独资企业 5 家。本文将、大、中、小型企业分别界定为：大型企业（1000 人以上）2 家，中型企业（201 ~ 1000 人）10 家，小企业（200 人以下）5 家。问卷回答者均为企业中高层管理者人员，这确保了信息的准确性。

由于青海藏毯产业集群中的企业数量较少，为了获得足够的问卷便于进行量化分析，笔者利用中国藏毯协会特聘专家的身份和给中国藏毯协会组织的藏毯企业管理人员进行培训的机会，对参加培训的 78 人进行了课堂问卷调查，全部收回，问卷均有效。并利用这些学员的关系对企业管理人员进行了访谈和问卷调查。

笔者为了保证问卷的有效性，减少误差，对 2 家大企业各发放 30 份问卷，实际收回 44 份，回收率 73.3%，其中有效问卷 40 份（含课堂问卷 30 份），有效率 90.9%；对 10 家中型企业各发放 10 份问卷，实际收回 76 份，回收率 76%，有效问卷 68 份（含课堂问卷 42 份），有效率 89.5%；对 5 家小企业各发放 5 份问卷，实际收回 17 份，回收率 68%，有效问卷 14 份（含课堂问卷 6 份），有效率 82.4%。一共发放问卷 185 份，回收 137 份，有效问卷 122 份，总回收率 74%，有效率 89%。回收率和有效率较高主要是笔者通过课堂调查获得的 78 份有效问卷，占总有效问卷的 64%。样本具体描述如表 4 所示。从样本分布来看，基本合理，大部分有效问卷集中在中型企业，这符合青海藏毯企业的实际情况。

表 4　样本企业基本情况及问卷发放情况

项目	大型企业	中型企业	小企业	合计
企业数（个）	2	10	5	17
发放数（份）	60	100	25	185
回收数（份）	44	76	17	137
有效数（份）	40	68	14	122
有效问卷比重（%）	32.79	55.74	11.47	100

资料来源：笔者根据调研资料整理。

2. 地方政府促进集群发展的主要政策措施

为了研究地方政府政策对青海藏毯产业集群发展的有效性，笔者先对 17 家企业进行了深入访谈，初步统计了政府政策扶持对企业经营绩效的影响。为了避免直接涉及企业的利润问题，防止企业主不说实话，笔者在访谈中采用企业经营状况来代替企业盈利情况。将企业的经营状况分为良好、一般和不佳三个层次，分别代替盈利较好、一般和较差。访谈统计结果如表 5 所示。

表 5 政府政策扶持与企业经营绩效的关系

获得政府政策扶持情况			企业经营状况		
较多	一般	较少	良好	一般	不佳
9			8	1	
	4		1	2	1
		4		1	3

资料来源：笔者根据访谈资料整理。

从表 5 的统计结果来看，获得政府政策支持较多的 9 家企业，有 8 家企业获得了良好的经营绩效，占 89%；1 家经营绩效一般，占 11%。获得政府一般扶持的 4 家企业中有 1 家企业经营绩效良好，占 25%；2 家经济绩效一般，占 50%；还有 1 家经营较差，占 25%。很少获得政府扶持的 4 家小企业中，3 家企业经营绩效较差，占 75%；只有 1 家经营绩效一般，占 25%。

而笔者在访谈中发现，绩效较好、获得政府扶持较多的全部为大中型企业，而 5 家小企业很少获得政府政策扶持。这与青海省政府制定的大力扶持龙头企业的战略相吻合。说明政府的政策扶持对青海藏毯产业的集群化发展有着重要的影响。从统计的结果来看，政府政策扶持与企业经营绩效之间存在着较强的相关性。凡是获得政府政策扶持较多的企业基本都取得了较好的经营绩效。可能的解释有：一是青海地处青藏高原地区，经济发展水平落后，企业自有资金少，资金积累慢，政府帮助企业建设厂房、扩建生产能力，降低了企业家的投资风险，节约了企业的生产成本，扩大了企业的生产规模，从而使企业获得了规模效益；二是政府帮助建设加工厂，并将加工厂划拨给企业，通过政府建立起了企业与加工厂之间的信任合作关系，拓展和完善了产业链，提高了产品附加值，构建了完善的产业配套网络，这大大节约了企业的交易成本，使企业与加工厂之间建立起了稳固的合作关系和信任关系，减少了机会主义行为，这是企业获得较好绩效的关键。

为了进一步探索政府哪些政策措施提高了企业绩效和促进了产业集群发展，笔者根据文献和实地访谈，设计了青海省政府在促进藏毯产业集群中采取的主要政策措施，笔者对17家企业的主要负责人（董事长、总经理、副总经理及行政部门负责人）进行了深入访谈，17家企业做出了如下评价（如表6所示）。

表6　青海藏毯产业集群中地方政府政策措施的实施情况

政府政策措施层面	政府采取政策措施涉及的具体方面	大型企业（%）		中型企业（%）		小企业（%）	
		没做	做了	没做	做了	没做	做了
帮助企业与顾客建立联系	政府注重对外宣传青海藏毯品牌	0	100	0	100	0	100
	政府帮助企业开拓国际国内市场	0	100	0	100	20	80
	政府定期召开产业发展协调会议，通报相关信息和政策	0	100	20	80	20	80
	政府组织参与各种贸易洽谈会展销会	0	100	0	100	0	100
	政府组织企业家出国考察活动	0	100	20	80	60	40
	政府组织举办青海藏毯国际展览会	0	100	0	100	0	100
推动企业间协同发展	政府积极筹建工业园区	0	100	0	100	0	100
	政府定期组织技术和管理培训	0	100	0	100	0	100
	政府对技术创新成果给予激励	50	50	100	0	100	0
	政府对技改项目给予贴息贷款	0	100	0	100	60	40
	政府制定产业集群发展的远景规划	0	100	0	100	0	100
	政府引导企业进行技术创新	0	100	0	100	60	40
	政府为产学研合作牵线搭桥	50	50	80	20	100	0
	政府制定人才引进政策和规划	50	50	100	0	100	0
	政府组织共性技术难题联合攻关	50	50	90	10	100	0
	政府筹建藏毯职业技术学校培训员工	0	100	0	100	0	100

续表

政府政策措施层面	政府采取政策措施涉及的具体方面	大型企业（%）		中型企业（%）		小企业（%）	
		没做	做了	没做	做了	没做	做了
促进企业之间结网	政府推动中介组织的建设和发展，如藏毯协会	0	100	0	100	0	100
	政府支持引入外部中介组织	0	100	40	60	60	40
	政府组织企业之间参观和学习	0	100	60	40	80	20
	政府出面协调企业之间的共同行动	0	100	20	80	40	60
	政府引导原辅料交易市场建设和专业市场建设	0	100	0	100		100
	政府招商引资引进相关配套产业	0	100	0	100	0	100
区域环境建设	政府完善公共基础设施	0	100	10	90	20	80
	政府为企业提供土地和税收优惠	0	100	0	100	0	100
	政府规范市场秩序，打击假冒伪劣	50	50	70	30	100	0
	政府保护投资者的合法权益	0	100	0	100	20	80
	政府倡导诚信合法经营	0	100	0	100	20	80
	政府对于企业用地、用水、用电给予优先	0	100	0	100	60	40

注：本表根据访谈问卷统计，样本为 17 家企业，其中大型企业 2 家，中型企业 10 家，小企业 5 家。

资料来源：笔者根据访谈问卷整理。

大中小企业对政府政策措施的评价并不相同，这与多年来地方政府重点扶持龙头大企业，打造藏毯国际化集团公司的战略有关。自 2003 年以来，青海省政府重点扶持藏羊集团和雪舟集团，两家企业于 2005 年被评为国家级农业扶贫龙头企业，国家给予了大量政策支持，使两家企业解决了 3 万多农牧民的就业和增收问题。因此，对中小企业的扶持相对较少，尤其是对小企业扶持更少。

从 17 家企业的评价来看，他们都认为政府在宣传青海藏毯品牌、组织企业参加贸易洽谈会、举办青海藏毯国家展览会、制定藏毯产业远景发展规划、建立藏毯学校、推动中介组织（协会）、建立原辅料交易市场、招商引资引入配套产业、提供土地和税收优惠等方面制订了相关优惠扶持政策。

大中型企业还认为政府在帮助企业开拓国际国内市场、召开藏毯产业协调会议、组织企业家出国考察、引入外部中介机构、企业间参观学习、协调企业间行动、完善公共设施等方面给予了政策支持。大中型企业都对政府在鼓励技术创新、为产学研牵线搭桥、制定人才引进政策、共性技术难题攻关、规范市场秩序打击假冒伪劣等方面的政策措施表示不满。小企业还对政府在帮助开拓国际国内市场、出国考察、协调企业间行动、对技改项目给予贴息贷款、引导企业进行技术创新、组织企业之间参观和学习、对于企业用地、用水、用电给予优先等方面政策措施不满，认为存在歧视小企业发展现象，没有给予足够的发展空间和政策扶持。

总体上看，从企业对问卷中所列的政府政策措施的实施情况来看，这些措施都不同程度地促进了藏毯产业集群的形成和发展，因此，可以对这些政策措施进行进一步的分析。

本文根据 Best 对国外产业集群发展中有效的政府政策措施的分类方法（Best[①]，1990），结合我国西部大开发实施不久、青藏高原地区市场经济体制十分不健全、区域市场竞争秩序混乱的实际情况，将 Best 和邬爱其的方法相结合（邬爱其[②]，2008），将青海藏毯产业集群发展中的地方政府政策措施分为四类：帮助企业与顾客建立联系、推动企业协同发展、促进企业之间结网和区域环境建设四大类（如表6所示）。取得较好效果的政策措施包括：①地方政府在帮助企业与国内外顾客建立联系、不断开拓国内外市场方面的政策措施有：注重对外宣传青海藏毯品牌、组织参与各种贸易洽谈会和展销会、举办青海藏毯国际展览会等；②地方政府在推动企业间协同发展方面的政策措施有：积极筹建工业园区、定期组织技术和管理培训、制定产业集群发展的远景规划、筹建藏毯职业技术学校培训员工等；③地方政府在促进企业间结网方面的政策措施有：推动中介组织的建设和发展、引导原辅料交易市场建设和专业市场建设、招商引资引进相关配套产业等；④地方政府在企业环境建设方面的政策措施有：完善公共基础设施、保护投资者的合法权益、倡导诚信合法经营、对于企业用地、用水、用电给予优先等。

3. 地方政府政策措施的有效性评价

为了评价青海省政府促进藏毯产业集群发展的政策措施的有效性，笔者对相关问卷数据利用 SPSS 17.0 软件进行因子分析。样本的充分性检验显示，KMO 系

---

① Best M. The New Competition [M]. Massachusetts: Harvard University Press, 1990: 45 – 78.

② 邬爱其. 全球竞争、本地网络与企业集群化成长：理论分析与浙江经验 [M]. 杭州：浙江大学出版社，2008：123 – 130.

数为 0.872，样本分布的球形 Bartlett 检验卡方值为 2461.21，Sig. 值为 0.000，低于 0.005 的显著性水平，说明相关变量适合做因子分析。通过 SPSS 17.0 统计软件，采用主成分分析法提取因子，按照极大方差法进行因子旋转。数据处理结果如表 7 所示。

表7　政府政策措施的因子分析结果

	F1	F2	F3	F4	F5	F6	F7
完善公共基础设施建设	0.89						
为企业提供土地和税收优惠	0.84						
积极筹建工业园区	0.81						
对于企业用地等给予优惠	0.64						
举办青海藏毯国际展览会		0.86					
引导原辅料交易市场建设和专业市场建设		0.82					
注重对外宣传青海藏毯品牌		0.78					
组织参与各种贸易洽谈会		0.74					
帮助开拓国际国内市场		0.63					
引导企业进行技术创新			0.79				
对技术创新成果给予奖励			0.71				
对技改项目给予贴息贷款			0.67				
组织共性技术难题攻关			0.64				
为产学研合作牵线搭桥			0.61				
定期组织技术和管理培训				0.81			
筹建藏毯学校培训员工				0.79			
组织企业参观学习				0.66			
制定人才引进政策和规划				0.62			
制定藏毯产业发展的远景规划					0.84		
政府定期召开产业发展协调会议					0.77		
组织企业家出国考察					0.67		
政府推动中介组织的建设和发展						0.76	
招商引资引进相关配套产业						0.71	
出面协调企业之间的共同行动						0.67	
支持引入外部中介组织						0.63	

续表

	F1	F2	F3	F4	F5	F6	F7
保护投资者的合法权益							0.74
倡导诚信合法经营							0.72
规范市场秩序打击假冒伪劣							0.64
内部一致性 a 系数	0.921	0.905	0.872	0.866	0.847	0.828	0.793

注：问卷采用李克特 5 分量表法，要求调查者根据企业实际情况评价地方政府政策措施的实施情况，1 表示做得很差，2 表示较差，3 表示一般，4 表示很好，5 表示非常好。

从表 7 中可以看出，共提取了 7 个因子，F1 因子涉及基础设施、土地、园区建设、企业用地等，命名为基础设施建设；F2 因子涉及展会、专业市场建设、品牌宣传、贸易洽谈会等，命名为区域营销活动；F3 因子涉及技术创新和研发方面，命名为促进技术创新和研发；F4 因子涉及培训、参观学习和人才引进，命名为人力资本培养；F5 因子涉及产业规划、考察和产业信息，命名为产业战略规划；F6 因子涉及引入中介组织、招商引资配套产业、协调企业活动，命名为完善产业网络；F7 因子涉及投资者合法权益、合法经营和规范市场秩序，命名为规范竞争秩序。这 7 个因子的总解释率为 80.079%，可以反映出青海政府政策措施四个层面的内容，符合青海藏毯产业集群的现实情况。信度分析证实，7 个因子的信度符合统计要求，问卷设计具有内部一致性。

在此基础上，进一步计算各因子的均值大小，来测定政府政策措施的效果水平即制度嵌入性的有效性。通过企业对政府政策措施的实施效果的评价，来测度青海藏毯产业集群发展中制度嵌入性的作用强度。评价标准：1 表示效果很差，2 表示效果较差，3 表示效果一般，4 表示效果很好，5 表示效果非常好，描述性统计结果如表 8 所示。

表 8　政府政策措施效果评价

因子名称	政策措施具体实施方面	均值	标准差
基础设施建设	政府完善公共基础设施 政府为企业提供土地和税收优惠 政府积极筹建工业园区 政府对于企业用地、用水、用电给予优先	3.74	0.81

续表

因子名称	政策措施具体实施方面	均值	标准差
区域营销活动	政府组织举办青海藏毯国际展览会 政府引导原辅料交易市场建设和专业市场建设 政府注重对外宣传青海藏毯品牌 政府组织参与各种贸易洽谈会展销会 政府帮助企业开拓国际国内市场	3.81	0.91
促进技术创新和研发	政府引导企业进行技术创新 政府对技术创新成果给予激励 政府对技改项目给予贴息贷款 政府组织共性技术难题联合攻关 政府为产学研合作牵线搭桥	3.06	0.66
人力资本培养	政府定期组织技术和管理培训 政府筹建藏毯职业技术学校培训员工 政府组织企业之间参观和学习 政府制定人才引进政策和规划	3.24	0.74
产业战略规划	政府制定产业集群发展的远景规划 政府定期召开产业发展协调会议，通报相关信息和政策 政府组织企业家出国考察活动	3.86	0.92
完善产业网络	政府推动中介组织的建设和发展，如藏毯协会 政府招商引资引进相关配套产业 政府出面协调企业之间的共同行动 政府支持引入外部中介组织	3.61	0.89
规范竞争秩序	政府保护投资者的合法权益 政府倡导诚信合法经营 政府规范市场秩序，打击假冒伪劣	3.03	0.71

　　从表8中可以看出，青海省政府采取的政策措施对藏毯产业集群的发展效果一般偏上（超过了3，但不到4）。其中，青海省政府制定的藏毯产业发展规划受到的评价最高，均值为3.86，接近4（很好水平）。

　　龙头企业藏羊集团老总在调研中说道："2001年以后青海藏毯产业发展的路子走对了，机会我们已经错过了很多，现在要迎头赶上。"这与调研统计分析的结果是一致的，说明政府制定科学的产业发展战略规划可以促进产业集群的形成和发展。为了加快藏毯产业的发展，青海省政府将藏毯产业作为传统特色优势产业纳入"十一五"重点产业扶持发展，并制定了《青海藏毯产业发展规划（2006－2020）》的长期发展规划，"十二五"规划草案中再次纳入财政预算体系，继续给予重点扶持发展。从青海藏毯发展的情况来看，政府扶持的效果十分明显，青海手工藏毯出口从2001年只占全国手工地毯出口量的3.79%上升到2008年占全国的15.11%。青海藏毯占全国藏毯产销量的90%以上，成为中国藏毯主要产地。政府在区域营销方面的政策扶持效果也十分明显，均值达3.81，接近4（很好的水平）。说明青海省政府自2004年开始举办的青海藏毯国际展览会对藏毯产业集群有极大的促进作用。尤其是政府扶持龙头企业在日本、德国、天津、上海等地建立销售公司，并给予资金扶持，2008年金融危机后，政府又加大了扶持其他中小企业开拓国内外市场的资金支持力度，取得了良好的效果，17家企业都开始建立自己的国内（外）销售网络体系。在全国地毯行业普遍销售下降和全行业亏损的情况下，青海藏毯2009年实现销售额3.9亿多元，原辅料企业实现销售额7.5亿多元，分别比2008年增加12%和15.7%。说明政府扶持企业开拓国内外市场并建立企业自己的营销体系的政策效果十分明显。

政府在强化区域基础设施建设方面也促进了藏毯产业的集群发展，从2001年青海省政府开始建设城南新区，2003年实施"扩市提位，提高城市品位"的战略，将湟中县、湟源县和大通县纳入西宁市范围，其中湟中县是藏毯的主要发展基地，湟中县的加牙村早在300多年前就是青海高原著名的"藏毯村"。2003年青海省提出大力发展藏毯产业的战略规划后将城南新区作为藏毯生产基地重点开发，先后投入35亿元建设园区，2008年又将城南工业园区纳入西宁市国家级经济技术开发区内，改名为南川（国家级）经济技术工业园区，享受国家级经济技术开发区待遇，进一步促进了藏毯产业的集群发展。实施两年来，吸引了4家外地企业入驻园区，进一步完善了藏毯配套产业网络。在完善产业网络方面也取得了很好的效果，均值为3.61，2003年省政府一提出大力发展藏毯产业的计划就组建了青海藏毯协会，由副省长任名誉会长，2005年成立了西宁藏毯协会，2006年成立了中国藏毯协会和世界手工地毯协会，协会的成立建立起了政府与企业之间的桥梁，便于企业与政府沟通，及时将产业发展中的问题反馈给政府，为政府制定新政策提供依据。

当然，政府制定的政策措施在人力资本培养、技术创新和研发、规范竞争秩序方面效果一般，均值分别为3.24、3.06、3.03，刚过3（一般）的水平。这与笔者在调研中了解到的情况是一致的，青海藏毯企业急缺专业技术人员、管理人员、研发人员，企业中大专及以上文化程度的员工仅占 7.6%，69.8% 的员工为初中及以下学历，专业技术人员仅占 3.2%[①]。由于青海藏毯学校 2009 年才成立，缺乏师资，还不能满足藏毯产业快速发展的需要。尽管 2010 年龙头企业藏羊集团建成了培训基地，每年可以培训 3000 名技术人员和管理人员，但青海每年需要培训的人员都在 1 万人以上，培训量远远满足不了实际需求。藏毯（尤其是手工毯，90% 外销）是出口产品，面对国内外日益激烈的市场竞争，加大研发力度是保持竞争优势的唯一途径。笔者在调研中了解到，青海藏毯产业的研发主要集中在龙头企业和少数几家发展较快的中型企业，总的研发经费不到销售额的2%。按照国际惯例，研发经费达到销售的 5% 以上才能保持竞争优势，2% 仅仅是维持水平。研发经费不足和研发人才奇缺，是目前藏毯产业发展的最大瓶颈，需要政府制定引进人才的优惠政策，加快藏毯产业专业技术人员的培养和引进。同时，要规范藏毯企业间的竞争秩序，避免出现恶性竞争和低价竞销，尤其是在藏毯质量的控制上要严格把关，加快建立藏毯质量监测中心。

以上分析只是根据各因子均值的大小判断政府政策措施的效果，还无法知晓各项政策措施效果的差异水平，为此，笔者对 7 个因子的均值差异进行了配对样本的 T 检验。结果显示，规范竞争秩序、促进技术创新和研发与其他因子的均值存在显著性差异，产业战略规划、区域营销活动二者之间不存在显著差异，基础设施建设、完善产业网络、人力资本培养这三个因子分别与其他因子的均值存在显著差异。因而，根据这 7 个因子的均值大小排序，可以得到政府政策措施效果评价等级的描述性统计结果，如表 9 所示。从表 9 可以看出，促进青海藏毯产业集群发展的政策措施效果由高到低依次为：效果非常好的是产业战略规划和区域营销活动；效果很好的是基础设施建设；效果一般的是完善产业网络；效果较差的是人力资本培养；效果很差的是促进技术创新和研发、规范竞争秩序。

至此可以认为，青海省政府在制定促进藏毯产业集群的政策中，在产业战略规划、区域营销活动和基础设施建设三方面取得了很好的成效；在完善产业网络方面效果一般；在人力资本培养方面效果较差；在促进技术创新和研发、规范竞争秩序方面效果很差。

---

① 数据由笔者调研获得，上述数据仅为 17 家生产企业统计数据，不含农牧区加工厂（车间）的数据。

总之，产业集群是在特殊的政策环境下形成和发展的，通过青海藏毯产业集群的发展可以看出，产业集群的发展是嵌入在特定政策环境中的，即地方政府政策是驱动特色产业集群发展的重要动力因素。

表 9　政府政策措施效果等级情况

效果水平等级	因子名称	均值
非常好	产业战略规划	3.86
	区域营销活动	3.81
很好	基础设施建设	3.74
一般	完善产业网络	3.61
较差	人力资本培养	3.24
很差	促进技术创新和研发	3.06
	规范竞争秩序	3.03

十、青海藏毯产业发展存在的
问题与对策思考[*]

藏毯是青藏高原的民族特色产业，是民族地区实现经济跨越式发展的重要产业。藏毯产业的发展是关系到民族地区经济发展和民族地区社会稳定的重要课题。因此，积极推动藏毯产业的发展具有重要的经济意义和社会意义。

自 2003 年青海省委省政府将藏毯产业作为重点产业扶持发展以来，取得了良好的效果。但是，国际经济形势的剧变，给青海藏毯产业发展造成了较大影响。为了深入了解金融危机对藏毯产业发展的实际影响及藏毯产业发展的实际情况，作者对藏毯企业进行了实地调研，深入企业进行访谈，获取了一手资料，力争全面掌握青海藏毯产业发展的全貌。这一调研旨在为青海藏毯产业如何制定应对"后金融危机"时代的发展策略提供现实依据。

（一）产业发展存在的主要问题和困难

1. 企业产品定位不准

市场定位就是针对国内外每一个细分市场生产不同的产品，满足不同的消费群体，实行产品差异化，市场定位的过程就是企业产品差别化的过程，就是如何寻找差别、识别差别和显示差别的过程。目前藏毯企业多为生产同类型的产品，竞争比较激烈，国内同行企业间仿照生产同类产品、低价竞销的现象十分普遍。如何结合市场和企业自身特色，准确进行企业产品定位——生产自主创新的特色产品，并围绕本企业的特色产品制定翔实可行的长远发展规划是企业稳定、持续

和良好发展的前提，切合实际的规划可帮助企业把握自身发展方向，避免因为市场变化而产生的自主意识错误，能够帮助企业有效避免在发展战略和发展步骤上的失误，降低企业的市场风险。

在 2008 年的金融危机中，实践证明多数企业比较认真地制定了"十一五"发展规划，并按规划指导企业前进的步伐，近几年已获得抵御风险的实效。多数藏毯企业由于缺乏准确的市场定位和良好的长远发展规划，没有自己的特色产品，导致企业缺乏核心竞争力，而且没有及时根据市场变化调整产品结构，加之研发相对滞后等原因，使得企业生产销量迅速下滑，如海湖公司等。海湖公司在应对金融危机时，仍然抱着依靠国外订单的传统观念，持等待和观望的态度——当确定无法继续往下走时才计划走高端产品的路子，开始准备由低道数藏毯向高道数藏毯发展，使得企业陷入被动局面。由于该企业缺乏长远规划和前期准备，缺少高道数的编织工艺和熟练编织工等，实际操作起来举步维艰。

2. 产业集群程度不高

青海省藏毯企业大多分布在西宁市南川工业园区，目前只是在政府扶持下在地理上实现了"集聚"，企业之间并未形成相互协作共同发展的网络体系，尚不具备集聚区域创新能力，产业价值链并未形成，集聚区内部企业间的精细化分工协作尚未真正建立，基于竞争性合作的信用机制体系也未建立。

藏羊集团、圣源公司、海湖公司均属于大而全和小而全的生产经营模式，即从原料、半成品、后整理到产成品有各自完整的生产分厂、车间、生产线和后整理厂，藏羊、海湖公司有自己的纺染纱车间。藏羊机织毯公司的机织毯用纱小部分采用省内海南州的毛纱，绝大部分省外采购。同处于南川工业园区的雪舟三绒集团、嘉年绒业公司是专业的毛纱、绒纱生产厂家，是理想的地毯用原辅材料供应商，但实际上雪舟三绒集团、嘉年绒业公司和藏羊集团、圣源公司、海湖公司之间近几年来基本无业务往来，集聚区内的原辅材料供应商和藏毯生产企业规划中的生产链条脱节，同时藏毯生产企业之间联系不紧密，有效的生产规模未能相互充分利用和发挥出最大的产能效率，产业价值链并未形成，没有形成相互依存、相互协作的产业集群。

3. 市场抗风险能力弱

金融危机发生前，手工地毯生产企业多巴公司、海湖公司、源荣公司、美亚公司等是以接国外客户订单安排全年生产为主，现货加工为辅，基本是单一的出口，一条腿走路，自主营销的途径不宽、能力不强，研发和设计均以国外市场为主。金融危机发生后，国外客户订单逐月大幅减少，造成企业无法正常生产，公司本部的技工和农牧区的大量熟练织毯工人流失严重，手工地毯生产经营陷入危机。事实表明藏毯企业由于长期依赖于国外市场，对经济形势发生变化后国内外市场的需求状况变化的应对策略滞后，开拓新市场还须时间磨砺，因此企业发展必须加强自主研发，开拓市场适销产品，以自己的品牌主动寻求和开拓市场，建立完善的销售网络，采用多元化的销售方式，培养出一批高素质的营销人员，努力提高企业的抗风险能力。

4. 企业员工流失严重

从青海省藏毯企业的人员结构看，初级织毯技工较多，中、高级织毯技工少，纺织、染色、图案设计、纺织机械等专业技术人员稀缺；高素质的中高层管理人才、营销人员十分缺乏，如圣源公司不得不从广东高薪聘请职业总经理，吸收北京、上海等大城市一批有经验的营销人才；近几年来藏毯企业技术工人和中层管理人员流动性加大，跳槽频繁；农村加工车间的优秀技师和熟练编织工受生产不稳定的影响，上岗率持续不断下降，从而导致多年来已培养出来的大批从业人员流失。通过政府多年来的支持而形成的生产规模大幅缩水，这对今后再启动生产将产生很大的影响。同时机织地毯厂中能掌握机织生产线正常运转的熟练工人也存在严重不足的问题。

5. 流动资金缺口加大

目前，青海藏毯行业的主体是民营企业，自有资金少，流动资金十分缺乏。藏毯是微利行业，半成品加工车间分布在农牧区，每个车间均要长期占压原辅材料，资金从生产投入到销售的回款周期长，流动资金用量大；机织地毯和手工藏毯相比，原辅材料需求量很大，占用资金是手工藏毯原辅材料的十倍以上，机织设备投入资金巨大，利息支出逐年增加，企业固定资产大多已被抵押贷款，原料的采购、设备的维护等开支较大，加之销售回款周期长，有限贷款规模不能确保正常的生产经营流动等诸多因素，企业用于研发创新、开拓市场等方面的流动资金除政府扶持资金外基本没有来源，这些严重制约着机织毯企业的可持续发展。

（二）促进藏毯产业健康发展的政策建议

1. 促进专业化分工协作，发挥产业集群的优势

集群作为提升企业竞争力的强有力手段，已成为国内各地区竞相培育的核心竞争优势之一。加快青海藏毯产业的集群化进程，提升集群企业的整体技术创新能力，进而提高藏毯品牌的国际竞争力，是增强企业出口能力和实现产业既定目标的必然选择。

21世纪前藏毯企业都向大而全、小而全的方向发展，企业从收毛、选毛、洗毛、纺纱、染纱、图案设计到半成品编织、后整理等各个工序一应俱全，企业间没有比较明确的分工定位，关联度不高，造成企业的核心竞争力不强。21世纪以来，青海省委省政府十分关注藏毯产业的发展，多年来给予持续扶持，着力打造藏毯集群化发展，将南川工业园区定位为藏毯生产基地，并满足相关企业的落户生产。按照发达地区走过的路径来看，产业集群是同一产业生产链的集聚，而不是简单的企业集聚，产业集群的本质就是要形成生产链和产业链。通过专业化分工协作，原有企业的生产部门被细化成了多个专业化分工明确的企业，非本企业的核心产品生产都可以委托给其他企业，比单纯利用自身资源可以获得更多的竞争优势。

鉴于此，建议将纺纱、染纱、织毯、后整理逐步细化成相对独立的企业，自负盈亏，手工藏毯和机织毯原料毛纱、绒纱由省内企业雪舟三绒集团、嘉年绒业公司等专业公司供应，一些小企业（源荣公司、海源公司、湟源县地毯销售部）的手工藏毯织做和后整理加工部分可委托多巴公司、海湖公司等生产工艺成熟的企业织做加工。这样企业之间可以通过专业化的分工和协作，促进产业间链条的构建和产业网络体系的构建，逐步发挥出产业集群的集聚优势，发挥出产业集聚的集聚效应，从而带动整个藏毯产业的良性发展。

2. 产品向绿色环保、高附加值方向发展

目前，手工和机织地毯市场竞争激烈，产品趋于同类化，而新兴的绿色环保地毯，用天然动植物原料纺纱，用天然植物和矿物染纱，纯手工或机器编织，用

有机洗涤剂或清水漂洗，不含任何化学物质，具有防腐、防蛀、防静电、阻燃等多种功能，是美、欧、日高端消费市场备受青睐的产品，也是地毯未来发展的主要趋势，国内外市场前景广阔、潜力巨大。青海省内具备得天独厚的地毯用原料"西宁大白毛"和手工纺纱历史传统，由青海省科技厅支持、中国藏毯协会组织的天然染料研发项目的调研报告显示，青海境内及周边地区还有丰富的天然染料植物、矿物物种等，经科研攻关研发后可制成环保染料，实施毛纱等原料的天然染料染色。国际市场上手工织做的新型绿色环保地毯和挂毯，可提升其产品的附加值，在未来的市场竞争中把握先机，获得主动。同时，绿色环保地毯也是省委十一届六次全会提出"绿色发展"中绿色经济的重要组成部分。

由此，建议藏毯企业把研发环保地毯作为"十二五"期间的重要课题。在天然染料的开发研制和中试生产上请政府和有关部门给予继续扶持。

3. 加强国内外企业协作，加快市场营销步伐

青海藏毯产业链中的市场开发是一个薄弱环节。藏毯具有数千年的生产历史，但真正走向市场也只有几十年，因此，拓宽销售渠道占领市场决定着产业的命运。要加强国内外企业的密切沟通和真诚协作，真正做到互惠互利、共同发展。藏毯企业要加强相互之间的合作，集群企业要科学分工，合理配置资源，形成生产环节紧密联系，生产能力相互匹配，实现企业效益最大化，实现产业一体化、品牌化和国际化。

藏毯产业首先要充分利用好青海藏毯国际展览会的契机，加大与尼泊尔、巴基斯坦、印度等国的手工地毯企业和德国、美国、新加坡等机织毯企业的协作，积极开展技术工艺、图案设计、品牌宣传等全方位的合作交流，加强研发、培训、设计、营销等多个领域的合作，做好引进技术的消化吸收和再创新工作，提高自主创新能力；其次要加强市场开拓力度。在市场营销策略上继续巩固扩大欧、美、日等传统重点市场，积极开拓北欧、大洋洲、西亚、中亚等新市场。走品牌经营之路。品牌战略是培育企业核心竞争力的重要支撑，没有品牌战略，就难以形成持久的企业核心竞争力。金融危机的经验表明，品牌为企业带来的利益是内在而持久的，良好的品牌能够使企业在瞬息万变的市场环境中立于不败之地，品牌经营与品牌战略应成为企业发展的根本任务。

4. 建立健全行业协会功能

中国藏毯协会应该为藏毯产业的发展提供信息平台，为藏毯产业的发展提供

各种服务，具有一定的功能性和权威性。承担起藏毯产品的质量鉴定与监督，对专业技术人员的技能进行鉴定和职称评定，组织专业培训、制定行业发展规章制度和行业原辅材料、产品、工具等标准，完善行业内各类质量标准，建立健全企业产品从原材料到成品的一整套质量抽查制度，协调行业内企业的生产与销售，统一价格，避免恶性竞争，提供各种行业信息和国际国内市场行情，协助企业融资，扶助机梁的管理，协调各级政府部门促进企业发展等多种功能。同时，协会应积极组织企业参加国内外各类地毯展会，提升会员企业的知名度，帮助企业进一步开拓国内外市场。建议政府赋予协会行业统计、行业规划制定、工艺标准制定、技术培训和技能鉴定、产品质量抽查和监督，专家评审委员会的建立等执行权和政府协调、落实藏毯产业发展各项措施的职能。

5. 充分发挥藏毯学校的功能

目前青海省的藏毯职业技术等级培训刚刚起步，培训工作缺师资缺培训场地，分档次技能鉴定（技能鉴定标准尚未制定出来）没有开展。建议利用南川工业园区已设立的藏毯学校，与相关企业挂钩培养企业急需的专业技术人员和中层管理人员，实行定向代培，由政府资助和企业资助相结合，培训期为 2～3 年，解决全省藏毯企业中、高级织毯技师，纺织、染色、图案设计、纺织机械等专业技术人员少和机织毯厂操作机织生产线的熟练工人少的现状。

6. 深入挖掘藏毯文化内涵，提升藏毯产品文化内涵

藏毯是藏族优秀文化传承的载体，产品本身具有浓郁的民族文化气息，这是藏毯独特的竞争优势，因此，强化藏毯产品的文化特色是藏毯走向世界的核心竞争力。文化只有被融入产品中并市场化才能够提升其生命力，藏文化是世界上的优秀文化之一，如何将其市场化，让世人了解藏文化，了解青藏高原，了解藏毯，是一个十分现实的重要课题。

因此，建议省有关部门组建联合课题组，组织藏学专家、藏毯设计专家和相关学科专家联合攻关藏毯的文化底蕴，提升藏毯的文化价值，将世界优秀文化与藏文化进行融合，促使藏毯文化融入世界优秀文化之中，提升藏毯的文化价值和生命力，做到文化的与时俱进，这是提升藏毯核心竞争力的源泉，也是藏毯产业可持续发展的关键和生命力的源泉。

7. 加强政府指导,加大资金扶持力度

要做大做强青海藏毯产业,第一要进一步提高对发展藏毯产业的认识,要从贯彻落实党的十八大精神,加强藏区建设,实现共同富裕构建和谐社会的高度,认识发展藏毯产业的重要性。加强政府对藏毯产业发展的宏观指导,坚持市场导向,用好产业政策,通过加强宣传,引导相关部门关心支持藏毯产业的发展,形成"政府引导、企业为主体、有关部门参与"的局面,形成科学协调、各负其责、市场化的运营机制,推动藏毯产业健康有序发展。第二要加大资金扶持力度。加快建立全省藏毯产业发展资金支持的长效机制,设立藏毯产业发展专项基金、加大支持藏毯产业发展的力度。明确设立藏毯职工培训资金,切实保障人员培训的需求。第三要加强与金融部门的协调力度,增加信贷资金投入。第四要完善和落实优惠政策。继续落实青海省委省政府有关扶持藏毯产业的税收优惠政策,以支持现有藏毯企业迅速发展。第五是政府要继续大力助推青海藏毯产业集群的形成,发挥产业集群的优势,从而实现"把青海建成国际性的藏毯生产集散地基地"的藏毯产业发展目标。

十一、青海藏毯产业集群化
发展影响因素的调查*

藏毯是青海的民族传统产业，其发展经历了"一波三折"，从中华人民共和国成立初期的计划指令生产，到市场经济条件下的自由生产，再到 2003 年被青海省政府确立为重点扶持发展的产业，其产值逐年增长。2008 年的金融危机给青海藏毯产业的发展造成了一定影响。青海藏毯产业是否适合走产业集群化发展的路子？能否实现可持续发展？本书结合实际调研和访谈，深入了解了藏毯产业发展的现状和存在的问题，旨在探索制约青海藏毯产业集群化发展的主要因素。

（一）青海藏毯产业的地位及问题的提出

自 2003 年以来，在青海省政府及有关部门的支持下，青海藏羊集团在促进青海藏毯业发展上发挥了龙头作用，藏羊集团基本代表了青海省藏毯产业的整体水平，2005 年出口额 1830 万美元，占全省当年地毯出口总额的 81.26%。青海藏毯出口占中国 2004 年各类地毯出口总额的 2.91%，占全国手工地毯出口总额的 10.7%，占尼泊尔 2003 年藏毯出口值的 56.7%，占 2004 年全球地毯出口值的 2.26%，占 2004 年全球手工地毯出口值的 1.5%。从以上数据来看，青海藏毯早在 2005 年已经在国际国内市场上占了一席之地。近五年来青海藏毯发展迅速，产值年年创新高，国际国内地位稳步提升。

青海是藏毯的发源地，又是世界公认的优质地毯原料"西宁大白毛"的主要产地。21 世纪以前，青海藏毯发展缓慢，2003 年在青海省委省政府的高度重视和大力支持下，藏毯产业呈现出良好的发展态势。"十一五"期间，"藏羊"

＊ 作者：孟建华、李毅。本文发表于《国际农产品贸易》2013 年第 1 期。

牌手工藏毯传承青藏高原的独特编织方法，不断改进工艺，加大科技含量，加强新产品研发，加快电脑设计图案步伐，注重产品质量的稳步提高，"藏羊"牌藏毯和"藏羊"商标于2007年被授予"中国名牌"产品和"驰名商标"。2008年又被列入"中国地理标志保护"产品。2007年青海省西宁市湟中县加牙村具有200多年历史，原汁原味的古老"加牙"藏毯的传承人杨永良被国家文化部评为国家级非物质文化遗产项目加牙藏族织毯技艺的代表性传承人，他将持续永久地将藏毯文化、工艺传承下去，已成为青海藏毯、中国藏毯发展的灵魂。

目前，全国藏毯加工企业主要分布在青海和西藏境内。西藏共有半成品车间70余个，小规模地毯全能厂16个，年产藏毯约7万平方米，整体规模较小。截至2009年底，青海省内有11家藏毯企业（9家生产企业，2家原辅料生产企业，加工车间400多个，受金融危机影响，到2009年底只剩下80多个车间在生产）。到2007年底，青海省手工地毯的生产规模到达58万平方米，机织毯的生产规模达到15万平方米，年产值达2.8亿元。其中，出口创汇3275万美元，同比增长15.6%；内销2633万元，同比增长68.2%。到2008年，青海藏毯的产值达3.5亿元，出口创汇3644.8万美元，同比增长11.1%；内销9903万元，同比增长269.5%，如表1所示；机织毯的生产规模超过100万平方米，出口达102万平方米。金融危机对青海藏毯出口影响较大，2009年的出口额为2504.2万美元，同比下降30%；内销额达22510万元，同比增加85%。尽管受金融危机冲击，青海藏毯2009年的销售总额仍创历史新高，超过3.9亿元，同比增长12%；原辅料内销额达2.9亿元，外销额达146万美元；2009年整个藏毯产业的产值（含原辅料产值）近7亿元（尚未计算毛皮交易市场的交易额），占中国藏毯产业产值的90%以上。青海已经成为中国藏毯的主要产区。

从表1可以看出，青海藏毯（手工毯）的出口额呈逐年上升趋势，而且内销量增长迅速，这说明青海藏毯具有较强的竞争力。至2009年，青海省已经连续成功举办了六界藏毯国际博览会。目前，青海藏毯产业已经形成了一定的规模，基本形成了集原材料供应、生产加工、市场销售为一体的产业化生产格局，藏毯产品发展到15个系列84个品种，千余种花色、图案，并获得6项国家专利。"藏羊""藏之梦""青海湖"三个藏毯商标品牌在地毯行业享有较高的知名度，产品远销美国、日本和欧洲等40多个国家和地区。青海藏毯已经初步显现区域性产业集聚的趋势，在国际藏毯业界已经产生了重要影响，青海藏毯基本上代表了中国藏毯行业发展水平。

尽管青海藏毯产业取得了较好的发展业绩，但其发展也仅仅处在产业集群的初级阶段。笔者在调研中发现其集群化发展面临诸多困难，为了全面了解青海藏毯产业集群化发展的影响因素，本书结合国内外关于产业集群化发展的研究成果，构建了产业集群化发展的影响因素评价指标体系，通过量化分析来找出阻碍青海藏毯产业集群化发展的主要因素。

表1　青海藏毯 2001～2008 年出口额及内销额

年份	手工毯出口额（万美元）			内销（万元）	涨幅（%）	
	青海省	全国	占全国比重（%）	藏毯	出口	内销
2001	557	14700	3.79	78		
2002	698	14100	4.95	332	25.3	325.6
2003	1101	13700	8.04	436	55.7	31.3
2004	1824	12100	15.07	617	65.7	41.5
2005	2157	11985	18	802	18.3	30.0
2006	2791	11531	24.2	1565	29.4	95.1
2007	3280	9914	33.08	2680	17.5	71.2
2008	3644.8	9222	39.52	9903	11.1	269.5

资料来源：根据中国藏毯协会的统计资料和海关统计数据计算而得。

（二）产业集群化发展的影响因素评价指标体系的构建

1. 韦伯的工业区位理论及其对产业集群化发展的启示

德国经济学家阿尔弗雷德·韦伯（Alfred Weber）的《工业区位论》研究了工业区位的移动规律。韦伯将影响工业区位的经济因素称为区位因素，研究了各种区位因素对工业分布的吸引作用。区位因素指的是，在特定地点或在某几个同类地点进行一种经济活动比在其他地区进行同种活动可能获得更大利益的因素。区位因素可分为一般区位因素和特殊区位因素。前者是对各种工业都有影响的区位因素；后者是只对特定工业有影响的区位因素。另外，所有的区位因素，无论是一般的还是特殊的，可以进一步分为区域因素和集聚因素，区域因素是最先引起工业的区域分布的因素，是由地理决定或给定的，将工业导向某一区域的因素；集聚因素是第二次引起工业再分布的因素，是由于集聚本身导致成本节约而将工业导向某一区域的因素（韦伯，1909，1997 中译本）。韦伯致力于提出一种具有广泛的适用性，能解释所有工业区位分布的理论，所以他只研究了一般区位因素对工业分布的影响。韦伯的理论在很大程度上研究了影响特定产业的区位分布和迁移的因素，对研究产业集群化发展有很大的启示作用。

当然，韦伯的理论也存在一些不足。一方面，由于韦伯致力于研究所谓"纯理论"，即脱离一切社会制度、社会文化和历史因素的"纯"经济理论，所以他的区位因素只涵盖了经济因素，而不包括社会文化、历史传统、政府政策等社会因素。韦伯所在的年代，盛行自由经济学说，主张以"看不见的手"协调一切经济行为，这样的理论是符合当时实际的。但是从现在的情况来看，即使在发达的资本主义国家，政府对经济的影响也非常大。同时，随着社会分工的不断深化，人们之间的联系越来越紧密，个人对社会的依赖程度越来越高，其他社会因素对经济的影响也不可忽视。因此，不考虑社会因素在产业集群化发展中的作用将产生较大的偏差，并失去对实践的指导作用。另一方面，韦伯对集聚化发展的影响因素没有进行深入研究，他只是提出了"集聚中心"的概念，认为在集聚中心基础上形成的临界等运费线的交叉使几个区位单元集聚。那么，集聚中心是怎样形成的？韦伯回避了这一问题。他还认为，由自然条件如接近大的消费市场或者由于劳动力区位而形成的集聚不是"纯"集聚，而是一种偶然的集聚。他研究的是由集聚而产生的集聚，这样的"纯"集聚才是集聚因素。但是，"纯"集聚不会是天生的，它的产生也有一定的原因，韦伯对这一问题也没有说明。

尽管韦伯的研究存在一些不足，但其研究为继续研究产业集群化发展的影响因素提供了方向。本书采用韦伯的研究思路，结合青海社会文化、历史传统、政府政策等社会因素，从区域因素和集聚效应两方面来研究青海藏毯产业集群化发展的主要影响因素。

2. 区域因素分析与评价

（1）区域因素评价指标体系的构成。结合国内外研究，区域因素可分为政治法律因素、社会文化因素、经济环境因素和自然环境因素四个方面（戴卫明，2005）。本书利用戴卫明的研究，构建了一套区域因素评价指标体系，如图 1 所示。区域因素评价体系分为二级指标，一级指标包括 4 个要素，二级指标包括 17 个要素。

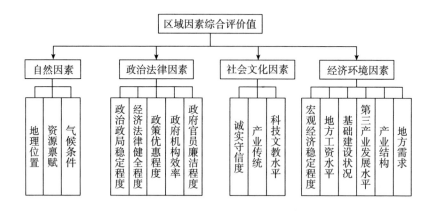

图 1　区域因素评价指标体系

（2）区域因素的评价分析过程。

①指标体系的层次排序。根据图 1 将区域因素评价指标体系分为两个层次，第一层次有自然因素、政治法律因素、社会文化因素和经济环境因素四个指标，分别记为 A_1、A_2、A_3、A_4；第一层指标又分别下设若干个第二层次指标，共有 17 个指标，分别记为 B_1，B_2，…，B_{17}。

②各层次指标权重的确定。采用德尔菲法，由专家对各层指标对上一级指标的重要性给予评分，权重取值范围从 0（表示不重要）到 1（表示很重要），并使同属一个上层因素的同层因素权重值之和为 1。令 ra_1，ra_2，ra_3，ra_4 分别为第一层次 4 个指标的权重；rb_1，rb_2，…，rb_{17} 分别为 $b_7 + rb_8 = 1$；$rb_9 + rb_{10} + rb_{11} = 1$；$rb_{12} + rb_{13} + rb_{14} + rb_{15} + rb_{16} + rb_{17} = 1$。各个层次指标及其权重第二层次 17 个指标的权重，则有 $ra_1 + ra_2 + ra_3 + ra_4 = 1$；$rb_1 + rb_2 + rb_3 = 1$；$rb_4 + rb_5 + rb_6 + r$ 系数见表 2（表中的权重分代表以 100 分为满分时，各指标所占的分值）。

③第二层各个指标的量值确定。由于第二层指标中的大部分难以被精确描述，所以，本书采用了等级评分的方法进行评价。

④区域因素综合评价值的计算。将所有第二层指标的得分加起来即得到目标地区的区域因素综合评价值。区域因素评价值处于 0 到 100 之间，分值越高表示该区域越有利于目标产业的发展，对目标产业的吸引力越强。如果一个地区的各

项指标得分都在中等水平，那么其区域因素得分在 60 分左右，这表明该区域对目标产业的吸引力为中等。本书认为，一个地区的区域因素评价值至少要超过 60 分，才能吸引目标产业聚集。

表2　区域因素评价指标体系各指标层次关系及其权重

第一层指示	第一层指标权重		第二层指标	第二层指标权重	
	权重值	权重分		权重值	权重分
自然因素 (A₁)	0.13	13	地理位置 (B₁)	0.35	4.55
			资源禀赋 (B₂)	0.55	7.15
			气候条件 (B₃)	0.10	1.30
政治法律 (A₂)	0.30	30	政治局势稳定程度 (B₄)	0.10	3.00
			经济法律稳健程度 (B₅)	0.25	7.50
			政策优惠度 (B₆)	0.27	8.10
			政府机构效率 (B₇)	0.27	8.10
			政府官员廉洁度 (B₈)	0.11	3.30
社会文化因素 (A₃)	0.26	26	诚实守信度 (B₉)	0.35	9.10
			产业传统 (B₁₀)	0.40	10.40
			科技文教水平 (B₁₁)	0.25	6.50
经济环境因素 (A₄)	0.31	31	宏观经济稳定程度 (B₁₂)	0.15	4.65
			地方工资水平 (B₁₃)	0.23	7.13
			基础设施状况 (B₁₄)	0.30	9.30
			第三产业水平 (B₁₅)	0.15	4.65
			产业结构 (B₁₆)	0.07	2.17
			地方需求 (B₁₇)	0.10	3.10

3. 集聚效应分析与评价

本书遵循系统性、针对性、可操作性等指标选取原则，同时考虑指标资料的可获取性、时效性和公正性，建立了集聚效应评价指标体系，对集聚效应进行评价。

（1）集聚效应评价指标体系的构成。集聚效应包括：集群的规模、集群成员之间的竞争和合作关系、集群内的支撑性机构的发展水平、集群内的知识溢出程度和集群企业间相互联系网络的根植性，本书构建了集聚效应评价指标体系，具体架构如图 2 所示。

（2）评价指标的权重及量值的确定。

①指标体系的层次排序。根据图 2 将集聚效应评价指标体系分为两个层次，第一层次有五个指标，分别记为 A_1、A_2、A_3、A_4、A_5；第一层指标又分别下设若干个第二层次指标，共有 14 个指标，分别记为 B_1，B_2，…，B_{14}。

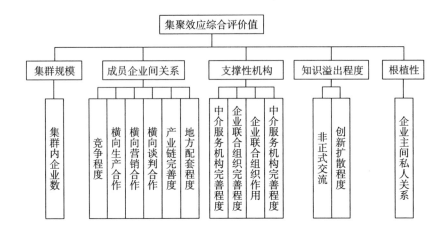

图 2　集聚效应评价指标体系

②各层次指标权重的确定。采用德尔菲法，由专家对各层指标对上一级指标的重要性给予评分，权重取值范围从 0（表示不重要）到 1（表示很重要），并使同属一个上层因素的同层因素权重值之和为 1。各个层次指标及其权重系数见表 3（表中的权重分代表以 100 分为满分时，各指标所占的分值）。

③第二层各个指标的量值确定。由于第二层指标中的大部分难以被精确描述，所以，本书研究采用了等级评分的方法进行评价。

4. 集聚效应综合评价值的计算

将所有第二层指标的得分加起来即得到产业集群化发展的集聚效应综合评价值。集聚效应综合评价值处于 0 到 100 之间，分值越高表示该产业集群的集聚效应越强。如果一个产业集群的各项指标得分都在中等水平，那么其集聚效应得分在 60 分左右，这表明该产业集群化发展的集聚效应为中等。

表3　集聚效应评价体系指标各指标层次关系及其权重

第一层指示	第一层指标权重		第二层指标	第二层指标权重	
	权重值	权重分		权重值	权重分
集群规模（A₁）	0.20	20	集群内成员数量（B₁）	1.00	20.00
成员间的关系（A₂）	0.35	35	成员间竞争程度（B₂）	0.32	11.20
			横向生产合作（B₃）	0.12	4.20
			横向营销合作（B₄）	0.14	4.90
			横向谈判合作（B₅）	0.06	2.10
			产业链完善程度（B₆）	0.18	6.30
			地方配套程度（B₇）	0.18	6.30
支撑性机构（A₃）	0.15	15	中介服务机构完善程度（B₈）	0.22	4.40
			企业联合组织完善程度（B₉）	0.25	5.00
			中介服务机构的作用（B₁₀）	0.28	5.60
			企业联合组织的作用（B₁₁）	0.25	5.00
知识溢出程度（A₄）	0.15	15	非正式交流强度（B₁₂）	0.25	3.75
			创新扩散程度（B₁₃）	0.75	11.25
根植性（A₅）	0.15	15	企业主之间的私人关系（B₁₄）	1.00	15.00

（三）青海藏毯产业集群化发展的区域因素和集聚效应的实证分析

韦伯将区位因素分为由地理决定或给定的区域因素和由于集聚本身而导致的集聚因素。当然，两类因素指的都是成本的节约。从产业集群的角度来看，也可以将本书定义的区位因素分为由区域本身的自然条件和社会条件所决定的区域因素和由产业的集聚带来的集聚效应。

本书认为，区域因素是指某一特定区域的自然条件、社会条件为特定产业的生产经营活动带来的与其他区域相比的优势，优势是指企业整体能力的提高。集聚效应是某一区域内由于产业的集聚而为特定产业的生产经营活动带来的与其他区域相比的优势，优势是指企业整体能力的提高。集聚效应随着企业的聚集而变

·195·

化，并由多种因素所决定。

1. 区域因素分析

笔者对 11 家藏毯企业进行问卷调查，每家企业发放 5 份问卷，获取了 46 份有效问卷，采用专家打分和平均数的方式，结合上述构建的指标体系计算了青海藏毯产业的区域因素综合评价值。

从表 4 计算的结果可以看出，青海藏毯产业占据了较高的自然因素得分，占自然因素总分的 86%（如表 4 所示），这说明青海具有发展藏毯产业的自然因素条件，特别是资源禀赋和气候条件，为藏毯生产提供了优质的原材料"西宁大白毛"。

表 4　自然因素的评价值

指标	权重值	权重分	平均得分
地理位置（B_1）	0.35	4.55	2.73
资源禀赋（B_2）	0.55	7.15	7.15
气候条件（B_3）	0.10	1.30	1.30
自然因素（A_A）	0.13	13	11.18

从表 5 计算的结果可以看出，政治法律因素是影响青海藏毯产业发展的一个重要因素，得分仅占 56.60%，如表 5 所示。其中，得分较低的指标是经济法律稳健程度、政策优惠度、政府机构效率和政府机构廉洁度。这说明这四个因素影响了藏毯产业集群化发展。

表 5　政治法律因素的评价值

指标	权重值	权重分	平均得分
政治局势稳定程度（B_4）	0.10	3.00	2.4
经济法律稳健程度（B_5）	0.25	7.50	4.5
政策优惠度（B_6）	0.27	8.10	4.86
政府机构效率（B_7）	0.27	8.10	3.24
政府官员廉洁度（B_8）	0.11	3.30	1.98
政治法律（A_2）	0.30	30	16.98

从表6计算的结果可以看出，社会文化因素得分也不高，得分仅占59%，如表6所示。这说明社会文化因素不利于藏毯产业集群化发展，具体体现在诚实守信度低，科技文教水平极低。这两个因素严重制约了藏毯产业的集群化发展。

表6　社会文化因素的评价值

指标	权重值	权重分	平均得分
诚实守信度（B_9）	0.35	9.10	3.64
产业传统（B_{10}）	0.40	10.40	10.40
科技文教水平（B_{11}）	0.25	6.50	1.30
社会文化因素（A_3）	0.26	26	15.34

从表7计算的结果可以看出，经济环境因素得分仅19.16分，刚过60%的分界线，说明青海的经济环境基本适合藏毯产业集群化发展。相对较差的方面是：基础设施状况和地方需求；严重制约因素是第三产业发展水平和产业结构。

表7　经济环境因素的评价值

指标	权重值	权重分	平均得分
宏观经济稳定程度（B_{12}）	0.15	4.65	3.72
地方工资水平（B_{13}）	0.23	7.13	5.70
基础设施状况（B_{14}）	0.30	9.30	5.58
第三产业水平（B_{15}）	0.15	4.65	1.86
产业结构（B_{16}）	0.07	2.17	0.43
地方需求（B_{17}）	0.10	3.10	1.86
经济环境因素（A_4）	0.31	31	19.16

从表8可以看出，区域因素综合得分为62.66分，超过60分，这说明青海对藏毯产业的吸引力为中等。具体而言，青海的自然条件适合于藏毯产业的集群化发展，促进了藏毯产业集群的形成；经济环境条件基本适合藏毯产业的集群化发展，但有待于进一步强化，改善经济环境；政治法律环境和社会文化环境不利于藏毯产业的集群化发展，是制约藏毯产业集群化发展的关键因素。

表8 区域因素综合评价值

指标	权重值	权重分	平均得分	所占比重（%）
自然因素（A_A）	0.13	13	11.18	86.00
政治法律（A_2）	0.30	30	16.98	56.60
社会文化因素（A_3）	0.26	26	15.34	59.00
经济环境因素（A_4）	0.31	31	19.16	61.81
区域因素综合得分	62.66			

2. 集聚效应分析

集聚效应的评价体系包括 5 个一级指标和 14 个二级指标。本书通过指标的量化分析寻找影响青海藏毯产业集群化发展的主要因素。

从表9计算结果可以看出，青海藏毯产业集群的集群规模很小，还很难发挥规模效应，企业数量太少，不利于产业集群的发展，所得分数仅占20%，如表9所示。

表9 集群规模的评价值

指标	权重值	权重分	平均得分
集群内成员数量（B_1）	1.00	20	4
集群规模（A_1）	0.20	20	4

从表10计算结果可以看出，青海藏毯产业集群内企业间的关系十分松散，得分仅11.48分，占权重分的32.8%，这说明群内企业之间并没有建立起相互合作的关系。企业间之间的竞争程度较低，不利于企业的技术创新、专业化人才和专业化市场的形成。产业链严重不健全，企业间的配套程度极低，不利于分工协作的形成，这也是制约青海藏毯产业集群化发展的关键原因。

表10 成员间关系的评价值

指标	权重值	权重分	平均得分
成员间竞争程度（B_2）	0.32	11.20	6.72
横向生产合作（B_3）	0.12	4.20	0.84

续表

指标	权重值	权重分	平均得分
横向营销合作（B_4）	0.14	4.90	0.98
横向谈判合作（B_5）	0.06	2.10	0.42
产业链完善程度（B_6）	0.18	6.30	1.26
地方配套程度（B_7）	0.18	6.30	1.26
成员间的关系（A_2）	0.35	35	11.48

从表 11 的计算结果可以看出，青海藏毯产业集群的支撑性机构十分不完善，严重影响了产业集聚效应的发挥，集中体现在：中介服务机构缺乏，企业联合组织尚未健全，中介服务机构没有发挥应有作用。这些严重制约了藏毯产业集聚效应的发挥。

表 11   支撑性机构的评价值

指标	权重值	权重分	平均得分
中介服务机构完善程度（B_8）	0.22	4.40	0.88
企业联合组织完善程度（B_9）	0.25	5.00	1.00
中介服务机构的作用（B_{10}）	0.28	5.60	1.12
企业联合组织的作用（B_{11}）	0.25	5.00	1.00
支撑性机构（A_3）	0.15	15	5.26

从表 12 的计算结果可以看出，青海藏毯产业集群间知识溢出程度极低，很难获得集群间的共享知识，不利于创新，对群外企业没有吸引力，这也是导致藏毯产业企业数量有限的一个重要原因。

表 12   知识溢出程度的评价值

指标	权重值	权重分	平均得分
非正式交流强度（B_{12}）	0.25	3.75	0.75
创新扩散程度（B_{13}）	0.75	11.25	2.25
知识溢出程度（A_4）	0.15	15	3.00

从表 13 的计算结果可以看出，青海藏毯产业集群中企业的根植性极差，当集群根植性太差时企业有可能会迁出集群区，导致产业集群衰退，最终导致藏毯产业集群消失。根植性极差，集群的集聚效应根本无法发挥，产业集群化发展就不可能实现。

表 13　根植性的评价值

指标	权重值	权重分	平均得分
企业主之间的私人关系（B_{14}）	1.0	15.0	3.00
根植性（A_5）	0.15	15	3.00

从表 14 的计算结果可以看出，青海藏毯产业集群的集聚效应极差，得分仅为 26.74 分，集聚效应不能有效发挥的主要原因在于：集群规模太小，企业间没有建立起分工协作关系，支撑性机构尚未健全，集群内知识溢出程度太低，不利于产业创新网络的建立，集群内企业的根植性极低，企业随时都可以迁出集群，集群的稳定性极差，对外地企业吸引力较弱，导致藏毯产业集群化发展困难。

表 14　集聚效应综合评价值

指标	权重值	权重分	平均得分	所占比重（%）
集群规模（A_1）	0.20	20	4	20
成员间的关系（A_2）	0.35	35	11.48	32.8
支撑性机构（A_3）	0.15	15	5.26	35.1
知识溢出程度（A_4）	0.15	15	3.00	20
根植性（A_5）	0.15	15	3.00	20
集聚效应综合分	26.74			

3. 实证结果小结

通过对青海藏毯产业集群化发展的区域因素和集聚效应进行实证分析可知，青海藏毯产业的集群化发展是区域因素主导的，区域因素综合评价值达到 62.66 分，表明青海省西宁市对藏毯行业的企业有着较大的吸引力。目前青海藏毯产业集群的集聚效应综合评价值为 26.74 分，表明藏毯产业集群化发展的集聚效应比较弱，处在聚集企业数量较少的初始阶段，集聚效应相对较低，尚处在产业集群形成的初始阶段。即尽管青海藏毯产业经过政府 7 年多的扶持发展，也仅形成了 11 家企业，只不过是形成了一个初具规模的藏毯产业集群雏形。

在青海藏毯产业集群化发展的区域因素评价指标中，自然因素得分最高，经济环境因素中的政府可控因素得分也比较高，政治法律因素和社会文化因素得分比较低，社会文化因素和不可控经济环境因素得分较低，这些是阻碍藏毯产业集群化发展的主要影响因素。

从集聚效应评价指标可以看出，阻碍青海藏毯产业集群化发展的关键因素在于集群的集聚效应极差，主要影响因素有：集群规模太小、企业间没有建立起分工协作关系、支撑性机构尚未健全、集群内知识溢出程度太低、集群内企业的根植性极低。

总之，藏毯产业单靠自然因素的优越只能在较小范围形成产业聚集，政府的大力扶持是藏毯产业实现集群化发展的关键，由政府决定的政治法律因素和可控经济环境因素在促进藏毯产业集群的形成过程中起了决定性的作用。正是政府采取的一系列措施，大大增强了区域因素，促进了藏毯产业的聚集。同时，青海地方政府积极打造"世界藏毯之都"的做法也增强了藏毯的集聚效应，促进了藏毯企业的进一步聚集。可以说，青海藏毯产业集群是典型的政府强制培育形成的产业集群，形成过程中区域因素起了关键作用。但是实践证明，政府无法打造企业间的合作信任关系，产业链的构建还需要政府根据市场需求进行合理的引导，以逐步构建起完整的集群网络体系，只有这样才能真正实现藏毯产业的集群化发展。

十二、促进青海藏毯产业
集群发展的政策建议*

（一）青海藏毯产业集群发展中存在的主要问题

尽管青海藏毯产业在国内具有明显的集群优势（产销量占中国藏毯产业90%以上），但从国内外地毯市场的竞争格局来看，还存在以下几个突出的问题。

1. 产业链中高附加值的核心环节薄弱，集群系统功能较差

从全球范围来看，发达国家的地毯业已经转向设计与研发、机械设备制造及产品销售、售后服务等价值链中的高附加值领域发展。作为中国藏毯的"领头羊"，青海藏毯业的主要优势仅限于藏毯编织加工环节，尽管少数规模较大的企业已经在全国范围内建立起了销售网络体系，但大多数中小企业在国外市场上主要还是以贴牌生产为主（龙头企业藏羊集团实现了从 OEM 到 ODM 和 OBM 的升级除外）。目前仅龙头企业藏羊品牌在国内外市场上有一定的知名度，其他企业的知名度都不高，品牌影响力也很弱。

随着低碳时代的到来，全球倡导绿色消费理念，对地毯的需求也发生了根本性变化。从国际市场来看，天然绿色环保地毯已经成为消费的主流，而且这类地毯价格是普通地毯价格的数倍以上。强化天然染色技术的研发和推广，可以提升藏毯附加值，摆脱长期以来手工藏毯附加值低的困扰。藏毯产业竞争力的强弱主要取决于研发能力，而研发能力弱恰恰是目前制约青海藏毯产业发展的最大障

---

　　* 作者：李毅。本文发表于《柴达木开发研究》2012 年第 5 期。

碍。同时，青藏高原地区生态环境的恶化，导致草场退化，藏毯编织的主要原材料——藏系绵羊毛（俗称西宁大白毛，是世界上公认的编织地毯最好的原材料）出现了退化，干死毛严重，这直接影响了藏毯的质量。从这两方面的现实情况来看，青海藏毯产业集群今后发展所需的两项核心资源：研发能力和优质原材料都是不足的，而决定藏毯质量优劣和竞争力的最为关键的环节（国外品牌和知名度、研发能力、优质原材料等）恰恰是其最薄弱的环节。

2. 集群内合作程度低，集体效率差

藏毯企业普遍存在单打独斗的情况。龙头企业与本地其他规模较小的同行企业之间很少合作，对中小企业的带动性较弱。青海藏毯产业的发展，基本上是以藏羊集团为主导的。由于产业之间分工不明确，加之龙头企业的强势性，因而对其他企业并未产生实质性带动作用。虽然前几年龙头企业与个别企业有过合作①，但仅限于龙头企业把低质量低价格的加工业务转包给其他企业或加工厂来节约生产成本，对于高质量和高价格的产品还是留在企业内部完成。原因可能是龙头企业一方面怕其他小企业难以保证质量，另一方面还是受青海传统观念影响，"青海人瞧不起青海人"，你瞧不起我，我瞧不起你，人与人之间缺乏最基本的信任，导致企业间缺乏必要的沟通与交流。这就导致企业间正式合作很少，各个企业都是"大而全小而全"，散兵游勇，无法形成集体效率。这也造成了集群内重复投资建设和单个企业的生产能力无法被充分利用，导致集群的整体生产能力过剩，生产效率低下。

集群企业间合作度低下，使得中小企业在市场竞争中处于极为不利的地位。一些小企业主反映，由于政府只关注龙头企业，只给龙头企业大量政策扶持，小企业受到忽视甚至是歧视，导致生存空间极为有限。由于缺少政府必要的政策扶持，加之缺资金、缺技术、缺人才，这些小企业的生存十分困难，更加难以成长起来。

集群内的合作程度低下还集中体现在企业与地方大学和科研机构之间尚未形

---

① 受2008年金融危机的影响，手工藏毯出口受阻，加之人民币持续升值给青海藏毯出口企业每年造成的结汇损失高达500万元以上。笔者在调研中了解到，海湖公司2006年仅因人民币升值就造成200万元的损失。再加上这几年人工成本急剧上升，迫使龙头企业转向机制藏毯生产，终止了与其他手工藏毯生产企业的合作。到2010年，龙头企业开始撤出手工藏毯生产领域，导致手工藏毯研发能力丧失和销售网络的中断，手工藏毯生产陷入困境。

成产学研合作机制，地方的高等教育与职业技术教育还未能与产业发展相结合（尽管 2009 年成立了青海省藏毯职业技术学校，但由于缺乏师资尚未能实质性运作起来），尚不能满足产业发展的需求。

3. 专业技术人才匮乏，织毯工流失严重

（1）从业人员整体文化水平偏低。笔者在调研中了解到，青海藏毯产业 3.3 万从业人员中，具有大中专学历的仅占 1.6%，初中以下（不含文盲）占 63.4%，文盲占 35%。其中专业技术人员仅占 1.7%，职工整体文化水平较低。

（2）各类专业技术人员严重不足。目前产业中专业技术人员仅 561 名，其中具有中级职称的仅 4 人，没有高级职称人员。专业技术人员不足，导致农牧区加工厂管理人员、织毯技师严重不足。整个产业中尤其缺乏纺染、外贸营销、企业管理、研发设计、图案设计和新产品研发等方面的专业人才。

（3）织毯工大量流失。笔者从农民工富集的餐饮业、建筑业、家政服务业等行业的工资报酬调查来看，目前西宁市餐饮业月工资在管吃管住的基础上为 1200 元以上；保安等家政服务业在享受"三金"的基础上月工资 1200～1300 元；建筑业小工管吃管住，月工资为 1500 元以上，打零工日工资 80 元以上。与之相比，技术要求较高的藏毯织毯工的平均月工资仅为 600 元左右，而且难以享受到应有的社会保障①。

笔者在对三江源地区生态移民点加工厂的调研中发现，许多新上岗的织毯工月工资不足 100 元，个别不足 50 元。笔者在调研中了解到，1 年以下的织毯工月工资平均仅 200 元左右；2 年以下的织毯工月平均工资仅为 400 元左右；3 年以上的织毯工月工资才能达到 500～600 元；5 年以上的老编织工月工资才可以达到 800～900 元，极少数能达到 1000 元以上。由于劳动报酬过低、缺乏必要的社会保障，藏毯产业对农牧区劳动力的吸引力越来越弱，因此导致大量织毯工流失。目前，一方面由于工资太低，企业有大量订单却找不到织毯工，藏毯产业已经出现了"织工荒"；另一方面企业无力承担每月八九百元的工资。这种局面迫使龙

---

① 数据由笔者调研获得，织毯工工资为 2009 年数据（由中国藏毯协会提供），其他行业数据为 2010 年 8 月调研数据。

头企业放弃手工藏毯转向机织藏毯①，手工藏毯生产企业只有缩减规模，这给藏毯产业发展带来极为不利的影响。

4. 中介服务体系不健全，服务功能不足

除了藏毯协会外，青海藏毯产业尚未形成专业的中介服务机构。而笔者在调研中了解到，目前除了中国藏毯协会还在正常运转外，青海省藏毯协会和西宁市藏毯协会已经是名存实亡，只有空壳，没有提供任何服务。而中国藏毯协会由于成立时间不长，也未能很好地发挥其服务功能。造成这种现象的原因主要有：一是藏毯企业间没有形成凝聚力，由于缺乏政策引导，龙头企业与中小企业之间没有形成一个有机的产业网络系统，龙头企业对地方发展（如带动中小企业发展）的社会责任感较低。二是企业对协会的认可度很低，调研中了解到企业普遍认为协会没用。由于中国藏毯协会2006年才成立，人员有限，加之是一个民间组织，很难招聘到优秀的人才到协会工作，导致协会人才十分匮乏，日常工作很难开展，对企业提供的服务项目很少，这是导致协会认可度低的关键原因。由于中国藏毯协会还没有承担起其应该承担的社会服务功能，这样就增加了小企业信息搜集的成本。由于信息资源来源少，而资金又成为制约企业发展的瓶颈，加之设计人员匮乏使得小企业举步维艰，处境十分艰难。

5. 企业家精神匮乏，集群发展动力不足

目前，青海很多藏毯企业还处在低级生产加工阶段，而且农牧区的加工厂占绝大多数。严格意义上讲，这300多个加工厂都不能称之为企业。藏毯生产企业

---

① 笔者在调研中了解到，这几年由于人工成本大幅上涨，从2003年月工资300元左右，涨到2006年的500元左右，到2010年少于900元就没人织毯了。受人民币持续升值、原材料与物价的大幅上涨等诸多因素的影响，手工藏毯生产企业成本直线上涨，而国际市场上手工藏毯价格受金融危机的影响反而有所下降，导致手工藏毯的利润下降到3%以下，给藏毯生产企业致命的打击。龙头企业为了节约人工成本，开始转向机织藏毯生产，开发出了机制仿手工藏毯，提高了生产效率和利润，产品价格只有手工藏毯价格的1/4~1/3，这给手工藏毯造成很大冲击。手工藏毯面临着向高端产品升级的巨大压力，而目前青海手工藏毯主要以中低档产品为主，缺乏高端产品生产技师和编织工，研发和培训不足是制约手工藏毯向高端产品升级的最大障碍。笔者在调研中了解到，一台最先进的威尔顿（或阿克明斯特）织毯机，一天的产量相当于500个织毯工一个月的织毯量，这是导致龙头企业放弃手工藏毯的主要原因。笔者在调研中还了解到：手工编织藏毯效率十分低下，以编织一块45道的5英尺×8英尺的藏毯为例，编织工每天工作8个小时，需2个人花费10天时间才能完成。这还是最低道数的手工藏毯，如果是高道数的藏毯，编织得更慢，道数越高，花纹图案越复杂，编织难度就越大，编织速度就越慢，效率就越低。

的经营者虽然具有较强的市场意识和创业精神，但加工厂都是政府利用扶贫资金建设的，加工厂的管理人员是各生产企业或村干部临时任命的，生产企业与加工厂之间是一种"虚拟一体化"的松散关系，政府将加工厂划拨给各个生产企业作为其生产车间（加工厂），是一种名义上的"隶属"关系。大多数加工厂的管理人员素质较低（初中或以下），视野不广，小富即安，缺乏带领全村人们勤劳致富的魄力。藏毯加工具有明显的季节性生产的特征，大多数农牧区加工厂只是在农闲的时候才开始织毯，由此引起的生产力的大量闲置就是企业家精神缺乏的有力证据。企业家数量少、质量差，直接导致了藏毯产业集群的发展动力不足。

（二）促进青海藏毯发展的政策建议

促进产业集群发展是一个长期过程，也是一项复杂的系统工程，并不是政府简单地建立一个工业园区，设立生产基地和强化基础设施建设，出台一系列优惠政策就能实现的。尽管青海省政府已经对藏毯产业的发展做了长期规划（《2006～2020年青海藏毯产业发展规划》），但受到外部市场环境和集群内部诸多因素的影响，产生了上述诸多问题，笔者认为应该从制度、网络和文化三方面进行系统协调解决。

1. 制度方面

（1）国家政策扶持的必要性及建议措施。

①必要性。青海地处青藏高原（素有"世界屋脊"之称），海拔高，导致开发成本高、难度大。青海经济基础薄弱，地方政府财力有限，根本无力承担巨额的基础设施建设费用。

西部大开发10年来，青藏高原地区不仅没有缩小与沿海地区的经济发展差距；相反，差距日益拉大，如表1所示。从表中可以看出，青海和西藏与北京、上海、浙江、广东、山东等东部地区和全国平均水平均存在较大差距。第一，从人均GDP来看，2000年青海、西藏与全国的差距分别为：2794元和3326元；到2009年扩大为：6121元和10280元，差距分别扩大了2.2倍和3.1倍。青海、西藏与沿海地区的差距也在拉大，这里以上海为例，差距从2000年的29460元和29988元扩大到2009年的59535元和63694元，差距分别扩大了2.1倍和2.1

倍。第二，从城镇居民可支配收入来看，2000 年青海、西藏与全国的差距分别为：1110 元和 − 1146.3 元（西藏高出全国 1146.3 元）；到 2009 年扩大为：4482.8 元和 4776.6 元，差距分别扩大了 4.0 倍和 4.2 倍。西藏从 2000 年高出全国 1146.3 元到 2009 年反而低于全国 3630.3 元。青海、西藏与上海的差距从 2000 年的 6548 元和 4291.7 元扩大到 2009 年的 16145.9 元和 15293.4 元，差距分别扩大了 2.5 倍和 3.6 倍。第三，从农村居民纯收入来看，2000 年青海、西藏与全国的差距分别为：762.9 元和 922.6 元；到 2009 年扩大为：1807 元和 1621.5 元，差距分别扩大了 2.4 倍和 1.8 倍。青海、西藏与上海的差距从 2000 年的 4105.9 元和 4265.6 元扩大到 2009 年的 9136.7 元和 8951.2 元，差距分别扩大了 2.2 倍和 2.1 倍。

上述差异还没有考虑购买能力的实际差异，在拉萨每 100 元人民币的购买能力仅相当于沿海的地区 54 元。中国藏学研究中心的一项研究也显示，西藏整体物价水平比全国平均水平高 50% 以上，经济发展成本比全国平均水平高出 70% 以上。也就是说，在中国内地 1 元钱能办到的事情和能买到的商品在西藏至少需要 1.7 元和 1.5 元。笔者在青海省物价局调研了解到，青海平均物价水平比全国平均水平高出 20% 以上（主要是运输成本及其他成本）。如果考虑购买能力差异，上述差异更大。因此，青藏高原地区这种薄弱的经济基础根本无力承担基础设施建设的高额成本，这是阻碍青藏高原地区产业集群形成和发展的关键原因。

表1　青、藏两省区与东部沿海地区及全国之间的差距

地区	人均GDP（元）		各地区城镇居民人均可支配收入（元）		各地区农村居民人均纯收入（元）	
	2000 年	2009 年	2000 年	2009 年	2000 年	2009 年
北京	22460	70452	10349.7	26738.5	4604.6	11668.6
上海	34547	78989	11718.0	28837.8	5596.4	12482.9
浙江	13461	44641	9279.2	24610.8	4253.7	1007.3
广东	12885	41166	9761.6	21577.7	3654.5	6906.9
山东	9555	35894	6490.0	17811.0	2659.2	6118.8
青海	5087	19454	5170.0	12691.9	1490.5	3346.2
西藏	4559	15295	7426.3	13544.4	1330.8	3531.7
全国	7885	25575	6280.0	17174.7	2253.4	5153.2

资料来源：作者根据《中国统计年鉴》（2001～2010）整理。

中央政府加大对青藏地区基础设施建设资金的支持力度，可以有效改善产业集群发展的硬环境。根据牛文元的研究：如果把北京和上海的平均发展成本设定为1，则青海和西藏的发展成本分别是北京和上海的1.84倍和2.06倍，如表2所示。

表2 不同地区的发展成本

地区	区域经济基础指标	区域自然基础指标	区域社会基础指标	区域发展成本评分	企业发展成本难度系数
北京	71.72	61.11	96.45	76.43	1.00
上海	96.41	94.49	97.67	96.19	1.00
青海	12.8	31.49	64.75	36.35	1.84
西藏	1.25	17.95	53.55	24.25	2.06

注：青海平均海拔3000米以上，根据"生态应力"指数，在世界大陆平均海拔高度的基础上，每增加100米的海拔高度，区域开发成本及进行基础设施建设的成本将在原来的基础上增加3.2%~3.4%。从青海的海拔来看，其基础设施建设成本是中国沿海地区的10倍左右。这种高海拔决定了青藏高原地区的基础设施建设必须依靠国家政策的大力扶持，而完善的基础设施建设是促进产业集群发展的前提条件。林涛指出，在欠发达地区单纯依靠市场力量在一定时间内实现产业集群（包括产业集聚、产业联系及技术创新），如同天方夜谭般难以实现。因此，加快青海藏毯产业集群的发展，不能单靠市场力量，政府必须加大扶持力度。

资料来源：牛文元. 中国可持续发展总论［M］. 北京：科学出版社，2007：86.

②建议措施。第一，进一步加大基础设施建设的投资力度。青海山高路险，尤其是通往农牧区的交通还不是十分便利，而藏毯加工厂主要分布在这些偏僻的农牧区，加大交通、水电暖等基础设施建设的投资，可以减少企业投资成本，从而有助于企业提高利润，吸引更多的人投资藏毯产业。

第二，实行出口全额退税政策及出口补贴政策。2008年金融危机后，青海手工藏毯出口受到重创，70%以上的农牧区加工厂停产，出口订单大幅下降，加之人民币的持续升值和人工成本的大幅增长，加大了企业生产成本。笔者在调研中了解到，手工藏毯的平均利润不足3%。笔者认为，目前国家制定的出口退税政策不利于青海藏毯产业的发展。青海地处高原，企业发展成本难度系数比沿海地区高，因此，国家应该制定差异化的区域政策以扶持藏毯产业发展。可以借鉴尼泊尔扶持地毯产业发展的政策：尼泊尔政府为了扶持地毯产业发展，除了对出口企业收取0.5%的服务费外，在出口方面不收税，并对每一单离岸价的出口地毯提供10%~20%的现金鼓励，给予离岸价格10%的补贴。因此，笔者建议国家应该借鉴尼泊尔的做法，对藏毯出口企业实行全额退税，并给予10%～20%的出口补贴，增加企业利润，激发企业家（精神）新办企业或是将原有企业做强做大，以便企业有能力提高编织工工资，稳定编织队伍，切实让农牧民增收，解决农牧区与城市的收入差距，缓解城乡矛盾。

第三，政府出资培训编织工，并设立农牧民织毯生活补贴基金。根据印度地毯产业发展的经验，印度政府每年出资培训200万青年农民从事织毯。印度政府已经清楚地认识到了地毯产业的发展对农业和农村经济发展的特殊作用，而且也认识到了当今世界市场上日益激烈的竞争给印度地毯产业带来的挑战。根据印度地毯产业发展的实践，笔者认为国家应该将藏毯产业发展纳入国家区域发展战略中，青海和西藏是藏毯的主要产区，两省区农牧民总数也就600万人左右（相当于印度的农民织毯工人数），加大藏毯培训投资力度可以有效解决农牧民的增收问题。对青海而言，国家加大青海藏毯产业从业人员的培训投资，可以为产业发展提供源源不断的技术工人，以减轻企业培训成本，促进产业发展。

同时，国家还应该建立农牧民织毯补贴基金，解决目前因织毯工收入偏低、影响生活质量（甚至影响到生存）而导致大量织毯工流失的问题。青海有190多万贫困人口，主要分布在农牧区。随着"退耕还林、退牧还草"政策的贯彻落实及三江源生态移民的安置问题，如何解决大量农牧区转移人口的就业问题是目前青海面临的最现实的问题。而编织藏毯是解决大量农牧民就业的一条很好途径，加大培训力度，并给予适当的织毯补贴，一方面可以减轻企业的培训成本和工资负担，另一方面也可以增加织毯工的收入，稳定织毯队伍。鉴于织毯需要一个从学习到熟练的过程，笔者建议国家将发放农牧区生态移民生活补贴与藏毯培训结合起来。由于织毯需要1～2年才能达到熟练的程度，而目前国家对生态移民的生活补贴是5年，笔者认为可以有效利用这5年时间将生活补贴与织毯补贴结合起来，按多劳多得的原则，鼓励农牧民织毯，等5年补贴期满了，大多数织毯工也成了熟练工，基本上每月收入能够保证在900元左右（按目前5年以上织毯工的平均收入计算），也就可以稳定织毯工和实现生态移民的就业安置问题，这样既可以促进藏毯产业发展，又可以促进地区社会稳定。

第四，成立中国藏毯研发中心（国家级）。根据印度地毯产业的发展经验，印度政府设立了地毯编织国家技术推广中心，进行技术研发和新工艺的推广，引进新技术和开发新产品。从青海藏毯产业集群发展的现状来看，企业普遍研发能力不足。由于龙头企业转向了机织藏毯生产，原来由龙头企业承担手工藏毯研发的重任随着其转产机织藏毯也就停滞了。为了促进青海手工藏毯的发展，笔者建议，借鉴印度做法由国家出资设立中国藏毯研发中心，为中小企业提供研发和技术支持，以弥补藏毯企业研发能力不足的缺陷。考虑到青海较艰苦的工作生活环境和区位劣势，可以将研发中心设在北京或天津这样具有区位优势的地区，吸引全国优秀科研人才会集，或者直接委托国家现有科研机构进行研发，将藏毯研发外包，研发费用由国家承担。

（2）地方政府政策。

①细化产业专项发展规划，规范产业发展。进一步加强组织领导，充分发挥政府的推动作用，狠抓政策落实，扎扎实实推进藏毯产业发展。政府应该及时了解企业发展中遇到的困难，帮助企业解决。随着企业发展规模的扩大和新进入企业的增多，对园区基础设施的配套建设会有新的要求，政府要及时制定有效措施来解决产业发展中遇到的问题。对于农牧区的加工厂而言，应该尽快开展农牧区藏毯产业发展规划的制定，进一步完善政策，强化对藏毯业的扶持、引导和服务。增强规划的合理性和可操作性，产业发展政策的制定应该与民族习惯等社会传统文化习俗（或生活习惯）尽可能保持一致，避免与民族习惯相冲突、引起农牧民的抵触情绪。因此，政府在制定扶持政策时一定要结合当地的风俗习惯（传统文化），否则就会事倍功半，甚至阻碍产业发展。同时，在规划中应该考虑水电路等基础设施建设，充分考虑青海冬季寒冷、采暖期长的现实，将采暖设施纳入产业发展规划建设项目中，给农牧民创造一个相对较好的织毯环境，吸引农牧民从事织毯工作。

②制定政策规范竞争秩序。在青海藏毯产业集群中，企业的产品高度同质化，主要采用低成本和低价格的竞争战略，导致企业间存在恶性竞争。笔者在调研中了解到，企业为了销售自己的产品往往贬低竞争对手的产品，指出竞争对手的产品存在哪些不足，有时甚至是恶意诋毁。这在一定程度上损害了青海藏毯的形象。因此，政府在促进产业集群发展时，必须制定规范的行业竞争规则，加强质量监测，建立质量检测中心，防止偷工减料影响产品质量，损害青海藏毯的整体品牌现象。在这方面，青海省政府已经采取了一些措施，取得了一些效果，如制定并申报了青海藏毯编织的国家标准，申请了青海藏毯地理标志产品保护等。在促进产业集群发展过程中，政府应该制定政策鼓励企业通过技术创新实现产品差异化，并加强知识产权保护，保护投资者的合法权益，提倡合法经营，形成良好的区域竞争环境。因此，在促进产业集群发展过程中必须建立规范的竞争机

制，进行政策规范，制约企业的竞争行为，避免出现"柠檬市场风险"，而导致集群衰退。

③政府加快技术创新与推广基地（或中心）建设的政策扶持。青海的科研实力较弱，缺资金、技术和人才，而产业集群的发展需要科技创新来推动，由于企业受诸多因素的限制，不愿意或者没有能力从事技术创新，因此由政府创办技术创新与推广基地是解决产业技术创新的有效途径。从青海藏毯产业集群的技术创新来看，其主要由龙头企业承担，龙头企业具有较强的研发和创新能力，而大多数中小企业由于能力有限，加之吸收能力弱，龙头企业技术创新的外部示范效应不明显，这在一定程度上阻碍了藏毯产业整体技术水平的提高。加之研发创新具有较高的风险，成本较高，笔者在调研中发现企业普遍不愿意进行研发创新。一位企业家这样说道："谁研发谁先死！"这在一定程度上反映了藏毯产业的研发创新具有很强的外部性，模仿性强。这就需要政府加大对研发创新的支持力度来提高产业整体技术水平。政府通过对技术创新成果给予重奖，来降低企业的研发创新成本和风险，对技改项目给予政府贴息贷款，形成鼓励企业进行技术创新和技术改造的政策氛围。对于产业的共性技术难题，政府应该积极组织企业和科研机构等进行联合攻关，帮助企业与国内外科研机构建立联系，给予政策扶持和资金支持。

④实施区域品牌战略，促进集群发展。区域品牌建设与产业集群发展是分不开的。区域品牌可以促进地域分工与产业分工的有效结合，也有利于实现产供销一体化。从国内外产业集群发展的实践来看，凡是建立起了区域品牌的地区都在培育支柱产业的同时带动了相关产业的发展，拓展了产业链而加快了集群发展。区域品牌比单个企业品牌更形象，更具有广泛性和持续性，更容易使人们在提到某个地区时就会想到某个产品，如西湖——龙井、贵州——茅台、永康——五金、大唐——袜业、嵊州——领带①等都是很好的例证。面对全球竞争，成功的

---

① "嵊州领带"这一区域品牌之所以在短短的十多年内响遍全球，与地方政府政策的扶持分不开。如政府每年主办中国领带节，争取国家有关部门给予"中国领带之乡""中国领带名城"等冠名，争取中国服装协会服饰专委会落户嵊州，等等，政府采取的这些措施为打造"嵊州领带"这个区域品牌起到了积极作用。"嵊州领带"作为区域品牌，是嵊州所有领带企业的公共产品，这一公共产品一旦形成就为分散的中小企业创造了很好的发展环境。众多中小企业因实力较弱，打不起个性品牌，它们可以用"嵊州领带"这个区域品牌进行销售，即使没有任何品牌，产品照样好销。嵊州的经验说明，在培育产业集群时，政府应该像搞基础设施一样，花大力气打造区域品牌。政府通过打造"嵊州领带"这一区域品牌，使一个小小的领带就提供了10万人就业，支撑了一个县域的经济。因此，地方政府应该花大力气打造区域品牌。

产业集群与成功的企业一样要有自己的核心竞争力。区域品牌建立起来后，可以引来全国乃至全球的采购商、供应商及中介服务机构的进入。当大量的相关企业汇集在同一区域时，就会形成地域特色的产业集群。

因此，政府应该进一步加大"青海藏毯"这一区域品牌的宣传力度，除了每年举办青海藏毯国际展览会外，还应该适时在相关媒体（如电视、网络、报纸等）上投放广告。如永康市政府为了宣传"永康五金"品牌，每年投资1000万元连续5年在央视国际新闻频道进行宣传。目前永康五金已经成为家喻户晓的知名区域品牌。因此，青海省政府应该选择合适的媒体进行投资，确定出有特色的广告语大力进行宣传，努力提升"青海藏毯"的品牌知名度。

⑤强化人力资本培养和引进的政策制定。青藏高原地区处于高海拔，生存条件和发展条件更加艰苦，尤其是高原缺氧，阻碍了人才引进。青海、西藏两省区平均海拔分别在3000m以上和4000m以上，分别对应的氧气含量仅相当于0海拔的70.03%和60.84%，分别缺氧29.97%和39.16%，如表3所示。

表3　海拔高度与氧气含量资料

海拔高度（m）	氧气含量（g/m³）	与0海拔氧气含量比（%）
0	299.3	100
1000	265.5	88.71
2000	234.8	78.45
3000	209.6	70.03
4000	182.1	60.84
5000	159.7	53.36

资料来源：王永振，江虹，张惠中．青海省资源、环境和发展会议论文集［C］．北京：气象出版社，1996：208 - 212.

有研究表明，氧气含量影响人的工作效率。由表4可知，海拔从450m升高到4100m，人的平均心率从63.7次/分增加到85.2次/分，心率增加了33.8%，即仅由于海拔升高了3650m这一个原因，就相当于人们从完全休息状态变为做重体力工作状态；同时海拔从450m升高到4100m，血氧饱和度从97.9%下降到86.4%，下降了11.7%，而血氧饱和度的下降，会导致人们的工作能力下降。在青海省海拔2000m、3000m和4000m三个不同高度，人的工作能力（效率）比平原地区分别下降 10.1%、29.2% 和 39.7%，其基本意味着海拔高度每增加 1000m，人的工作能力（效率）大约下降 10%。

因此，青藏高原地区引进人才时必须给予特殊的补贴和优厚的待遇条件，否则，因为高原缺氧这一个问题，就很难吸引人才到高原工作①。地方政府必须制定特殊的人才引进机制和政策，才有可能解决青藏高原人才匮乏的现实。

表 4　青藏高原不同海拔高度的心率与血氧饱和度

海拔高度（m）	450	2260	3000	3450	4100
平均心率（次/分）	63.7	74.4	77.3	79.6	85.2
血氧饱和度（%）	97.9 ± 0.78	94.1 ± 1.1	92.0 ± 0.5	90.4 ± 1.6	86.4 ± 2.5

注：血氧饱和度是指血液中被氧结合的氧合血红蛋白（H_bO_2）的容量占全部可结合的血红蛋白（H_b）容量的百分比，即血液中血氧的浓度，正常人体在低海拔条件下动脉血氧饱和度为98%，静脉血氧饱和度为75%。

资料来源：郑度. 青藏高原形成环境与发展［C］//谭见安等. 高原环境、景观生态与人类健康［M］. 石家庄：河北科学技术出版社，2003：320－321.

人才引进政策反映了地方政府在人才引进与人才培养使用过程中对企业的基本服务职能，人才引进政策的导向为企业引进与使用人才提供了各种政策方便，消除了企业人才引进的制度性障碍，提高了企业在人才市场上的声誉。地方政府应该完善人才引进政策和法规，提高其系统性、权威性，营造优于人才原地的政策环境，落实吸引人才的务实政策，如广州市出台的"引高控低"的人才引进新政策②。政府人才引进政策可以减少企业的人才引进成本，营造良好的环境氛围，升级企业用人理念，指引企业人才资源结构调整方向，推动企业创新人才管

---

① 区位对人才引进有重要影响。由于我国经济发展极不平衡，人才都一窝蜂地涌向北京、上海、广州、深圳等东部发达城市。而一些地处偏远城市的企业，虽然很优秀，但很难吸引到一流人才。前些年，长虹到北京一些高校招聘大学生，但是所获无几，优秀毕业生都不愿意去绵阳这样一个偏远的西部城市。所以，很多内地优秀企业为了吸引人才，只好选择将管理总部或其一部分搬到上海等大城市，四川的希望集团就是其中之一。美国硅谷地处旧金山南端峡狭长谷底内，具有良好的生活环境；北京中关村坐落于首都北京，具有良好的商务环境和生活环境；而武汉光谷由于地处中部，近年来高技能光电子人才流失严重（胡蓓，2009：79－80）。

② 主要包括：（1）引进博士后到广州就业，并从市博士后工作专项经费中拨给5万元安家费；已婚博士、博士后，其配偶随迁、随调的，由接收单位或人才交流服务机构优先解决；（2）引进非广州生源的紧缺专业毕业研究生，实行先落户后工作政策；（3）实行非广州生源的本科生入穗就业准入制度。

理机制，可以增强企业的实力和人才集聚能力。人才引进政策使得人才集聚成为可能①，进而促进产业集群发展。

从青海藏毯产业集群的发展来看，人才匮乏是阻碍集群发展的重要因素。尽管青海省政府采取了大量措施，但效果仍然较差。因此，在人才引进方面，仅靠地方政府还不能有效解决，需要中央政府制定有关人才对口援建青海的人才引进政策措施，鼓励人才到青藏高原地区进行创业和工作，并提供一定的创业启动资金。同时，加快本地人才培养也是缓解人才匮乏的有效手段。青海藏毯职业技术学校的建立和藏羊集团培训基地的建设都在一定程度上缓解了人才培养的问题，只是受建立时间较短和师资匮乏等因素影响，尚未发挥出应有的作用。政府应该出台相关人才引进的具体政策，尽快使藏毯学校发挥其应有的功能。

⑥加大资金扶持力度。加快建立全省藏毯产业发展资金支持的长效机制，设立藏毯产业发展专项基金，加大支持藏毯产业发展力度。具体应该做到：一是明确设立藏毯职工培训基金，切实保障人员培训的需求；二是加强与金融部门的协调力度，增加信贷资金投入；三是完善和落实优惠政策，继续落实青海省委省政府有关扶持藏毯产业发展的税收优惠政策，以支持藏毯产业发展。

⑦加快藏系绵羊繁殖基地建设。藏系绵羊毛是保证藏毯质量的源泉，由于生态环境的恶化，藏系绵羊毛出现退化。加快藏系绵羊繁殖基地建设是保证优质羊毛供应的关键，也是提升藏毯竞争力的源泉，直接关系到藏毯产业的可持续发展问题。因此，应该加紧规划和制定具体实施方案，以保证优质羊毛（原材料）的供应。

2. 网络方面

应该加快集群网络的建设步伐，拓展生产网络，完善机构网络。具体应该做到以下几点：

（1）促进专业化分工协作，发挥集群网络优势。目前藏毯企业都是"大而全、小而全"，企业从收毛、选毛、洗毛、纺纱、染纱、图案设计到半成品编织、

---

① 池仁勇和葛传斌（2004）分析了在英国生物技术产业集群形成和发展的支撑体系中健全的劳动力市场和具有竞争性的用人机制的重要性，其主要表现在以下几方面：一是英国劳动力市场的开放性；二是低个人所得税，使得其能够招聘到优秀人才；三是股权激励，这一机制在过去几年里从美国吸引了很多生物技术人才回国工作。在英国尚且如此，更何况在青海这样偏僻落后的高海拔地区，更需要特殊的人才引进机制，否则根本不可能集聚人才，促进产业集群发展也就无从谈起。

后整理各个工序一应俱全，企业间没有比较明确的分工定位，关联度不高，造成企业的核心竞争力不强。尽管青海省委省政府十分关注藏毯产业发展，多年来给予持续扶持，着力打造藏毯产业集群。按照发达地区走过的路径来看，产业集群是同一或相关产业生产链的集聚，而不是简单的企业集聚，产业集群的本质就是要形成生产链和产业链（即产业网络）。通过专业化分工协作，企业可以将非本企业的核心产品都委托给其他企业生产，这可以比单纯利用自身资源获取到更多的竞争优势，可以提高集群集体效率，降低企业发展成本。

有研究证实：集群的作用并不能自发形成，也无法简单归结为经济的外部性，而是通过主动的合作行动实现的，合作行动是实现集群效应、提升集体效率的关键。因此，地方政府需要通过进行合理的产业发展规划和政策引导，促进集群主体间主动进行分工协作。

鉴于此，笔者建议将纺纱、染纱、织毯、后整理逐步细化成相对独立的企业，自负盈亏，手工藏毯和机织藏毯原料毛纱、绒纱由专业原辅料企业生产供应，一些小企业的手工藏毯织做和后整理加工部分可委托规模较大且生产工艺成熟的企业完成。这样企业之间通过专业化的分工和协作，促进产业间链条的构建和产业网络体系的构建，逐步发挥出产业集群的集聚优势，发挥出产业集群的集聚效应，从而带动整个藏毯产业的良性发展。

（2）加强国内外企业协作，加快销售网络建设。保持集群网络的开放性，加强国内外企业的密切沟通与真诚协作，真正做到互惠互利共同发展，是促进集群发展的有效途径。藏毯企业要加强相互之间的合作，集群企业只有科学分工、合理配置资源，生产环节紧密联系，生产能力相互匹配，才能实现企业效益最大化，促进产业一体化、品牌化和国际化。

藏毯产业首先要充分利用好青海藏毯国际展览会的契机，加大与尼泊尔、伊朗、巴基斯坦、印度等国的手工地毯企业和德国、美国、新加坡等国的机织毯企业间的合作，积极开展技术工艺、图案设计、品牌宣传等全方位的交流合作，加强研发、培训、设计、营销等多个领域的合作，做好引进技术的消化吸收和再创新工作，提高自主创新能力；其次要加强市场的开拓力度，在市场营销策略上继续巩固扩大欧、美、日传统重点市场，积极开拓北欧、大洋洲、西亚、中亚和中东等新市场。同时，加快国内销售网络体系建设，不断扩大内需市场。

青海藏毯产业链中的市场开发是一个薄弱环节。藏毯具有数千年的生产历史，但真正走向市场也只有几十年，因此，拓宽销售网络，提高市场占有率决定着产业发展的命运。

（3）充分发挥藏毯学校的功能。建议利用南川工业园区已设立的藏毯学校与国内外对口专业学校进行联合办学，采取"引进来"与"走出去"相结合的人才培养模式，为企业培养急需的专业技术人员和中层管理人员，实行定向代培，由政府资助和企业资助相结合，培训期为2～3年，解决全省藏毯企业中高级织毯技师、纺织、染色、图案设计、纺织机械等专业技术人员奇缺和机织毯企业操作机织生产线的熟练工人严重不足的现状。

（4）建立健全行业协会功能。中国藏毯协会应该为藏毯产业发展提供信息平台，为藏毯产业的发展提供各种服务，应该具有一定的功能性和权威性。协会应该承担起藏毯产品质量的鉴定与监督，专业技术人员技能鉴定和职称评定，组织专业培训、制定行业发展规章制度和行业原辅材料、产品、工具等标准，完善行业内各类质量标准，建立健全企业产品从原材料到成品的一整套质量抽查制度，协调行业内企业的生产与销售，统一价格避免恶性竞争，提供各种行业信息和国际国内市场行情，协助企业融资及扶贫机梁的管理，协调各级政府部门促进企业发展等多种功能。同时，协会应该积极组织企业参加国内外各类地毯展会，提升会员企业的知名度，帮助企业进一步开拓国内外市场。建议政府赋予协会行业统计、行业规划制定、工艺标准制定、技术培训和技能鉴定、产品质量抽查和监督、专家评审委员会的建立等执行权，同时承担服务于政府的协调职能及对藏毯产业发展各项政策措施落实情况的监督职能。

3. 文化方面

（1）发挥传统文化优势，深入挖掘藏文化内涵，提升藏毯文化艺术价值。藏毯是藏族优秀文化传承的载体，产品本身具有浓郁的民族文化气息，这是藏毯最为独特的竞争优势。因此，强化藏毯产品的文化特色是藏毯走向世界的核心竞争力。文化只有被融入产品中并市场化其生命力才能够提升。藏文化是世界上的优秀民族文化之一，如何将其市场化，让世人了解藏文化，了解青藏高原，了解藏毯，是一个十分现实的重要课题。因此，笔者建议省有关部门组建联合课题组，组织藏学专家、藏毯设计专家、民俗专家、民间艺人和相关学科专家联合攻关藏毯的文化底蕴，提升藏毯的文化艺术价值，结合世界优秀文化，将世界优秀文化与藏文化进行融合，促使藏毯文化融入世界优秀文化之中，提升藏毯的文化价值和生命力，做到藏文化的与时俱进，这是藏毯核心竞争力的源泉，也是藏毯产业可持续发展的关键和生命力的源泉。

（2）企业家精神的培育。企业家精神①在产业集群发展中发挥着重要作用。青海省政府在促进藏毯产业集群发展的过程中，应该注重企业家精神的培养。青海是一个企业家资源十分匮乏的地区，加上传统文化当中"轻商、歧商、排商"观念的影响，加大了产业发展的难度。笔者建议，结合目前产业人才匮乏和大学生就业难的现实，将大学生创业培训与藏毯产业发展结合起来，扶持一批大学生从事藏毯产业，通过系统培训 1~2 年，扶持他们创业并给予适当指导，让他们成长为新一代的企业家。总之，培养一批高素质的企业家队伍是促进藏毯产业发展的关键。

---

① 管理学大师彼得·德鲁克将企业家精神定义为："着手工作，寻找机会，通过创新和开办企业实现个人目标并满足社会需求。"企业家精神主要体现在创新精神、敬业精神、学习精神和合作精神四个方面，其中创新精神是企业家精神的核心。企业家的创新精神使企业打破旧的、过时的东西，产生企业的核心技术专长；企业家的敬业精神使企业树立远大的目标，艰苦创业和不懈的努力奋斗，员工保持高昂的斗志和旺盛的工作热情；企业家的学习精神在知识成为企业发展的重要甚至决定性资源的今天，使企业持续地拥有竞争优势；企业家的合作精神使企业被有效地组织起来，形成强有力的团队。

参考文献

［1］ Best M. The New Competition ［M］. Massachusetts：Harvard University Press，1990：45 – 78.

［2］ Granovetter M. Economic action and social structure：The problem of embeddedness ［J］. American Journal of Sociology，1985，91（3）：481 – 510.

［3］ Porter M. E. Clusters and the New Economics of Competition ［J］. Harvard Business Review，1998，76（6）：77 – 90.

［4］ Stuart T.，Sorenson O. The Geography of Opportunity：Spatial Heterogeneity in Founding Rates and the Performance of Biotechnology Firms ［J］. Research Policy，2003（32）：229 – 253.

［5］ Williamson O. E. Comparative Economics Organization：The Analysis of Discrete Structural Alternatives ［J］. Administrative Science Quarterly，1991，36（2）：269 – 296.

［6］ 蔡宁，吴结兵. 产业集群与区域经济发展 ［M］. 北京：科学出版社，2007：183 – 220.

［7］ 陈瑾. 我国产业集群演进轨迹、升级动因与思路 ［J］. 企业经济，2011（9）：9 – 13.

［8］ 陈柳钦. 基于交易费用视角的产业集群成因分析 ［J］. 中国石油大学学报（社会科学版），2007（4）：12 – 16.

［9］ 陈文华，关小燕. 我国产业集群升级的战略路径——基于政府的视角 ［J］. 江西社会科学，2012（2）：62 – 64.

［10］ 陈雪梅. 提升青海藏毯产业竞争力的对策探讨 ［J］. 青海民族大学学报（社会科学版），2010（3）.

［11］ 陈云等. 科技集群与产业集群的关联分析 ［J］. 科学学与科学技术管理，2004（2）：45 – 48.

［12］陈昭锋，高强．我国纺织产业集群模式升级的自主创新路径［J］．纺织导报，2010（8）：16－19．

［13］陈振，严良，谢雄彪．资源性产业集群演化的外部环境因素分析［J］．中国人口·资源与环境，2011，21（4）：153－157．

［14］赤旦多杰，李毅等．青海藏毯产业集群化发展的理论与实践［M］．北京：中国财政经济出版社，2010．

［15］仇保兴．小企业集群研究［M］．上海：复旦大学出版社，1999．

［16］戴卫明．产业集群形成和发展规律研究［D］．中南大学博士学位论文，2005．

［17］戴勇．外生型企业升级的影响因素与策略研究——全球价值链的视角［J］．中山大学学报，2009，49（1）：194－203．

［18］范剑勇．产业集聚与中国地区差距研究［M］．上海：格致出版社，2008：2－3．

［19］冯友义．走向世界的青海藏毯——湟中县上新庄藏毯工贸公司建立与发展调查报告［J］．青海金融，1994（7）．

［20］符正平，彭伟．集群企业升级影响因素的实证研究［J］．广东社会科学，2011（5）：55－62．

［21］盖文启．创新网络——区域经济发展新思维［M］．北京：北京大学出版社，2002．

［22］公盟法律研究中心调研报告．藏区经济社会变迁与年轻藏人生存困境调查［R］．青海藏族，2009（1）：18－27．

［23］胡蓓．产业集群的人才集聚效应——理论与实证分析［M］．北京：科学出版社，2009：37．

［24］吉敏，胡汉辉．技术创新与网络互动下的产业集群升级研究［J］．科技进步与对策，2011，28（15）：57－60．

［25］兰建平，苗文斌．嵌入性理论研究综述［J］．技术经济，2009（1）：104－109．

［26］李毅，时秀梅．地域文化嵌入性对产业集群发展的影响——基于青海藏（地）毯产业集群的调查研究［J］．青海民族研究，2014（4）．

［27］李毅，王英虎．青海藏（地）毯产业集聚现状与产业集群化研究［J］．青海社会科学，2009（5）．

［28］李毅. 嵌入性视角的产业集群发展研究——以青海藏产业集群为例
［M］. 北京：经济管理出版社，2012.

［29］李毅. 青海藏毯企业集群研究［J］. 技术经济与管理研究，2010（3）：
140－144.

［30］李勇. 产业集群创新网络与升级战略研究［M］. 上海：上海社会科学
院出版社，2010.

［31］林竞君. 网络、社会资本与集群生命周期研究：一个新经济社会学的
视角［M］. 上海：上海人民出版社，2005：185－245.

［32］林涛，谭文柱. 区域产业升级理论评价和升级目标层次论建构［J］.
地域研究与开发，2007，26（5）：16－22.

［33］林涛. 产业集群合作行动［M］. 北京：科学出版社，2010：5.

［34］刘恒江，陈继祥. 基于动力机制的我国产业集群发展研究［J］. 经济
地理，2005，25（5）：607－611.

［35］刘红燕. 我国地方产业集群升级的影响因素及升级策略［J］. 开放导
报，2008（4）：104－108.

［36］刘红燕. 正式创新网络内产业集群升级影响因素探讨［J］. 商业时代，
2009（4）：85－86.

［37］刘珂. 产业集群升级研究［M］. 郑州：黄河水利出版社，2008.

［38］刘芹. 产业集群升级研究述评［J］. 科研管理，2007，28（3）：57－62.

［39］刘同德. 青藏高原区域可持续发展研究［M］. 北京：中国经济出版
社，2010：87－88.

［40］刘延松，焦少飞，张连业. 基于产业集群的开发区发展问题研究
［J］. 华东经济管理，2008（12）：68－71.

［41］刘友金，叶文忠. 集群创新网络与区域国际竞争力［M］. 北京：中国
经济出版社，2011.

［42］陆红旗. 中国古毯［M］. 北京：知识出版社，2003：5.

［43］马晓红. 产业集群升级路径及政策选择［J］. 知识经济，2010（24）：
11－12.

［44］马歇尔. 经济学原理［M］. 北京：商务印书馆，1964.

［45］迈克尔·波特. 国家竞争优势［M］. 北京：华夏出版社，2002.

［46］迈克尔·波特. 竞争论［M］. 北京：中信出版社，2003.

［47］梅丽霞．全球化、集群转型与创新型企业——以自行车产业为例［M］．北京：科学出版社，2010.

［48］牛文元．中国可持续发展总论［M］．北京：科学出版社，2007：86.

［49］平志强，王丽娜．青海藏毯产业发展的调研报告［EB/OL］．http：//www.china-tibetan.com/article/article_2303.html，2010-03-15.

［50］青海省地方志编纂委员会．青海藏毯志［M］．西宁：青海民族出版社，2017.

［51］丘海雄，于永慧．嵌入性与根植性——产业集群研究中两个概念的辨析［J］．广东社会科学，2007（1）：175-181.

［52］任道纹．中小企业集群国际竞争力的提升［J］．经济导刊，2008（5）：58-60.

［53］桑俊，易善策．我国传统产业集群升级的创新实现机制［J］．科技进步与对策，2008，25（6）：74-78.

［54］邵桂荣．传统产业集群可持续发展影响因素实证分析［J］．特区经济，2012：63-67.

［55］盛世豪，郑燕伟．竞争优势——浙江产业集群演变和发展研究［M］．江苏：镇江大学出版社，2009.

［56］孙理军，聂鸣．企业集群演化的阶段性特征与形成标志［J］．科技管理研究，2005（2）：78-81.

［57］田钢，肖华茂．集群创新网络演化的粘着机制研究［J］．科技管理研究，2010（6）：209-228.

［58］王恩胡．我国西部特色优势产业集群优化发展对策［J］．商业时代，2012（1）：125-126.

［59］王缉慈，魏江．产业集群——创新系统与技术学习［M］．北京：科学出版社，2003.

［60］王缉慈．中国地方产业集群及其对发展中国家的意义［J］．地域研究与开发，2004，23（4）：1-4.

［61］王缉慈等．超越集群——中国产业集群的理论探索［M］．北京：科学出版社，2010.

［62］王缉慈等．创新的空间：集群与区域发展［M］．北京：北京大学出版社，2001.

［63］王淑玲．西宁全力打造"世界藏毯之都"［EB/OL］．中国家纺网，2006 - 06 - 20.

［64］王淑英．产业集群演化与区域经济发展研究［M］．北京：光明日报出版社，2010：210 - 212.

［65］王晓萍，余玉龙．国内外产业集群升级研究的最新进展［J］．产业论坛，2009 (10)：124 - 126.

［66］威廉姆森．市场与层级制［M］．上海：上海财经大学出版社，2011.

［67］韦伯．工业区位论［M］．北京：商务印书馆，1997.

［68］魏后凯，成艾华，张冬梅．中央扶持民族地区发展政策研究［J］．中南民族大学学报，2012, 32 (1)：103 - 110.

［69］魏后凯等．中国产业集聚与集群发展战略［M］．北京：经济管理出版社，2008：2.

［70］魏江．小企业集群创新网络的知识溢出效应分析［J］．科技管理，2003, 24 (4)：54 - 60.

［71］文嫿，曾刚．嵌入全球价值链的地方产业集群发展［J］．中国工业经济，2004 (6)：36 - 42.

［72］邬爱其．全球竞争、本地网络与企业集群化成长：理论分析与浙江经验［M］．杭州：浙江大学出版社，2008：123 - 130.

［73］吴金明，邵昶．产业链形成机制研究［J］．中国工业经济，2006 (4)．

［74］吴向鹏．产业集群与区域经济发展——区域创新网络的视角［J］．重庆工商大学学报，2004, 21 (2)：24 - 28.

［75］熊广勤．地区产业集群发展的影响因素、动力机制与模式选择综述［J］．宏观管理，2012 (1)：56 - 58.

［76］徐康宁．开放经济中的产业集群与竞争力［J］．中国工业经济，2001 (11)：22 - 27.

［77］严北站．我国集群式产业链面临的升级困境及其破解之策［J］．科技进步与对策，2011, 28 (12)：50 - 52.

［78］约瑟夫·熊彼特．经济发展理论［M］．北京：商务印书馆，1990.

［79］曾培炎．西部大开发决策回顾［M］．北京：中共党史出版社，新华出版社，2010：250.

［80］詹红岩. 做大做强青海藏毯产业的思考与建议［J］. 青海社会科学, 2008（1）.

［81］张聪群. 产业集群升级研究［M］. 北京：经济科学出版社, 2011.

［82］张聪群. 创建区域品牌：产业集群竞争力提升的战略选择［J］. 商业研究, 2006（18）：114－117.

［83］张辉. 全球价值链下地方产业集群转型和升级［M］. 北京：经济科学出版社, 2006.

［84］张明龙, 徐璐. 专业化产业区发展动力机制的实证研究——以浙江永康五金产业区为个案［J］. 生产力研究, 2007（19）：105－107.

［85］张平. 政府在产业集群科技创新中的作用［J］. 科学管理研究, 2005（7）：23－26.

［86］张学伟, 刘志峰. 产业集群创新机制的形成机理和影响因素研究［J］. 科技管理研究, 2010（2）：176－179.

［87］张永安, 李晨光. 集群创新网络中结构对自主创新能力的作用机理分析［J］. 现代情报, 2010, 30（6）：6－11.

［88］张涌. 新制度经济学视角下的产业集群形成及发展机理研究［D］. 暨南大学博士学位论文, 2008：28－50.

［89］张振皎. 论产业集群的升级［J］. 理论与方法, 2011（5）：25－28.

［90］赵海东. 资源型产业集群与中国西部经济发展研究［M］. 北京：经济科学出版社, 2007：204.

［91］郑度. 青藏高原形成环境与发展［C］//谭见安等. 高原环境、景观生态与人类健康［M］. 石家庄：河北科学技术出版社, 2003：320－321.

［92］周雪光. 组织社会学十讲［M］. 北京：经济科学文献出版社, 2003：71－75.

［93］朱建荣. 产业集群营销管理研究——以浙江省为例［M］. 杭州：浙江大学出版社, 2011.

后 记

　　课题组持续研究青海藏毯产业达 14 年之久,本人全程参与了《青海藏毯志》(调研和撰写先后持续了 6 年多才完成)的调研和编写。本书经过 3 年多的深入调研,走遍了祖国的大江南北,冒着酷暑严寒,经历了日喀则的高原反应引起的头痛和呕吐,以及整夜整夜的失眠,经历了四川和重庆的高温,也经历了新疆的风沙袭击,更是领略了上海的湿冷和绵绵细雨!从西走到东,从东走到南,从南走到北,深入展会和企业进行深度调研和访谈,发现了产业发展中存在的共性问题,也发现了青海藏(地)毯产业发展中存在的个性问题。

　　通过调研,我们发现,藏(地)毯产品并不是没有市场,恰恰相反,市场空间广阔!无论是规模还是发展模式,我们都应该向山东、新疆等地毯生产大省学习。长期的夜郎自大、故步自封和过度依赖政府的发展模式,让青海藏(地)毯产业发展陷入了"发展陷阱",患上了"政府过度依赖症"!

　　通过对山东和新疆的调研我们发现,没有获得政府任何资助、遵从市场规律的企业,从简就陋,在不扩大厂房的基础上,抓住市场机遇收购二手设备,采用低成本竞争战略获得巨大成功;生产商和销售商联合入股,购买生产设备,实现了产品适销对路和零库存,稳扎稳打,逐步更新设备,上规模,使企业走上了良性化发展之路。尤其是让调研组震惊的是:山东一家企业,利用二手设备低成本销售,打垮了很多大企业竞争对手。企业厂房简陋,为了安装生产线,将地基下挖 1 米,房顶掏个洞加高 1 米做个顶棚,采用这种方式,企业获得比同行业平均利润高出 50% 以上的利润!较低的设备成本、厂房基建成本和财务成本,让企业轻装上阵,获得了极大的竞争优势!该企业老总介绍到:"我们的这些设备是 10 年前购买的二手设备,当时这一条生产线才 80 多万元,我们早收回成本了,现在的生产几乎没有什么财务成本,大企业生产同类产品成本至少需要 50 元/平方米,我只需要原料成本和人工成本,成本还不到大企业的一半,我按照 50 元/平方米销售都有 50% 以上的利润,所以我的产品非常畅销,订单都排到了一年后（2018 年 12 月）。"从这位企业老总身上我们可以看到：企业家的创新精神是企业健康发展的关键。

在新疆，我们也发现了几家新建地毯企业，它们也采用生产商和销售商联合出资生产的模式，实现了零库存，产品适销对路。

在手工地毯的生产方面，我们从山东了解到，一家农民企业家发明的半手工自动化设备，极大地提高了手工地毯的生产效率，大大节约了人工成本，一条简单的手工地毯生产设备线投资仅 20 万元，可以同时生产 20 条同类手工地毯，生产效率提高了 100 倍以上，人工仅需原来同产量的 5%，极大地节约了人工成本！这一发现，无疑为青海省手工地毯提供了极好的经验借鉴！

在西藏和新疆的调研，让我们感到十分震撼：在手工藏（地）毯在青海几乎绝迹的情况下，新疆和西藏还在大量生产！尤其是西藏还在延续着手工捻线纺线和植物染色，将手工藏（地）毯的加工工序完美地延续下来，这种原生态的生产模式和生产出来的产品供不应求，在国际国内市场深受欢迎，这也无疑为青海省手工藏（地）毯发展提供了新思路！

阆中丝毯生产与旅游产业融合发展的思路和四川"丝绸之路地毯博物馆"的旅游融合模式，无疑也为青海省藏（地）毯产业的发展提供了经验借鉴。南川藏（地）毯产业园和塔尔寺旅游胜地如何融合发展？我们提出了依托南川藏（地）毯产业园建立"民族团结十里长廊"的策略，从南川藏（地）毯产业园到塔尔寺，建设旅游步行街，打造青海各民族民俗文化饮食一条街，将加牙村打造成为手工藏（地）毯民俗体验村，建设特色小镇，实现产业与民俗文化旅游融合发展，为精准扶贫提供产业支撑。

作为一个研究藏（地）毯产业发展 14 年的学者，从一个毛头小伙成长为半大老头，从一名讲师成长为一名在省内还有一点名气的教授和省级学科带头人，研究藏（地）毯产业成就了我的个人发展。记得我的博导崔新健教授参加完 2011 年藏毯国际展览会后说了一句话：青海有藏毯产业就够你研究一辈子！当时不理解导师这句话的分量，今天看来，岂止一辈子，给我三辈子也研究不完！产业在发展的不同阶段出现的问题一个接着一个，怎么可能穷尽！

最后，我要感谢青海省商务厅、南川工业园、中国藏毯协会的鼎力支持，他们的经费支持和人力支持，特别是调研的协调和指导，让课题组获取了大量、宝贵的一手资料。这里要特别感谢青海省商务厅汪京萍巡视员（兼任中国藏毯协会会长）10 多年的支持和帮助，大量的调研都由她亲自带队和协调，没有她的帮助，我们的调研就无法顺利完成！也正是因为有了她的帮助，我在藏毯产业研究这条路上走了14年！大恩不言谢，唯有努力做好藏毯产业的研究来回报她！同时，也要感谢初评和终审专家及官员们提出的宝贵修改意见，他们从不同的角度提出了真知灼见，对调研报告的修改起到了很好的作用。我们综合了专家和官员们的意见和建议，也坚持了课题组自己的一些所谓的"真知灼见"。藏（地）毯产业的可持续发展需要系统的政策体系来解决，任何头痛医头、脚痛医脚的片段式政策永远只能解决眼前问题。初评专家和官员们所提的很多政策和建议就属于这一类，课题组综合采纳了合理的建设性建议，但本着认真和负责的态度，课题组认为，要解决藏（地）毯产业的可持续发展，还必须从"根"上找原因寻对策，所以，我们从政府、协会和企业三个维度进行了系统和深入的剖析，旨在提出系统的解决方案，而不是头痛医头、脚痛医脚，仅仅解决当前问题。课题组最终采纳了初评专家的解决眼前问题的应急策略，并结合终审专家意见进行了结构性修改，同时也坚持了我们"根除痼疾"的"良方"，我们认为"病灶"不除，仅仅治标不是促进藏（地）毯产业可持续发展的可取之方！

终稿修改期间，恰逢二子降生，伴随着幼子的啼哭声，我逐字逐句修改文稿，多少次在不知不觉中发现东方见亮！回想修改和完善调研报告的这一年多时间，我的团队成员多少次讨论和修改书本到深夜，尽管我们十分努力地想挖掘出藏（地）毯产业中发展的"根源性"问题，想从治根的视角解决产业发展，但是始终受这样或那样的制约，总感觉不能酣畅淋漓地展示，也许是我们的表述能力有限，不能很好地表达我们的想法，总感觉还没有说清说透，一切功过让后人评说吧！希望我们的研究对青海藏（地）毯产业发展有所促进，哪怕是一丁点儿的帮助，吾愿足矣！

本书写作过程中参考了国内外的很多文章和著作，在此向研究报告中所列参考文献以及由于研究者的疏漏未能列示的文献作者致以衷心的感谢！受课题组成员知识体系和能力的限制，研究报告中存在的问题，恳请各位专家和读者批评指正（hubli@163.com）！

路漫漫其修远兮，吾将上下而求索！

李毅

2018 年 10 月 20 日

修订于西宁西城御景名邸